带着问题进课堂

——"问题引领、自主探究"教学模式的实践与探索

张文革　　李兆端　　田立新　著

石油工业出版社

内 容 提 要

　　本书围绕"问题引领、自主探究"课堂教学模式,针对北潞园学校自身特点,以课堂教学质量评价为载体,将课堂质量与课堂评价对接,突出课堂教学的主渠道地位,使课程改革理念逐步落实于课堂教学。本书力求教学模式的构建应从以下几方面进行:一是教师不断关注学生积极的情感态度和心理体验;二是营造宽松、民主、和谐的教学氛围;三是教师应注重与学生的交流,提高教学的有效性,为学生未来的发展奠定坚实的基础。

　　本书可供在校老师或开展课堂研究、课堂教学改革、教师培训等人员阅读。

图书在版编目(CIP)数据

带着问题进课堂——"问题引领、自主探究"教学模式的实践与探索/张文革,李兆端,田立新著. —北京:石油工业出版社,2012.6
ISBN 978 - 7 - 5021 - 9022 - 4

Ⅰ. 带…
Ⅱ. ①张… ②李… ③田…
Ⅲ. 中小学 – 教学研究
Ⅳ. G632. 0

中国版本图书馆 CIP 数据核字(2012)第 076332 号

出版发行:石油工业出版社
　　　　　(北京安定门外安华里 2 区 1 号　　100011)
　　　　　网　　址:www. petropub. com. cn
　　　　　发行部:(010)64523620
经　　销:全国新华书店
印　　刷:保定彩虹印刷有限公司

2012 年 6 月第 1 版　2012 年 6 月第 1 次印刷
787×1092 毫米　开本:1/16　印张:18.25
字数:280 千字

定价:60.00 元

北潞园学校建校时间不是很长，但有着多舛而不平凡的创建历史。12 年前，由北京师范大学附属中学原校长张锦斋先生创办，以企办公助、学校协办体制建立，时为"北京师范大学附属实验中学附属北潞园学校"，以 35 万人口的北潞园生态小区为生源腹地，占地面积 34000 平方米，建筑面积 20000 平方米，塑胶体育场面积 16000 平方米。2003 年 8 月，学校转制为房山区教委直属十二年一贯制学校。2004 年 12 月，学校再次转制，撤去高中部，成为房山区教委直属九年一贯制学校。

教育的本质在于帮助学生学会做人做事，学会智慧的思考和感受爱，树立正确的价值观。北潞园学校自建校伊始，坚持"育人为本，和谐发展"的办学理念，将"育人"作为立校之本。以"争创市区一流品牌学校"为发展目标，注重德才兼备的师资队伍建设。学校注重学生兴趣、做人品质和激励成长等方面的培养和教育。2006 年，学校在全区率先拥有外教聘请资质，可以聘请外教开设英语口语课，并顺势规划构建"一层一洲，一班一国"的学校文化育人模式，开发"跆拳道"等校本课程，开设文艺、体育、科技、艺术四大类 27 小项课外活动课程，专心于"伟人的胸怀，渊博的知识，世界的眼光"高素质学生的发展。

教育创新是学校发展的第一元素，是教育教学的本质所在。但在有些领域，北潞园学校还不能跟上全市课程改革的步伐。一是我们干部、教师的高端认知与科学做法不够，有的是不愿转变，有抵触情绪，有的是观念转变较慢，跟不上步子。二是教师不习惯于"导"，学生也乐于老师高高在上地"讲"。三是培训务实性不够，"走出去"过，"请进来"过，真正落实在课堂的实务性环节，教师们仍是一头雾水。构建"问题引领、自主探究"的课堂教学模式，最初出发点是着眼于教学管理方面，还没有提高到要创办学校

特色的高度。2008 年，北潞园学校成为全区课堂教学试点评价实验校，2009 年，又成为全区课堂教学全程评价实验校。在教委业务部门的指导下，施以项目专攻。2010 年，为实现向教育教学聚焦、向课堂教学聚焦、向学生的发展聚焦的"三个聚焦"，学校出台《高效课堂质量检测标准实施意见》，将日常检查管理、过程管理评价、基于结果的科研纳入到课题研究上来，把干部、教师的主流视角和主要精力引导到课堂教学上来。

　　如何针对学生实际，使得内容和过程上有层次，而不是形式上的层次？如何组织学生进行高效的小组合作探究并建立科学的小组合作学习的评析标准？学习"洋思模式"、"杜郎口模式"、"天卉模式"的目的是什么？解决本校课堂问题的关键点在哪？是自学环节中的问题设计，还是教师的课标掌握，教材通透？经过班子会议的多次研讨，我们把这些教学问题转化为系列的科研命题引发大家的深度思考。2011 年年初，将这些问题初步圈定在 4 个关键点上：第一，教师的自信力。部分学科实施课程改革实质性阶段时间较短，还没有足够的信心。第二，教师对课堂的应变力。老师不能根据新课程标准、学情等实际情况进行变通。第三，教师课堂改革把手。包括如何指导并教会学生利用"导学提纲"进行有效的预习等。第四，教师的施教标准。课堂模式没有完全定型，教师对"问题引领、自主探究"模式的精髓把握不准，尺度不一。

　　"问题引领、自主探究"教学模式是指通过充分发挥教师的主导作用，创设主体、和谐、民主的课堂氛围，把学习置于问题之中，让学生自主地感受问题、发现问题、探究问题，为学生充分提供自由表达、质疑、探究、讨论问题的机会，学生通过个人、小组、集体等多种解决问题的尝试活动，实现知识的建构，促进学生认知、技能、情感全面发展的一种有效的教学模式。该教学模式由提出问题、自主探究等教学基本环节和讨论、交流、分享等教学基本手段构成。"引领"是指充分发挥教师的主导作用；"自主"是对学生主体地位的确认；"探究"是学生的学习行为方式；"问题"是教师的点拨作用与学生的探究学习有效互动的载体。

　　教学是科学，更是艺术，"问题引领、自主探究"课堂教学模式的构建与实施，带给课堂最大的变化就是学生学习方式和教师授课方式的变化。教师不断关注学生积极的情感态度和心理体验，营造宽松、民主、和谐的教学氛围，注重与学生的交流，提高教学的有效性，为学生未来的发展奠定坚实的基础。教师们认真研究学科教学动态，充分考虑学生的特点，结合自身的教学实际，大胆探索，因材施教，不断创新。

任何时候，只要教学与研究分离、割裂，它就必然变成灌输，进而异化心灵，不仅异化学生的心灵而且导致教师的自我异化。在北潞园学校，教师们最大的感受是将教学变成了研究，他们秉承北潞园学校的人文传统，孕育着教育改革的时代锋芒，正站在新的起跑线上，迎来一个又一个的灿烂和辉煌。

我们明白，走别人的路，虽然省力，却很难留下自己的足迹，走自己开辟的路，虽然艰难，却充满着奋斗的欢乐和笑声。今后，在"问题引领、自主探究"课堂教学模式的优化和经验总结上，将着眼于 5 个方面：①以课堂效果为核心，把课堂还给学生，打造区域性课堂特色文化。研究教材等静态资源和学情等动态资源。将"问题引领、自主探究"在不同学科作课型课题的动态化研究。辅导帮助教师理解把握"学案导学"、实施小组合作学习的精神实质，给予专项培训与辅导。②充分发挥骨干教师的作用，骨干教师是质量效益提升的前沿梯队，他们的培养要落实在校本培训层面，有规划、有计划地让他们尝到"甜头"，在市级骨干打造上，争取有"零"突破。③巩固现有成果，进行高效课堂阶段成果高段位分析。以市区优质义教课程改革先进学校为榜样，进行全面总结、反思和提升。立足房山，放眼北京，创建北潞园学校课堂文化标杆样品。④在各学段质量标准上形成对接性探索，使教研、科研、培训、评价校本化，深度解析课程标准在课堂上的落实，在课内课外各环节的衔接与实效上加大研究力量。⑤研究德育与教学的非平行关系，将非智力因素、课堂文化因子植入到课堂教学的实效上来。

当然，作为北京市教育科学"十二五"规划 2011 年度立项课题，以科研的视角还不够犀利和深入，介入理论层面的东西也不多，但从一个学校发展与实践的角度，瑕不遮玉的自信还是有的，我们希望这本书的出版能受到广大读者的欢迎，并使它在义务教育阶段的教师、校长开展课堂研究、课堂教学改革、教师培训中发挥应有的作用。

作者

2012 年 1 月

目录
CONTENTS

第一章

问题上升为课题，聚焦课堂的本质

课堂应是向未来方向挺进的旅程，随时都可能发现意外的通道和美丽的园景，而不是一切都必须遵循固定的中线而没有激情的行程。

——叶澜

The classroom should be a journey to the future development, unexpected channels and beautiful landscapes may be found at any moment, rather than follow the fixed route and on a passionless trip.

—— Ye Lan

第一节　问题上升为课题

"嘀铃铃……同学们，上课的时间到了……白日依山尽，黄河入海流。欲穷千里目，更上一层楼。"北潞园学校的上课铃声响了，老师和孩子们带着思考的问题上课了。在北潞园学校，课是老师和孩子们发展人格、培养学业能力、解决问题、社会交往而进行的有计划的合作活动，是走向未来的旅程。

2011 年 11 月 30 日，北京崇文培新宾馆里，北京市教育科学"十二五"规划 2011 年度立项课题开题会上，北潞园学校校长、"课堂上问题引领、自主探究有效学习方式的研究"课题组组长张文革面对评审专家，针对课题研究做详细陈述。"办学就是要遵循规律，遵循社会发展、教育、管理的规律。北潞园学校原来是一所十二年一贯制的学校，以前不同程度地把小学教育当成听话教育，把初中教育办成分数教育，把高中教育搞成升学教育。随着新课程改革的实施，在课程功能上，更加强调培养学生积极主动的学习态度，在学习基础知识与基本技能的同时，学会学习，学会做人，形成正确的价值观。"他阐述说："教育的本质是提升生命质量。在课程内容上，加强与学生生活以及现代社会、科技发展的联系，重视学生的学习兴趣和经验，精选终身学习必备的基础知识和技能。学校在课程实施方式上，更加倡导学生主动参与、乐于探究、勤于动手，培养学生搜集和处理信息的能力、获取新知识的能力、分析和解决问题的能力以及交流与合作的能力。"他说，课题"课堂上问题引领、自主探究有效学习方式的研究"这一动态发展式课堂教学模式，旨在呼唤科学理性、内涵可持续的教学理念和教学结构，依据教学内容，提出相关问题，探究并发展知识，激发学生求知欲，培养学生创新精神。该模式的研究以促进学生转变学习方式，培养学生发展性学习思维。张文革校长认为，"问题引领、自主探究"的理念就是以人为本，重视人的发展，通过学生对学习过程的主动参与，培养学生自主意识，养成自我认知、自我纠偏直至自我进步、自我发展的能力，逐渐形成自主发展能力，成为一个具有主体性格、以自身进步推动整体发展的人。"问题引领、自主探究"这一动态发展式课堂教学模式不仅有助于教师教学，还可以推动学校整体工作的进步，真正实现每个学生都发展的目标。

在座的专家对张文革校长的陈述很感兴趣，有专家提问说，在北潞园学校，能否说说"问题引领、自主探究"的基本涵义是什么？张校长说："问题是教学活动中一种常用的基本手段，问题引领下的课堂不仅能激发学生学习兴趣、锻炼学生语言表达能力、提高学生思维水平，而且能通过师生之间、生生之间、师生与文本之间的对话，使师生一起发现问题、探讨问题、创造性地解决问题……在问题引领的课堂中，通过充分发挥教师的主导作用，创设主体、和谐、民主的课堂氛围，把学习置于问题之中，让学生自主地感受问题、发现问题、探究问题，为学生充分提供自由表达、质疑、探究、讨论问题的机会，学生通过个人、小组、集体等多种解决问题的尝试活动，实现知识的意义建构，促进学生认知、技能、情感全面发展。"张校长解释道，"主问题"的设计大致分为3个阶段：感知阶段、提升阶段、创造阶段。为了实现"有规则的提问"引领，课堂的问题可统一到"围绕主题提出的问题"、"围绕重难点提出的问题"、"围绕方法提出的问题"。"自主"探究学习是一个与"他主"探究学习相对立的概念，一般指在教学条件下学习主体自觉确定学习目标、制订学习计划、选择学习方法、监控学习过程、评价学习结果的过程和能力，"自主"探究学习是一个积极的学习过程，在教学中学生以积极的学习态度学习知识、对待知识。在课堂上既有教师的探究性教学，更有学生的探究性学习，师生合作共同完成课堂上"问题引领、自主探究"的学习过程。

当专家问及北潞园学校建构的"问题引领、自主探究"教学模式与学校以前的教学相比，有何不同时，张校长说，"问题引领、自主探究"教学模式对北潞园学校来说，是一次课堂革命；课改先改课，现在北潞园学校的课堂，更加强调了问题的有效性、"双主互动性"、探究性及目标的达成性。

张文革校长进一步解释说，强调了问题的有效性，更加符合现代的教学论观点。从本质上讲，产生学习的根本原因是问题。没有问题，就难以诱发

和激起学生的求知欲；没有问题，学生就不会去深入思考，学习只能是表层和形式的；没有问题，就不会有解释问题和解决问题的思想、方法和知识。课堂上将问题作为学习的起点、手段和目标，把问题当成学生认知、能力和情感发展的催化剂，重视问题的使用和学生问题意识的培养，以"师问生"、"生问师"、"生问生"、"生自问"等多种提问和探究方式组织课堂教学或指导学生自学，使问题成为学生学习的动力和贯穿于教与学全过程的主线，引导学生在以"问题"为中心的学习过程中形成体验、获得发展，促进学生的自主发展和全面发展。

又有人问，实施以问题为中心的教学模式与北潞园学校"伟人的胸怀，渊博的知识，世界的眼光"育人目标是否一致？张文革校长满怀自信如数家珍地说："规律是管方向的，搞教育首先要方向对，尽管人的能力不同，只要方向正确，都有到达终点的希望。世界教学方法改革不断发展，如前苏联赞可夫的发展教学法，美国心理学家布鲁纳的发现教学法，德国根舍的范例教学法，法国教育家弗雷内的自治教学法，保加利亚洛扎诺夫的快乐教学法，美国教育家布鲁姆的目标教学法即掌握学习法等，都注意了学生主体论，能力目标论，动态发展论，多渠道获得知识论。近的说，我们北京朝阳区小学教师马芯兰的渗透教学法，往国内说，辽宁特级教师魏书生六步课堂教学法，上海特级教师钱梦龙的'三主'原则，湖北武汉大学教授黎世法'六课型'教学法及其异步教学论，中国科学院心理研究所卢仲衡'自学辅导法'，都在想方设法让学生在学习过程中发挥学习主人翁的主动作用，基本原则都是启智导学，我国教学改革的总趋势和世界教学改革的发展方向是一致的，和我校提出的'伟人的胸怀，渊博的知识，世界的眼光'育人目标是一致的。在教学改革中，面对各种教学流派，应先学一家，吸取百家，自成一家。"

临近结束，张文革校长做了最后阐述。他说，课堂教学活动是师生沟通和合作的过程，教师在教学过程中起主导作用，引导学生去认识和发展，学生是学习的主体，主导是对主体的导，而主体是主导下的主体。所谓双主互动性，就是教师的主导作用和学生的主体地位的辩证统一性。师生之间只有保持心灵的沟通和交流，才能创设和谐、民主、宽松的课堂气氛，课堂教学才会有效率、有效益、有效果。让教师成为学生教学过程的组织者、引导者，学生建构知识意义的促进者、学生良好情操的培育者。还要充分确立学生的主体性，把问题解决的主动权交给学生，提供给学生展示才能的机会，让学生有解释和评价自己思维结果的权利，使学生的思维处于一种激活状态，更加主动地参与学习活动

"至于探究性，"张文革校长说，"就是充分尊重和信任学生，把他们看成知识的主动探索者，通过问题引领，教师点拨，将他们置于一个个大大小小的问题情境中，让学生去发现问题、提出问题，参与自主学习、主动质疑的探究活动，经历知识形成和应用的全过程，获得学习活动的体验和经验，有利于促进学生在与问题情境交互作用的过程中对知识进行意义建构，有利于培养学生独立获取知识和探索发现的能力，有利于帮助学生掌握正确的学习方法、养成科学的思维习惯。"

"规律是人们实现目标的途径和桥梁。目标的达成性应当是实施课堂教学的主要依据，是教育思想、教育观念的具体反映，也是评价课堂教学的基本标尺。将学生置于教师预设或课堂生成的问题情境中，帮助学生选择适当的探究目标，寻找达到目标的最佳途径，引导学生积极主动地思考，在自主、合作、探究的学习过程中探寻解决问题的途径和方法，实现对知识的理解和对教材内容的深层把握，促进其思维能力的发展，让学生在和谐、民主、宽松的课堂气氛中掌握知识、发展能力、形成正确的情感态度价值观。"张校长说"问题引领、自主探究"教学模式体现的是新课程"以学生发展为主"的教学理念，有利于达成教学目标。

第二节　课程改革一路走来

20 世纪 80 年代以后，世界对教学研究领域发生了"范式转型"。这主要表现在：第一，教学研究终于挣脱了教育心理学的束缚，开始广泛建立在哲学、心理学、社会科学、计算机科学、系统动力学、传播学等学科的基础

之上；第二，教学研究方法日益多样化、复杂化；第三，教学研究的内容、主题几乎无所不包，极其多元、复杂，甚至混乱，颇有些"沙尘暴来了"似的。所有这一切充分证明，当今世界的教学研究领域已经放弃追寻普适性的教学规律、原理或原则，转而寻求对教学的多元理解。走向理解的教学研究致力于恢复教学和教学设计的历史性、理论性、批判性和建构性。而我国课堂教学理论依然处于"工具理性"和意识形态的双重控制之中，这不仅异化了教学理论和实践，而且异化了大中小学教师、专职教学研究者及两者的关系。

从实践来看，教学中许多悲剧并非出于道德上的错误，而是由于理智上的无知。由于从未在思想和制度两个层面经历彻底的启蒙，我国课堂教学尚缺乏起码的人性、权利和个性意识，这是教学危机的根源。专制、功利且愚昧，是我国课堂教学的根本问题。教学危机必然带来学生及其教师日益加剧的生存危机，这同时孕育着民族、社会的危机。

重建我国课堂教学的基本方法是走向教育"新启蒙运动"。这意味着使课堂首先具有"启蒙精神"——崇尚理性自由、探究创造与个性解放；同时要深刻批判"启蒙理性"中的"工具性"成分，因"工具性"不仅使教学成为知识技能的被动接受过程，而且使教学陷入控制本位、理智计算与功利追逐，进而泯灭了自由个性；最后，要基于时代精神和国际视野，创造性地恢复民族主义传统的精华，让我国课堂教学不仅浸润仁爱精神，而且洋溢"孔颜之乐"。

于是，区域化课堂教学"新启蒙运动"在重建中获得新生。时间上溯到自2001年至2002年底，房山区教育委员会（以下简称房山区教委）领导及各业务部门经过多方位深入调研，指出全区教学工作存在的问题主要在课堂上；指出课堂改革必须转变观念，体现育人为本的思想。树立以学生发展为本的观念。以学生发展为本，即在教育活动中，必须以学生的身心发展特点和成长规律为出发点，采取有效的方式或手段，把沉睡在每个学生身上的潜能唤醒、激活起来；不但要重视学生学科知识的培养，而且更要加强学生综合素质的培养，使其具有丰富的精神世界和高尚的道德情操。树立以学生为主体的观念。教师应充分尊重学生主动学习的权利，学生应是主动的学习者、发展者，而不是教育活动中消极被动的适应者；教师要给学生提供学习的条件和机会，帮助学生学会主动参与、主动学习，启发学生提出问题，然后指导和帮助学生分析、解决问题。教师必须在思想意识上强化一种认识：要选择、创造适合学生的教育，而不是去选择适合教师教育的学生，即学科中心要下移。树立师生平等、民主的观念。建立6个学会：即"学会尊重、学会欣赏、学会赞美、学会关爱、学会理解、学会宽容"与学生平等、民主、和谐的师生关系，是教师的必备素质。

借此时机，全区内开展课堂教学改革系列活动。房山区教委组织校长、副校长外出，到实施素质教育典型校、新课程实验校参观学习；在全区中小学全面推动课程改革的基础上确定试点校；举行新课程实施、研究性学习典型经验介绍和阶段性经验推广活动；组织开展课堂教学改革优秀成果（优秀录像课、教学论文）评比活动；结合教学视导在全区开展"新课程、新理念、新课堂"暨走进学校，课堂教学改革系列展示活动；举办课堂教学改革经验报告会及课堂教学改革总结表彰大会。房山区教委提出，结合课堂教学改革，结合业务科室职责，"走进学校、走进教师、走进学生、走进课堂"作为部门处室工作的切入点，优化发展环境、提高教学质量、促进教育发展。

2002年5月，为进一步实现教学管理工作的制度化、规范化、科学化，房山区教委出台《关于加强中学教学管理工作的意见》（房教发〔2002〕64号）。意见指出，教学思想的管理是教学管理的首要任务，学校必须引导教师树立正确的教学思想，坚持以人为本的原则，全面、正确地理解和实施素质教育，引导广大教师树立"人才多样化、人人能成才"的人才观，德、智、体、美、劳全面发展的教育质量观，为学生一生的发展和幸福奠定基础的教育价值观。采取有力措施，更新教育观念，实现由重传授向重发展的转变；由统一规格教育向差异性教育转变；由重教师"教"向重学生"学"转变；由重结果向重过程转变；由单向信息传送向综合信息交流转变；由居高临下不和谐向平等融洽转变；由教学模式化向教学个性化转变。突出课堂教学的主渠道地位，结合教材改革和教育信息化的要求，努力改进教学方法，激发学生学习的兴趣，努力培养学生的创新精神和实践能力，使学生生动、活泼、主动、健康的发展。

2002 年 6 月至 8 月，房山区教委出台了《房山区教育委员会关于加强初中教学管理的措施》、《房山区实施初中教学质量监控工作的意见》、《房山区中小学教学管理达标评价指标》等一系列文件。8 月 20 日至 22 日，房山区教委对中小学主管教学的副校长进行了培训。

2003 年 2 月 13 日，全区教育教学工作会在良乡附中召开。会上提出"学习先进的、借鉴外来的、总结自己的、挖掘潜在的"的工作思路。会议要求各学校要通过交流学习、经验介绍、典型带动、全面提高推进全区课堂教学改革的深入开展；要挖掘自身优势，走内涵发展之路，按教育规律办事，打造房山区教育品牌。

2003 年 2 月 27 日至 3 月 1 日，房山区教委组织校长、副校长、教研员和部分管理人员到天津（第一批实验省市区）、北京昌平学习考察。通过考察，认为天津、北京昌平在新课程改革方面已走在我区前面，特别是研究学习、主体参与、动手实践、开放管理等许多方面值得学习和借鉴。大家普遍反映，要结合本区教育实际对学校管理、教师队伍建设、教学行为等进行反思，挖掘教育潜力，进一步提高教育质量，为房山区人民提供优质的教育服务。初步锁定在全区贯彻"目标导学、主体参与、合作学习、精讲精练、探究实践"的课堂教学主导模式，努力挖掘教育潜力，进一步提高全区教育质量。

2003 年上半年，按照房山区教委"1123"工作思路，结合"2222"工作目标❶，分析全区教育现状，按照"目标导学、主体参与、合作学习、精讲精练、探究实践"的教学模式深入课堂教学改革，在全区开展课堂教学改

---

❶ 2003 年 1 月，北京市房山区教委领导在教育教学工作会上提出"2222"课程改革工作目标，即紧扣两个主题、紧抓两个重点、争取两个突破、获得两个转变。"紧扣两个主题"：一是要加快教育发展，二是要坚持不懈地提高质量；"紧抓两个重点"：一是加强教学管理，构建阶段性质量标准，二是加强办学的规范化管理；"紧抓两个重点"：一是发展模式上的突破，二是课堂教学改革上的突破；"获得两个转变"：一是由粗放型向集约型转变，二是由外延发展向内涵发展转变。会上强调，必须咬定内涵发展之路，以合理的态度、合情的理性坚持走下去；要特别重视教育的首创精神，严格教育教学管理，焕发教师产生创新的冲动；要共同构建阶段性质量标准，让家长、教师、学生有一个追求；有的放矢，坚决推进课堂改革的进程；努力营造浓郁的学术氛围，倡导学术风气；加强视导，让每一所学校、每一位教师都有一个提高。

革系列活动，并且确立 2003 年为课堂教学改革年。同年春季，房山区教委对全区新课程改革进行全方位调研。各学校达成一致，要多反思我们的管理、我们的教育，理念和管理要体现在"服务"上，通过抓典型，要让人的行为参与进来；把管理与科研结合起来，不能把"科研兴校"只停在口头上。2003 年 7 月 28 日至 30 日，房山区教委就中小学推进课堂教学改革提出实施意见，要求校长们要用更宽大的视野来审视教育发展趋势，明确教育是为未来社会培养劳动者。提出课堂是提高教育质量的主渠道，任何管理要求、任何事情都应围绕"课堂"进行，课堂的形式必须满足教育目标的实现，课堂教学改革是实现教育目标和提高教育质量的有效办法；要明确改革的目的是为了提高质量，改革不是做文章，必须要有改革方案，改革必须坚持统一领导，不能一哄而上，无序进行，校长必须有思想，改革必须充分相信和依赖教师，要鼓舞教师积极性，作好组织、鼓励、领导、宣传工作，必须力戒形式主义，切中实效。

通过在全区开展"课堂教学改革年"活动不断总结课堂教学改革经验，表彰先进。另外，还制订出《房山区课堂评价标准》、《房山区学科评价细则》、《房山区课堂教学改革方案》、《房山区中小学学段培养目标》、《房山区课改先进实验校、先进教研组、先进教师评价办法》及房山区科改试点校的确立。2008 年，北潞园学校成为全区课堂教学试点评价实验校，2009 年，又成为全区课堂教学全程评价实验校。

2005 年 1 月，房山区教委出台《关于深化中小学课堂教学改革，全面提高教学质量的意见》，重点是弘扬理论联系实际的学风，坚持学以致用的原则，自觉运用科学理论指导实践、推进工作。意见指出，深入贯彻落实北京市中小学教学工作会精神，树立科学的教学质量观，唱响育人为本，全面提高教学质量这一主旋律，进一步明确教学在学校工作中的地位，紧紧抓住课程改革这个机遇，全面深化房山区中小学课堂教学改革，实现新课程理念与教学行为、教学管理行为和学生学习方式的和谐统一，努力提高课堂教学效益和质量。意见要求，全区中学要继续大兴调查研究之风，不断提高对人的发展规律和教育教学规律的认识，提高教育教学研究、指导、服务和业务管理的能力。"洋思经验、洋思教育理念"对全区教学指导意义很大。在教学

改革发展到关键的时候，各校更应结合学校实际，认真学习、借鉴"洋思经验、洋思教育理念"的内涵、实质，进一步推动全区教学改革的深化和提高，使教学改革健康发展；进一步发挥典型示范作用，继续开展走进学校展示活动；进一步探索适应新课程改革的课堂教学模式。深入学习洋思经验，努力提高课堂教学的效益。在教学中要删除无效教学环节，重视教学反馈和教学落实，落实"三讲"（讲重点、讲难点、讲易错易漏易混知识点）、"三不讲"（学生已经会的不讲，学生自己能学会的不讲，讲也学不会的不讲），探索高质、高效、学生后劲充足的教学模式，建立对教学质量的科学评价机制，促进教学质量的大面积提高。

在总结开展课堂教学改革年活动的基础上，以教师岗位技能比赛为载体，进一步提高课堂教学质量效益。房山区教委多次召开课程改革专题会议，部署课程改革的实施步骤，邀请知名的教育专家为教师做《如何走进新课改》的专题讲座，各校采用多种形式对教师、学生这两个层面进行广泛的宣传和发动，让教师和学生在较短的时间内，明白课程改革的重要意义，掌握课程改革的内涵与实质。通过"课程改革调研周"，有针对性地深入课堂听课、评课、检查教师教案和教师作业批改情况，并对教师的课堂教学情况进行评议。这些行之有效的措施、活动，把广大教师的注意力集中到课堂教学研究上来，切实提高了课堂教学的效益。

北潞园学校抓住课堂教学这个主阵地，把提高教学质量的着力点放在对课堂教学的管理与改革上，先后开展了"课堂学习者视角调查"、"优秀教案评选"、"精品课"展示、"优质课"展评及"请进来走出去"等活动。

开展初中"课堂学习者视角调查"的活动中，项目组从学生的角度和感受出发，对学校发展现状有了一个正确的认识，从中总结经验，弥补不足。

学习采取问卷调查的方式，针对对象为初一至初三在校学生，分两次进行，第一次（2005—2007年）参加问卷调查的学生共计86人，男生所占比例为51.8%，女生所占比例为48.2%；85人中学生干部为25人，占总数的29.1%，团队干部为6人，占总数的7.1%。第二次（2007—2009年）参加问卷调查的学生共计104人，男生所占比例为55.8%，女生所占比例为44.2%；学生干部为26人，占总数的25%，团队干部为6人，占总数的

5.9%（表1-1至表1-3）。

表1-1 "教学内容讲得最明白清楚的学科"调查

问卷调查年度	学科	有效百分比（%）
2005—2007	语文	28.9
2007—2009		19.8
2005—2007	数学	32.5
2007—2009		43.6
2005—2007	英语	8.4
2007—2009		6.9
2005—2007	政治	3.6
2007—2009		5.0
2005—2007	历中	3.6
2007—2009		10.9
2005—2007	物理	12.1
2007—2009		6.9
2005—2007	生物	—
2007—2009		1.0
2005—2007	体育	4.8
2007—2009		5.0
2005—2007	信息技术	1.2
2007—2009		1.0

表1-2 "教学中经常让我回答问题的学科"调查

问卷调查年度	学科	有效百分比（%）
2005—2007	语文	9.5
2007—2009		15.8
2005—2007	数学	29.8
2007—2009		37.6
2005—2007	英语	29.8
2007—2009		23.8
2005—2007	政治	1.2
2007—2009		2.0
2005—2007	历史	1.2
2007—2009		5.0

续表

问卷调查年度	学科	有效百分比（%）
2005—2007	地理	5.6
2007—2009		2.0
2005—2007	物理	17.9
2007—2009		5.9
2005—2007	体育	3.6
2007—2009		1.0

表1-3 "当问老师问题时，总是和我一起讨论、解决问题的教师"调查

问卷调查年度	学科	有效百分比（%）
2005—2007	语文	22.9
2007—2009		18.2
2005—2007	数学	56.1
2007—2009		38.4
2005—2007	英语	18.1
2007—2009		14.1
2005—2007	政治	2.4
2007—2009		5.1
2005—2007	历史	1.2
2007—2009		2.0
2005—2007	地理	5.6
2007—2009		3.0
2005—2007	物理	8.4
2007—2009		8.1
2005—2007	美术	2.4
2007—2009		1.0

注：表1-1、表1-2、表1-3来源：房山区北潞园学校2005—2009学年度学校发展现状总结性评价（学生分报告），朱美亮执笔，2009年10月。

从以上3个评价表所反映出的情况看，学生对语文、数学、历史等学科的满意度较高。主要原因是：教师能在课堂上设计问题，让更多的学生参与教学活动，关注学生的个性发展。其他学科的教师需要结合学科特点，加大让学生积极参与、教师精心指导等活动，拉近与学生的距离，加强师生之间

的和谐关系。学校应从"伟人的胸怀，渊博的知识，世界的眼光"的发展思路入手，开展研究性学习活动，探索培养学生创新精神和实践能力，实现从注重知识传授转向注重学生的全面发展，从以教师为中心转向以学生为中心；从注重教学的结果转向注重教学的过程；从统一规格的教学模式转向个性化的教学模式；从教师权威的教授转向师生平等互动，共同发展；极大地调动学生主动学习的积极性，大幅度减少教师的无效劳动。

在此基础上，逐步建立并不断完善指导学生主动学习的有效措施，进而把课前学习、课堂学习和课后学习有机结合起来，显著提高学生自主学习的能力和各方面的基本素质。

2006年12月7日，全区提高初中数学课堂教学实效性研究活动举行。初中数学教师代表100人参加活动，其中北潞园学校吴桂芳老师和兄弟学校两位教师一起做了3节数学研究课。课后，吴桂芳老师介绍的教学思路，数学教学专家在点评中给予了高度赞赏。

2010年夏天，为进一步落实教育教学向课堂聚焦的目标，促使课堂实效真正提高，房山区教委结合全区中小学校实际情况，针对课堂质量上马专项"折子"工程，在校长谋发展、教师提效率、制度做保障等方面做了科学管理设计与探索。房山区教委专为全区中小学校校长召开了"现代名校教学管理暨品牌建设交流研讨培训会"。内容包括课程改革背景下的高效课堂模式探索、课堂教学的效能与教育评价改革、校长课程领导力提升、教学质量监控和教师改进课堂的研究等专题培训。培训结束后又在暑期召开专题交流论坛。通过培训和交流论坛，校长们在学校管理过程中，进一步向课堂有效性聚焦，革除传统课堂教学中的弊端和无效环节，在各自学校围绕课堂、系统设计，打造高效课堂教学模式。

2010年8月，全区第三届教师基本功大赛工程启动，进一步促进了课堂质量评价的深化和全体教师专业技能的提升；包括教师教学全程评价的实施，教师教学全程质量评价的启动和实施，进一步督促学校管理者深入课堂，从教师课堂上发现问题、改进管理，为课堂有效性的提升提供组织保障；更加关注教师常态课质量，将教师专业发展、绩效考核与教师课堂教学质量合理对接，构建课堂教学质量评价常态监控系统，减少低效能课堂；各

学校发挥全程评价教师的导向和激励作用，关注教师发展状况，引导教师树立自主发展意识，将有利于不断提升学科课堂教学质量，促进教学质量的不断提升。

2010年9月，房山进修学校组织的录像课评优活动中，我校纪金铃老师的《长、正方体的认识》一课得到了房山区教研员的一致好评，并代表北潞园学校做了区级研究课。同月，在全区小学美术学科骨干教师录像评优评比中，我校刘娜老师获奖。12月，在房山第一小学举行的"小学语文学科骨干教师展示活动"中，全区领导、教师及区语文教研员共计100多名的课堂上，我校刘冬辉老师做了《幸运的小海豹》研究课。

2010年9月至2011年2月，我校张艳红老师多次在"房山区小学音乐课堂教学艺术课题研究"、"房山区小学音乐工作室展示"、"房山区小学音乐教学设计评比"做《祝你快乐》、《真善美的小世界》等欣赏课、观摩课。

2010年11月23日，在房山区教师进修学校语文教研室的安排下，我校赵凤海老师在良乡三中做了《变色龙》公开课，全区初三语文教师参与听课、评课，受到专家的好评。

2005年、2008年、2010年三届房山区青年教师基本功大赛中，郭芳、王继芳等8位老师荣获综合技能一等奖、二等奖等十多项奖项。

2011年3月27日，全区六年级Unit10复习单元阅读教学展示在北潞园学校进行。我校史亚飞老师展示的课堂主要内容是两个不同国籍的学生谈论万圣节和元宵节，具体涉及国家、时间及人们庆祝节日的方式。

2010年，全区骨干教师评审，北潞园学校初中语文教师赵凤海，英语教师王继芳，物理教师郭芳，小学部教研组长刘冬辉、史亚飞，美术教师刘娜，音乐教师张艳红，年级主任纪金玲等8位教师榜上有名。

2010年4月，《心动历程——北潞园学校教育教学成果集》一书出版，"给学生一个自由想象的空间"、"让课堂教学充满活力"、"'写出'美丽人生"、"把学习的主动权还给学生"等许多优秀的科研文章闪耀其中。张文革校长和老师们，满怀喜悦地走上了课程改革之路。

第三节　课堂是育人的主阵地

　　课堂是一种天才的发明。从 2500 年前孔子风餐露宿的"杏林论谈"到美索不达米亚神庙里最古老的教室布置❶，作为文化传承的标志、社会进步的台基，这项发明一直延续至今。

　　课堂风靡天下，它能使社会必需的各种学习过程变得统一、精简而高效：课堂教学能让年轻一代快速而有效地为群体生活和今后的职业生涯做好准备。新形势下，课堂育人的思想从更多关注教师教学成绩和学生的考试成绩转变为关注促进每一个学生的综合发展。即从单纯的智育发展到德、智、体、美、劳五育发展；从接受知识、培养能力到探究知识、学会学习、发展创新精神和实践能力。育人职能的转变，要求我们的教育思想、教育方式也必须随之转变。

　　新一轮基础教育课程改革是我国面对严峻的国际挑战，着力培养新型人才的一次重大教育改革。新课程实施不仅体现在人才培养目标的变化，同时，新课程背景下课堂教学的召唤也体现在教学方式的变化和学习方式的变化。新型课堂呼唤着人文关怀、生命跃动、和谐发展的回归。改变传统填鸭式、满堂灌式的教学方式，积极倡导自主、探究、合作式的学习方式。把课堂还给学生，把学习权利还给学生，让学生成为课堂主人，让学生在生生之间、师生之间的交流沟通之中，快乐地学习和生活，是新课程背景下对课堂教学的必然要求。

　　世界著名数学家希尔伯特说："某类问题对于一般教学进展的深远意义以及它们在研究者个人的工作中所起到的重要作用是不可否认的。只要一门科学分支能提出大量的问题，它就充满着生命力；而问题的缺乏则预示着发展的衰亡或中止。"以此要求，"问题引领、自主探究"教学模式的本质应该

---

　　❶　考古学家们在美索不达米亚的神庙里挖掘出来一间最古老的教室：面向前方排放的座位，有放写字用具和计算器具的位置等。选自希尔伯特·迈尔，《备课指南》第 42 页。

就是通过问题引领、知识传递和技能训练，把学生的由"学会"到"会学"作为客体来塑造；通过自主探究，把学生视为知识的创造者，倾听学生的观念并创造条件让学生产生更加精彩的观念。

好的教学模式是大量教学活动宝贵经验的结晶，揭示了教学活动的普遍规律。教学模式是相对稳定又不断发展的。"问题引领、自主探究"的教学模式，不仅应该体现"问题引领"的科学性，更应体现"自主探究"的发展性。问题引领，聚焦课堂，共同聆听课程改革的心声与召唤；先学后教，改造课堂，一起倾听课程改革的心语与历程；目标三维，准备课堂，详细解读课程改革的理念与要求；当堂训练，高效课堂，更加关注课程改革的热点与难点；合作探究，站稳课堂，多方汇集课程改革的智慧与成果；学生为主，研究课堂，深入探索课程改革的思路与策略；个性展示，温暖课堂，深度感悟课程改革的价值与真谛；面向未来，心怀课堂，共同承担课程改革的责任与使命。

常规教学是改革教学的基础和前提，改革教学是常规教学的提高和发展。常规教学不是一成不变，而是不断发展和丰富。我们要以改革教学带动常规教学，以常规教学促进改革教学。常规教学有改革，改革教学有继承。教学模式就是教学活动的表现形式。教师在教学实践中通过一定的教学模式开展教学活动。凡是先进的教学模式，都能有效地培养学生自学能力、思维能力、实践能力和创造能力。这4种能力是学生智能的主体。"问题引领、自主探究"教学模式也具备这样的特点：①强调问题的有效与科学；②强调课堂的双主与互动；③强调学习的自主与探究；④强调目标的达成与发展。该模式的研究旨在有效时间内发挥教师主导作用，通过互动释疑、自我纠偏的活动，实现发展知识、形成正确认知思维的意义建构，完成对知识的追求和探索，促进知识有效发展，建立适合"学"和"教"的动态发展式课堂教学模式。

为此，在"问题引领、自主探究"教学模式建构过程中力求：①加强学科本质问题有效教学的基本点。教师应对学科性质、功能加深理解，深入研究、准确把握最具学科性质的知识和最有学习价值的知识，以及知识在横向和纵向上的联系，构建学科知识结构与方法体系。②加强学法研究是有效教学的立足点。教师中普遍关注如何教，而对学生如何学的方法缺乏研究。如何让学生真正参与到教学中，这需要教师掌握如何将学习内容呈现给不同学生的策略与方法，以此让学生真正成为课堂的主人。③加强学情分析是有效教学的着力点。部分课堂教学反映出教师的教学设计是从教材出发而不是从学生出发，导致课堂低效。分析学生对于特定学习内容容易理解和误解的知识，根据学生的问题以及在课堂上可能的反应，设计有思维价值的问题，采用相应的教学策略。通过学情分析提高课堂的针对性和有效性。④加强新一轮研训是课程改革的生长点。教师对课程理念、课程标准、教材、教学等方面的理解与把握尚存许多问题，及时进行教师间经验总结与问题反思，加强交流与研讨，将其作为校本研修的新课题、作为课程改革深入推进的必须。⑤加强教学基本功和教学常规的落实是有效教学的支撑点。新课程下的教学工作对教学基本功和教学常规提出了新的标准和要求，势必成为教学管理长期的重任，也是提高新课程教学质量的保障。

质量是学校的生命线，课堂是育人的主阵地。课堂教学必须在思想、方式、策略、评价等方面体现和践行新课程理念，提高课堂教学的有效性。我校在学习杜郎口、天卉学校等的成功经验，并结合多年对课堂教学改革的实际与思考，提出了我校课堂教学改革的基本思想，即先学后教、因学定教、教学互动、共同建构；基本模式是"问题引领、自主探究"；基本环节是问题导入、自主合作、展示交流、实践检验等。

问题导入。建构主义学习理论认为，学习是在一定的情境即社会文化背景下，借助外在的帮助，利用必要的学习资料，对知识意义的建构过程。"不愤不启，不悱不发"是孔子提出的一条重要的教育原则。其都是强调学生"主动学习，产生疑问"是教学的前提和基础。因此，学生"先学"、学后生疑、因疑促学才会产生良好的学习效果。我校通过"学案"进行导学，基本原则有：①基础性。紧扣课程标准要求，突出基础知识、基本规律、基本内容，从学生学习的角度编写"学案"，主要包括学习目标、学习重点、学习方法、学习内容、学习成果、学习反思等内容，教学内容以问题的形式呈现。②适度性。"学案"涉及内容的难度要适中，让绝大部分学生通过预习自己就能解决学案上70%的内容。③适量性。学生课前"先学"的内容

要适量，课前学习时间控制在 30 分钟左右，注意克服把完成学案变成教师抢占学生自主支配时间的一种手段。

自主合作。合作学习是建立在学生完成"学案"的基础上，开展学生小组学习，它的主要任务是：由组长组织一对一互讲和轮流讲等形式，交流个人学习成果，同时提出个人学习中的问题，开展小组讨论。在此基础上，形成小组结论和研讨问题，为课堂交流做好准备。小组合作学习一般原则：①异质分组。根据小组成员在性别、学业能力、学习步调和其他品质的不同进行分组，组内异质，组间同质。②任务分配。将学习任务分解成若干相对独立的小任务，根据各小组的意愿和特点分配任务，任务落实到各小组。③角色分工。在小组学习中，不同成员分配不同的任务，如组长、纪律委员、记录员、解说员等，成员间互相支持、帮助，合作完成任务。④小组评价。教师积极评价小组学习任务、完成情况和具体表现，评价对象以小组为主。

展示交流。在小组合作学习的基础上，课堂展示是课堂教学的核心和关键。展示方法是：①小组展示学习成果，讲清主要观点和思路，语言简洁、观点明确。②教师就小组展示过程中的重点问题或疑惑问题，进行追问，引发思维碰撞，突破难点，落实重点。同时，坚持"三讲三不讲"原则，讲得时间少了，给学生支配的时间多了，让学生真正成为课堂的主人。③在展示中，一是要保证展示时间，让学生表达完整，不随意打断学生发言；二是做好评价，对小组展示的人数和精彩度进行评价。

实践检验。也叫检测反馈，是检验教学目标达成与否的重要方式之一。实践检验方法：①紧扣教学目标编制检测题，检验目标的达成效果；②对于检测中的问题，利用平行性检测进行二次补标，确保"双基"知识（基本知识、基本技能）并全员达标；③在基本知识和基本技能达标后，让学生运用知识解决综合性和实际性问题，在具体的应用过程中来检验培养学生解决实际问题的能力。在布置作业时坚持"三布置三不布置"原则，即不布置重复性的作业，不布置惩罚性的作业，不布置超过学生合理学习限度的作业；布置发展学生思维的作业，布置引导学生探究的作业，布置迁移拓展、提高能力的作业。

各学科经过一段时间的实践，形成各种基本课型：结合各自学科的具体特点，设计出 4 种课型（每个学科的功能和名称不同）。例如，新知探索课、习题训练课、检测点评课、实验探究课等。

课堂教学4个环节与教学思想是统一吻合的。问题导入、自主合作及展示交流等环节主要体现学生自主学，属于"先学"的范畴。在自主学习、合作学习、学生展示等环节中，教师引导对疑难问题和关键问题所进行的辨析与思考，以及教师所作的恰当的追问、点拨，主要体现教师的"教"，属于"后教"范畴。"预设"与"生成"在"先学"与"后教"中动态生成，教师因学而教、因疑而教、因需而教，使学生学习中解决的问题是真实问题，体现出始终以学生学习中的真实问题引领教学进程，突出学生个体和相互之间的自主合作、自主探究的教学主旨。使每一个学生真正学起来，使问题得到及时解决，从而大幅度提高课堂教学质量和效益。

新型课堂教学突出特点是减少了讲与听，增加了说与做。美国心理学研究表明，学习者采用不同的学习方式，其收获明显不同。"当人读的时候，能记住10%；听的时候，能记住20%；看的时候，能记住30%；边看边听，能记住50%；如果说出来，能记住70%；如果能给别人辅导，能记住80%；如果自己做出来，则可记住90%"❶（表1-4）。

表1-4 课堂教学流程效益网格

课堂活动方式	时间	听20%		说70%		读10%		做90%		辅导他人80%		看30%	
		参与率	有效时间	参与率	有效时间	参与率	有效时间	参与率	有效时间	参与率	有效时间	参与率	有效时间
方式1													
方式2													
方式3													
……													
有效时间合计													
学生活动效果													
总效能													

---

❶ 资料来源：赵桂霞，《以数据化管理促学科建设》，中小学管理，2009年。

从中我们可以看出，减少教师讲和学生被动听的时间，增加学生说、学生做、学生互动的时间，充分相信学生、充分依靠学生和充分解放学生，引导学生自觉、自愿、自主地学习，引导学生在活动中观察、感受、体验和思考，从中获得学业水平和实践能力的发展，最大限度地提高课堂教学效益。

提高课堂有效性，打造学校育人品牌。各校在打造育人品牌各有特色，各有所长。北潞园学校立足于打造有效课堂，改变课堂教学方式，提高课堂教学效益，落实三维教学目标，扎实培养学生创新精神和实践能力，促进学生最大限度地发展，体现课堂的真、实、新、活、情、特、效等特色，形成我校课堂育人的特色和品牌。

第四节　聚焦课堂二十二条

"问答"（Question and answers）作为课堂教学中常见的对话形式。它有着悠久的历史传统。比如，孔子和苏格拉底的对话教学就是采用了"问答"形式。而他们各自开创的"问答"传统构成了我们今日思考教学的重要思想渊源。

（1）问：什么是"问题引领、自主探究"教学模式？

答："问题引领、自主探究"教学模式是指通过充分发挥教师的主导作用，创设主体、和谐、民主的课堂氛围，把学习置于问题之中，让学生自主地感受问题、发现问题、探究问题，为学生充分提供自由表达、质疑、探究、讨论问题的机会，学生通过个人、小组、集体等多种解决问题的尝试活动，实现知识的意义建构，促进学生认知、技能、情感全面发展的一种有效教学模式。该教学模式以"学案导学"为引发手段，由问题导入——求知和知识探究，自主合作——重点突出和难点突破，展示交流——综合能力强化，实践检验——知识反思与能力发展等教学基本环节构成。"引领"是指充分发挥教师的主导作用，"自主"是对学生主体地位的确认，"探究"是学生的学习行为方式，"问题"是教师的点拨作用与学生的探究学习有效互动的载体。

（2）问：北潞园学校何时开始"问题引领、自主探究"实验教学的？如何推进和实施？

答：2007 年提出"问题引领、自主探究"的教学模式，为了将教学问题上升为课题引领，2010 年 5 月 17 日，《北潞园学校关于进一步深化课堂教学改革意见》出台，意见指出，"问题引领、自主探究"的课堂教学包括"学案"导学、目标解读、小组学习、课堂展示、穿插巩固、检测反馈等主要环节。提出"揭示目标，解读目标"、"'学案'导学，自主学习"、"合作学习，讨论解疑"、"课堂展示，点拨升华"、"穿插交流，整体提高"、"反馈检测，人人过关"等关键步骤如何实施。在措施推进上要求以课堂质量全程评价方式深入推进，重点考察学校课堂教学模式的运用、突出特色以及实际教学效果，将评价结果作为评优选先的重要依据。

（3）问：北潞园学校提出"问题引领、自主探究"具备哪些现代教学改革新观念？

答：①新教育思想发展的动态观念，不断更新教学思想、不断丰富教学思想；②要有全面发展的整体观念，培养多层次、多规格的人才；③树立以学生为主体的观念，学生是学习的主人；④要有重视实践的观念，应让学生在实践活动中锻炼成长；⑤要有教书育人的观念，以培养"四有"人才为宗旨。

（4）问：北潞园学校实施"问题引领、自主探究"教学改革，要实现哪些方面的转变？

答：①变单纯传授知识为在传授知识过程中重视能力培养；②变单纯抓智育为德、智、体、美、劳全面发展；③变教师为中心为学生为主体；④变平均发展为因材施教，发展个性；⑤变重教法轻学法为教法学法同步改革。

（5）问：北潞园学校实施"问题引领、自主探究"教学改革，具备了当代先进教学流派的哪些共同特点？

答：以培育学生健康向上的心理品质为基础，以创造条件使学生不断获得学习成功机会为主要原则，以引导学生走自学之路为主要方法，以培养学生学习兴趣为主要手段，以鼓励创新精神、培养创造能力为教学思想的核心。现代各种教学方法的改革都是以研究和挖掘学生的学习潜能，最大限度

地发挥及发展学生的聪明才智为追求目标。针对学生的实际，思想问题以思想来克服，心理问题以心理来强化，知识问题以知识来补救，能力问题以能力来培养。凡是先进教学法，都是把提高学生素质放到首位。

（6）"问题引领、自主探究"教学改革中，如何体现"双主"互动作用？

答："双主"即主导作用与主体作用。要想充分发挥学生主体作用，必须发挥教师的主导作用。主导是为了主体的确立，而不能削弱、代替或否定主体。"主导"者，主要在"导"。导的形式多种多样，多姿多彩。导没有顶峰，没有绝对权威。导的内容丰富多彩；导以思维，导以方法，导以规律，导以能力，导以创新，导以兴趣，导以意志，导以目标，导以理想。发挥主导作用，是为了发挥主体作用。教师主导作用发挥的水平，要以学生主体作用发挥的水平来衡量。教师的善教应该体现在学生的乐学善学上。课堂教学改革的核心是发挥学生的主体作用，调动学生学习积极性。确立教学活动中学生的主体地位，发挥学生的主体作用，是衡量课堂教学改革的基本准则。培养学生的思维能力以及自学能力为教学方法改革的导向。减轻学生负担，提高教学质量为教学改革的目的。

（7）问："问题引领、自主探究"中"知识"掌握与"智力"提升是什么关系？

答：我校提出"伟人的胸怀、渊博的知识、世界的眼光"的育人目标。"知"与"识"是智力的基础，智力的核心是思维。仅有知识，智力不会自发地发展，必须通过训练操作发展智力、培养能力。引导自学是发展智能的有效途径。教学效果决定于学生获得有效知识量，不决定于传授知识量，一个人智能高低取决于有效知识量。有效知识量和人的智慧成正比。教学改革的目标就是最大限度地提高有效知识量。智力是创造力的必要条件，但不是充分条件。智力高的人，创造力可能并不高。智力仅仅是土壤，要想开出创造之花，还需要勤奋耕耘，天才出于勤奋。

（8）问：如何理解"问题引领、自主探究"中的根本性问题？

答："问题引领、自主探究"中的根本性问题是，教师的作用不单是讲授知识，更重要的是教会学生思维，教会学生创造性思维，会提问题。有了创造思维能力，学生不仅可以学会教师讲授的知识，还可以在自己的思维实践中学到教师没有讲授的知识，甚至创造新知识，这样的学生才能青出于蓝而胜于蓝。无论多么优秀的教师也不可能把学生一生所需要的知识都教给学生。教知识总是有限，教思维才是根本。教师应当是手握创造性思维"金钥匙"的指导者。

（9）在"问题引领、自主探究"学习中，是否讲究小组合作？

答：学习中，学生先自主后合作，自主是合作的前提，只有在学生踏实自学、深入思考基础上的合作交流，才能激发学生的深度思维，起到相互补充，相互完善的作用。合作研讨力求让每个学生都有发言的机会，培养学生的自信心和当众发言的勇气，在大胆交流的同时指导学生要抓住要领，学会倾听，吸取他人的长处，丰富自己的思想。搭建小组互助的合作平台。学校倡导"小组捆绑式"学习活动。在课堂上，开展小组合作学习，小组交流、研讨、展示；在课下，以小组形式参加多项活动，小组互帮互助，共同进步；在评价中，将各项学科成绩、各项活动成绩"捆绑"，评选出优秀小组。活动中，让每个同学能够在组员的帮助和鼓励下，积极参与各项活动，感受成功的喜悦，增强自信心，孩子学会了合作，感受了合作的快乐，形成健康、平等、友好的同学关系，促进了"勤奋、刻苦、求实"学风的形成。

（10）问：如何理解"教学有法，教无定法，贵授以法"？

答：教学有法，教无定法，贵授以法。各科教学都不能违背教学的"大法"即教学原则。一般应遵循的教学原则有：①系统性原则；②整体性原则；③综合性原则；④动态性原则；⑤应用性原则；⑥全体性原则；⑦区别性原则；⑧启发性原则；⑨自学性原则。

（11）问："问题引领、自主探究"里的"十给"与陶行知先生的"六解放"之间有什么关系？

答：陶行知先生的"六解放"是说，解放儿童的头脑，使他们能想；解放儿童的双手，使他们能干；解放儿童的眼睛，使他们能看；解放儿童的嘴，使他们能谈；解放儿童的时间，使他们多学一点感兴趣的东西，多干一点高兴干的事；解放儿童的空间，让他们到大自然、到社会上去扩大视野。我校提出把课堂还给学生，实现"十给"：给学生一个空间，让他自己往前

走；给学生一段时间，让他自己去安排；给学生一个条件，让他自己去锻炼；给学生一个问题，让他们自己去找答案；给学生一个困难，让他自己去克服；给学生一个机遇，让他自己去抓住；给学生一个冲突，让他自己去讨论；给学生一个对手，让他自己去竞争；给学生一个权力，让他自己去选择；给学生一个题目，让他自己去创造。因此，实质上他们都是拓展、创造性地把课堂还给学生。

（12）问："问题引领、自主探究"课程改革实验中，如何实现"活而不乱，实而不死"的改革目标？

答：小学教学要重在培养学习习惯，初中教学要重在培养能力。差生的"差"，一般都是平时学习负积累所造成。课堂及时完成反馈矫正任务，及时克服学生学习负担累是实现大面积提高教学质量的正确途径及基本方法。差生除少数弱智者，都能完成学习任务，这是科学实验的结论。在北潞园学校，有经验的教师总是把学习主动权交给学生，不能把学生活跃的思维纳入预定的轨道。教学的艺术不在于传授的本领，而在于激励、唤醒、鼓舞。教学方法关键在一个"活"字。"乐"是活的前提、"情"是活的关键，"美"是活的目标。把课教活的核心是学生"学活"。"活"不是花架子，"活"不是花样翻新，不是故弄玄虚。"活而不乱，实而不死"，力求达到活教活学，乐教乐学，会教会学的理想境界。

（13）问："问题引领、自主探究"课程改革实验中，实施课堂质量评价的基本标准是什么？实施课堂质量评价的基本原则是什么？

答：教学质量是在教学过程的科学管理中形成。加强教学过程和科学管理是实现大面积提高教学质量的基本手段。教学评价应以教学过程评价为重点。实施课堂质量评价的基本标准：①确立学生在课堂教学中的主体地位；②着眼提高素质，坚持教书育人；③减轻负担，提高效率；④面向全体，因材施教；⑤注重"双基"，培养能力；⑥培养兴趣，启发思维。评价一节课是否大面积提高教学质量的标准：①能够激发起绝大多数学生的学习兴趣；②能够调动起绝大多数学生的学习积极性；③能够使绝大多数学生完成学习任务。在"问题引领、自主探究"教学中，实施课堂质量评价要坚持：①方向与目的相结合原则；②全面与重点相结合原则；③定性与定量相结合原则；④先进性与科学性相结合原则；⑤导向与激励原则；⑥鉴定性原则；⑦可行性原则；⑧可比性原则。评价教学过程，应以提高科学管理水平为指导，以评价课堂教学为重点。评价课堂教学，以评价教师反馈矫正教学，大面积提高教学质量为目标。形成性评价与终结性评价，以形成性评价为主；定性评价与定量评价，以定量评价为主；主观评价与客观评价，以客观评价为依据。客观评价必须通过教师主观发挥作用。

（14）问：与传统课比较，如何判断"问题引领、自主探究"的教改课？

答：传统教学与现代教学的矛盾在于，"一刀切"教学形式与因材施教的矛盾；教师中心及教师权威主义、命令主义与学生主动精神的矛盾；系统地、单一地传授灌输知识与要求培养学生能力的矛盾。因此，与传统课比较，判断"问题引领、自主探究"的教改课，要从6个角度分析：①在教学思想上，看是民主教学，还是主观教学；是教师为学生服务，还是学生要适应教师的需要。②在教学目标上，看是以培养学生能力为目标，还是单纯向学生灌输知识。③在学习主动权上，看是把学习主动权交给学生，还是学生学习的主动权掌握在教师手里。④在教学方法上，看教师是立足于通过"导"来解决问题，还是立足于通过"讲"来解决问题。⑤在师生地位上，看教师是主导还是主演；学生是主演还是听众。⑥在教学效果上，看是面向全体学生，使各类学生学有所得，还是只顾少数尖子，不顾中差生的达标过关。

（15）问：为什么说"问题引领、自主探究"具备典型的"问题走向课题"的中小学教科研之路？

答："典型"意义在于我校把握了中小学教科研的基本特点和意义。问题即课题，教学即研究，成长即成果；课题到课堂教学中去选，研究到课堂教学中去做，答案到课堂教学中去找，成果到课堂教学中去用。

（16）问："问题引领、自主探究"中是如何强调"自学"环节的？

答："问题引领、自主探究"要求课堂做到5个转变：①变以灌为主为以导为主；②变以教为主为以学为主；③变以讲为主为以练为主；④变以学会为主为以会学为主；⑤变以传授知识为主为在传授知识过程中以培养能力

为主。自学是学生学习最主要最根本的学习方法，也是学生成才的正确途径。培养学生自学能力是教学方法改革的永恒目标。

(17) 问：课堂研究与学校校本课程研发有什么关系？

答：殊途同归。学校组成课程研发小组，围绕培养目标，遵循"问题引领、自主探究"的理念，开发了校本课程《世界的眼光》，每年级分 A、B 两册，共 12 册，构建了"六横六纵"的知识体系。"六横"：课程结构为中国、亚洲、欧洲、美洲、非洲、大洋洲和南极洲六部分；六纵：小学一至六年级，在六个纵向结构上课程内容由浅到深，使学生通过六年校本课程的学习，开阔视野，增长知识，培养国际意识。第二个校本课程是《跆拳道》，已经完成了十进八课程的编印，其他内容正在研发过程中。校本课程的开发，作为国家标准课程的有效补充，有利于引领学生探索更多的知识，促进学生德、智、体、美、劳全面发展。通过校本课程的研发，课堂教学的实施，将"伟人的胸怀，渊博的知识，世界的眼光"这一育人目标落到实处。

(18) 问：北潞园学校提出在"问题引领、自主探究"中倡导"三讲清"、"三着眼"、力主"三讲三不讲"，是什么意思？

答：所谓"三讲清"：一是讲清概念；二是讲清联系；三是讲清作用。"三着眼"就是一要着眼于"双基"，打瓷实；二要着眼于当堂消化，堂堂清；三要着眼于中差生，不放弃。"三讲三不讲"是说，讲学生提出的问题、讲学生不理解的、讲知识的缺陷和易混易错的知识，学生不预习不讲、没问题不讲，有问题学生不讲之前不讲等。

(19) 问：如何在"问题引领、自主探究"中把培养学习兴趣作为学习入门的向导？

答：培养学习兴趣作为"问题引领、自主探究"课堂入门的向导。努力做到：抽象概念形象化，零乱知识系统化，系统知识规律化，枯燥知识趣味化，易记知识歌诀化，相似知识对比化。还可以此指导学生复习：分散知识系统化，系统知识规律化，基本技能综合化，基本方法效率化。

(20) 问："问题引领、自主探究"教学目标管理上有什么要求？

答：在课堂上，教学目标管理要求做到：教材目标化、目标问题化，问题要点化，要点探究化，探究结果应用化。

（21）问：北潞园学校提出的"知其心，然后能救其失也"，在"问题引领、自主探究"中有什么重要作用？

答：《礼记·学记》上讲到："学者有四失，教者必知之，人之学也，或失则多，或失则寡，或失则易，或失则止，此四者心莫同也"。意思是学习的人常犯四种过失，有的缺点在于学得过多，有的缺点在于学得过少，有的缺点在于把学习看得太容易，有的缺点在于停止不前。这是因为人们心理各有不同，所以，我校提出，老师们要"知其心，然后能救其失也"。就是要更加注意对学生的学习心理和学习规律的研究；指导学生学习从非智力因素入手，掌握学生的学习心理和思想动向；引起动机，激发兴趣，坚定信心，培养意志，使学生智力水平得到正常发挥。在学习过程中非智力因素起着调节和主导作用。

（22）问：对学生在"问题引领、自主探究"学习中，有什么重要的学习原则要求？

答：在我校，学生在"问题引领、自主探究"学习中，要体现以下学习原则：①由浅入深，循序渐进的目标计划原则；②温故知新，熟能生巧的发展迁移原则；③专心致志，锲而不舍的持之以恒原则；④博学多闻，知识在于积累的原则；⑤独立思考，刻苦自学，功夫不负有心人原则；⑥不耻下问，学而不厌的虚心求教原则；⑦学以致用，学用结合的理论联系实际原则；⑧系统掌握，探求规律的提高效率原则。

第
二
章

课程改革引领课堂走向复兴

由于现代科技的不断发展，对教育的要求不断提高，教育职能、教育思想、教材内容和教育对象都处于变化之中。因此教师就不能墨守成规，必须适应发展变化的形势，实现教学方法和学生的学习方式的转变。

——王树声

Due to the development of modern science, the requirement on education is being improved increasingly. Educational functions, educational thoughts, teaching contents and educational objects are changing and teachers can't stick to the accustomed rules. We must adapt to the situation of the development and achieve the transformation of teaching methods and the way students learn.

—— Wang Shusheng

第一节　追寻规律，聚焦行动

　　教学是学校全面育人的主渠道，教学工作是学校工作的正业、大事。把教学工作放在学校工作的中心地位是教育规律所决定的，也是多年教育工作的基本经验。学校工作以教学为中心，就是坚持实事求是的思想路线，就是坚持学校教育的基本规律。学校以务本求实的态度，落实教学工作的中心地位，使教学工作成为学校工作的主体，其他工作都必须服从、服务于教学工作❶。

　　课堂教学是整个教学工作的核心，是德、智、体、美的基本载体，是全面育人的主渠道，是发挥师生潜能，实现教学相长、共同发展的主要场所，是提高教学质量的主要阵地，是减轻学生负担的主要途径，因此，必须深化课堂教学改革。

　　遵循教育规律，明确教学工作在学校工作的中心地位，把握教学规律，进一步深化课堂教学改革。面对新形势、新任务，分析我们的课堂教学，课堂效益还不高，究其原因是在课堂教学及其管理工作中还存在着不适应的地方和亟待加强的薄弱环节。

　　传统教学仍占据主导地位。部分教师的课堂教学仍然以我为主、以讲为主，甚至还存在满堂灌的现象，制约了学生的思维时间和思维过程，学生的主体地位得不到很好的落实。

　　"双基"教学不够扎实，当堂掌握率不高。学科教学中，只注重了知识的浅层次传授，而忽视了对知识内在联系的把握，影响了学生应用知识、解决问题的能力。

　　课堂教学管理的科学水平和实效有待提高。领导只重视课堂外的管理，而忽视了课堂内的管理，虽能够深入课堂听课，但听课目的不明确、评课不

　　❶　资料来源：《北京市房山区教育委员会关于深化中小学课堂教学改革、全面提高教学质量的意见》（房教发〔2005〕14号）。

到位，评课水平和对课堂的指导能力还有待进一步提高。

符合新课程理念的民主、平等、和谐的新型师生关系还没有真正建立起来，部分教师的育人意识、对学生的尊重程度还不高，只教书不育人的现象还依然存在。

教学手段单一，课堂效率低。现有的教学手段还没有得到充分的利用，信息技术远还没有应用到学科教学中，课堂资源有待进一步开发。

教师的教育观念、知识结构、专业水平和教学基本技能等专业素养与新课程改革的要求还有一定的差距，需要进一步提高。

所以，深化课堂教学改革，必须树立科学的教学质量观。深化中小学教学改革，全面提高教学质量，就要树立以人为本、全面、可持续发展的教学质量观。体现在促进学生的主动发展、全面发展和多样化发展上，体现在为学生的终身学习和适应社会经济发展打下坚实基础上。教学质量不是单一的某种素质的体现，而是德、智、体、美综合素质的体现，是知识、能力、情感、态度和价值观内在统一协调发展的综合体现。因此，教学质量是教育质量的综合体现，是教育质量的核心指标。

树立科学的教学质量观，就要树立以学定教的教学观，树立人人有潜力、人人可造就的学生观，树立促进师生发展的评价观。因此，在课堂教学改革中，教师就要由以知识传授为中心向以学生发展为中心转变；由"以教定学"向"以学定教"转变，真正落实学生的主体地位；由重视结果教学向重视过程教学转变，凸显新课程知识与技能、过程与方法及情感、态度、价值观等三维目标的整合；由程序化、模式化向教学个性化转变；由单向信息传递向综合信息交流转变，变以讲为主的单一授课形式为借助多种媒体的综合运用开展教学，努力创设一个动态、开放、以探究研讨为主的信息传递氛围和系统。

因此，在一些行为上，应有所改变。首先是管理者的管理行为转变。管理的本质是服务，管理的目的是激励，管理者的责任在于把教师的原动力、首创精神焕发出来。教学管理者要遵循以人为本的管理理念，深入研究新课程改革背景下教学管理制度，构建以校为本的研究制度和民主科学的课堂教学管理机制，建立新的教学规范和促进教师专业成长的评价体系，建立互动

的理论学习研讨制度和教学行为反思制度，切实增强管理的激励、促进和导向功能。其次是教师的教学行为转变。课堂教学改革必须树立"一切为了每个学生的发展"这一核心理念，也就必然要求教师的教学行为产生相应的变化。在对待师生关系上强调尊重和赏识；在对待教学关系上强调帮助与引导；在对待自我上强调反思；在对待其他教育者的关系上强调合作，努力探索在班级授课制条件下学生创新精神和实践能力的培养，实现因材施教的教学方式。然后是学生的学习方式转变。学习方式的转变是新课程改革的显著特征，是深化课堂教学改革的核心目标，现代学习方式具有主动性、独立性、独特性、体验性、问题性等基本特征，因此，转变学习方式就是要转变学生被动性的学习状态，积极倡导学生自主、合作、探究地学习，促进教师指导下学生主动、富有个性地学习，使学习过程变成主体性、能动性和独立性，不断生成、张扬、发展、提升的过程，培养学生的学习责任感，并使学生形成终身学习的习惯和能力。

围绕课堂改革，重点应做好8项工作：①建立新型师生关系。"亲其师才能信其道"，在师生关系上，构建对学生严格要求前提下的平等、融洽、和谐的新型师生关系，师生要学会尊重、学会爱、学会理解、学会赏识、学会赞美、学会宽容，使师生在平等的心态下，个性得到张扬，创造性得到解放，使上课成为师生分享快乐、体现生命价值和自我实现的过程。②转换教师角色，明确教师职责。教师要由传统的知识传授者变成学习活动的参与者、引导者和合作者；由传统的教学支配者、控制者变成学生学习的组织者、促进者和指导者；由静态的知识占有者变成动态的研究者。在课堂教学中，教师要重视非智力因素的作用，要关注每一个学生，要激起学生内心深处的学习动机，全面体现教学设计，凸显教学活动的目的性，帮助学生掌握基本知识并形成基本能力，引导学生思维，培养良好情感和习惯，实施鼓励性评价，关注差异，关键时刻给予特殊帮助、指导，真心实意营造宽松安全的氛围，把学科教学的过程变成全面育人的过程。③课堂资源挖掘。学生和教师都是最重要的课堂资源。在课堂教学中，教师要改变"课程即学科"、"课程即教材"的传统观念，把师生的生活、经验、智能、理解、问题、困惑、情感、态度、价值观等素材性课程资源真实地融入课堂教学过程，使学科教学过程同时成为育人的过程，让自己和学生真实地体验到教学过程是师生的生命共度过程；同时要充分开发和利用学校现有的各种课程资源，图书资料、影视资料、校本课程、实验室、多媒体设备、教具等，还要开发和利用平时搜集和储存的校外各种课程资源，用于课堂教学之中；要创造性使用教材，根据学生学习的需要，重组和优化课程内容，调整教材结构，科学合理地进行取舍。④坚持狠抓"双基"。基础知识、基本技能是学生能力培养和全面发展的基础，在课堂上要扎扎实实抓落实，要努力做到"堂堂清、日日清、周周清、月月清"，不使学生造成知识缺陷的积累，从而增强学生的学习信心。只有学会才会有兴趣，有了兴趣才能做到会学。⑤探索新的教学模式。按照"教学有法，教无定法"和继承、发展、创新的原则，鼓励教师解放思想，大胆实践，从学校和学生实际出发设计课堂教学，改进教学方法，探索符合新课程理念、促进学生学习方式的转变和可持续发展、适合校情学情的课堂教学模式，逐步构建起以"问题引领、自主探究"为导向的具有北潞园学校特点的教学模式，努力推进教学质量的全面提高。⑥重视教学环境的建设与改善。课堂教学环境包括物化环境和心理化环境。物化环境包括文字、实物、图示、音像等多种信息和载体，甚至包括教室布置、室外噪声、光线等。这些物化环境通过视觉引起心理反应，它们会对课堂教学产生影响，它可以把知识化抽象为形象，化无形为有形。心理化环境也就是平常我们说的"氛围"，包括情绪、心境、兴趣等，它对课堂教学的影响是潜移默化的，要提高课堂教学的效率应该努力建设健康向上的心理化环境，如和谐的师生、同学关系，积极向上的班风学风等。创造良好的课堂情景，建立良好的课堂纪律，制订民主的课堂秩序要求，营造安全的心理环境与班级文化氛围，有利于提高班级生活质量，使课堂充满生气与活力。⑦实施课堂教学质量标准。学校组织教师学习和掌握新课堂教学质量标准，并依据它引导、规范、促进课堂教学改革，从科学的教学目标的确定，和谐的课堂氛围的创设，最优化的教学方法选择和现代化的教学手段运用等多种渠道，调动学生主动参与教学活动，进行充分的思维训练，引导和推动课堂教学改革的深入开展，克服课堂教学中的随意性和盲目性，为教师创造性的教学和展现教学风格提供空间，引导教师的教学反思，促进教师专业发展，有效地提高

课堂教学质量。⑧落实课堂教学的监控与评价。一方面，要依据北京市《中小学课堂教学评价方案》（修订版）和《房山区中小学课堂教学质量标准》，坚持对教学全过程进行评价，坚持评教与评学相结合，发挥课堂教学评价的导向、调控、推动的作用，及时发现教学中有待改进的问题和努力的方向，引导教师更加关注教学过程的设计与教学方法的改进，促进教师的自我反思与教学水平的提升，不断提高课堂教学质量；另一方面，教师在教学过程中要建立促进学生全面发展的评价机制，要坚持实施课堂教学中学生发展性评价，改变以学生学习成绩作为评价学生唯一标准的传统观念和做法，关注学生的学习过程，包括学生的参与状态、交往状态、思维状态、情绪状态等，赋予人文的关怀，保护和增强学生的自信心，以热情鼓励和真诚赞赏引导学生始终处于积极的学习状态之中。通过评价，帮助学生认识自我，建立自信，促进学生在原有的水平上得到充分的发展。

理论先行，加强校本研究。要用科学的思想和方法进行教学研究，以科学的态度对待教学工作。在北潞园学校，校本教研的基本目标是以促进学生发展为宗旨，以课程实施过程中学校所面对的实际问题为内容，以教师为研究主体，通过在理论指导下的实践性研究，既解决课程实施中的问题，又概括、提升、总结经验和探索规律，使工作学习化、学习工作化，工作研究化、研究工作化，使教师成为学习型教师、研究型教师，形成教师和学校自我完善、自我发展、自我超越、自我创新的内在机制，有效推进学校向学习型组织转变的进程。校本教研的基本任务是要认真研究课程的功能、结构、内容、实施、评价和管理，全面理解和掌握课程标准，研究和解决新课程教学过程中的问题和困难，促进教师学会学习、学会反思、学会研究、学会沟通、学会合作、学会生活，提高教师的专业素养和实施新课程的能力，总结并推广教师实施新课程的经验，提高新课程的教学质量。同时加强教师的师德建设，提高教师的师德素养，充分发挥教师育人的示范作用。

有人说，从"怎样备好一节课，怎样上好一节课"，可以观察出一名教师是否要当好老师；从"怎样去听一节课，怎样评价一节课"，可以观察出一名教师是否能当好老师；从"怎样'教教材'，怎样'用教材教'"，可以观察出一名教师会不会当好老师；从"怎样形成'教学个性'和怎样形成

'教学风格'",可以观察出一名教师能不能当好老师。坚定课程改革的信心,努力推进课程改革的进程。课程改革是教育领域的一场深刻的革命,不能观望、等待,要深刻认识课程改革的长期性、复杂性和艰巨性,要注重传统教学与现代教学有机结合;做到继承是创新的基础,创新是继承的方向,按照循序渐进的原则,充分相信教师,全心全意依靠教师,鼓励教师全身心投入课程改革,保护教师的课程改革积极性,关注教师的身心健康,为教师推进课程改革积极创造条件(表2-1)。

表2-1 北潞园学校课堂教学评价标准(试行)

学科			班级	教师	课题	评价人			日期	
评级项目	权重	评价要点	教学模式	要点描述		符合程度(分数)				等级
						优秀	良好	合格	不合格	
教学目标	0.1	教学目标	解读课标	三维目标的制订符合课标要求,符合学生心理特征和认知水平,体现差异性		10	9	8~6	6~0	
				目标简明、具体、可操作						
学习条件	0.2	学习环境	学案导学	教室布置、教学氛围、心理调节、教具准备等学习环境因素有利于学生身心健康和教学目标的实现		20	19~18	17~15	12~0	
		学习资源		科学合理组织教学内容,学习材料充分,教学手段恰当,重点突出、难点突破、关键点抓牢,教学容量适当						
		学科德育		根据学科和内容特点,挖掘德育因素,实施有效的学科德育						
教学过程	0.2	课堂结构	合作学习	结构合理、层次清楚、思路清晰		20	19~18	17~15	12~0	
		教学调整		为学生提供平等参与的机会,指导学习活动针对性强,富有启发性,根据学习方式创设恰当的问题情境,评价及时,方式多样						
				根据反馈的信息,合理处理好预设与生成的关系,及时调控教学的进程、难度。能够抓住教学中出现的易混、易漏、易错点,实施针对性指导						

续表

学科	班级	教师		课题		评价人		日期	
评级项目	权重	评价要点	教学模式	要点描述	符合程度（分数）				等级
					优秀	良好	合格	不合格	
教学过程	0.2	学生活动	课堂展示	学生参与活动积极主动（态度），学生参与活动的人数多、活动方式多样，时间适度（广度）；能提出有价值的问题或能发表个人见解（深度）	20	19~18	17~15	12~0	
				学生的人格受到尊重，讨论、回答问题、质疑问难得到鼓励，学习进程张弛有度（宽松度）；课堂气氛活跃、有序，师生、生生交流平等（融洽度）					
教学方法	0.15	运用教法能力培养	穿插巩固	根据教学内容和学生实际，选择恰当的教学方法，实效性强，教学设备使用熟练，现代化教学手段运用合理	15	14~13	12~11	9~0	
				从教学内容和学生实际出发，恰当安排活动及训练层次，注重学习思想方法的指导，习惯的培养，在学习实践中形成能力					
教学效果	0.2	知识能力情感培育	课堂检测	"双基"目标达标率高，多数学生能完成学习任务，每个学生都有不同程度的收获	20	19~18	17~15	12~0	
				部分学生能灵活解决教学任务中的问题					
				学生能够体验到学习的成功感和快乐，并产生进一步学习的心理愿望					
基本功	0.05	基本功	基本功	教态自然大方，语言准确、流畅，板书设计科学合理，书写规范，重点突出，教师学科专项基本功扎实	5	4	3	2~0	
				恰当、灵活地处理教学中的突发问题					
学科特色	0.1	学科特色		标准见附表	10	8	6	4~0	

注：总分为100~90分评为A级（100~95分记A，94~90分记A$^-$）（优秀）；总分为89~76分评为B级（89~85分记B$^+$，84~80分记B，79~76分记B$^-$）（良好）；总分为75~60分评为C级（合格）；总分在59分以下评为D级，不合格。

课堂教学评价具有导向、激励、诊断、改进的功能，只有评价项目制订正确，实施恰当，才能有效地通过评价的导向机制，促进教师尽快转变教育观念，精心确定教学目标，努力挖掘教材内容，巧妙设计教学过程，使教师更好地将素质教育目标和学科的教学目标有机地结合起来，摆脱传统教学模式的束缚，更好地发挥教师的引导作用，改进教学方法，提高课堂教学质量。

真正的课堂应是教师与学生相互作用，相互生成的课堂。现代的课堂教学，已经进入以培养学生创新意识和实践能力为重要目标的新阶段。通过对目前小学课堂教学评价标准的学习，我认为，上课面对的是一个个活生生的个体，这些个体有着不同的生活经验和知识背景，有着不同的思维方式和学习习惯，有着不同的学习能力和丰富情感。因此，我们所上的每一课都是唯一的、不可重复的、丰富而具体的综合。一堂好课，而应在先进的教育理念指导下，面向全体学生，关注学习过程，注重学用结合，着眼于全面发展，使学生真正成为学习的主人。

下面是刘平平在《扎实推进集体备课，打造有效课堂教学》一书中对新课程改革的一些看法：

新课改背景下课堂观察的十个看点❶

新课程改革带给教师的影响十分深刻，不仅反映在教师教学观念与行为方式的转变上，还反映在对课堂教学评价标准的认识与把握上。许多专家和教师都在思考和争论：新课程理念下怎样的一堂课算是好课，一堂好课需要具备哪些特征，如何评价课堂教学？课堂教学是教师的教学技能、业务水平、文化修养、教育观点、师德和思想素质的综合表现，是师生共同建构的过程，强调在合作互助中学习，特别关注学生的主体要求，尊重学生的原有知识和经验，顺应学生的自我发展，鼓励学生的个性，培养他们的创新意识和自我探究的学习能力。以此，笔者认为新课改背景下，观察课堂有十个看点。

1. 基准点，教材分析上看"课标"

基准点原指测量时的起算标准，我们借指开展课堂教学的基础，具体说就是课程标准的三维目标。课标是教材的依据，教材是课标的体现。教材是学生学习的一种重要的资源，也是师生沟通的中介。充分的利用教材，开展

---

❶ 资料来源：刘平平，《扎实推进集体备课，打造有效课堂教学》，吉林省教育社区，http：//club. jledu. gov. cn/？ uid－3365－action－viewspace－itemid－194410（有改动）。

创造性的教学，是新课程的基本主张。我们说教师是课程的开发者，研究教材的价值有不可推卸的责任，教材的价值在于生成性，抓住课标基准点，保证教学的大方向，抓住教材的关键点，保障教学的有效性。

一是准确无误的理解课标真实含义与教材表述之间的细微差别，立足于课标的基准点去整合教材，拓展教材。

二是教材涉及的基本理论、基本概念要理解准确、透彻；重要公式、推导过程清楚熟练；掌握教材的结构体系；选择典型案例与例题；收集教材研究的最新信息。

三是课堂教学既反对自由主义的瞎吹胡侃，又反对实用主义的"学以致用"；既反对虚无主义的"用教材教"，又反对墨守成规的"教教材"。

抓住基准点，就是正确处理"课标"与教材之间的预设与生成、使用与开发之间的辩证关系，抓住基准点，就是正确分析知识与能力、过程与方法、情感、态度价值观的地位与作用、表现与活动之间的整合关系，这样教学就有了明确定位，学生才能明白努力的方向与目标。

2. 契合点，目标定位上看"达成"

所谓契合点，即目标的制订与最终的达成相符合。教学目标的制定要适应于学生的发展状况，使目标处于"最近发展区"。教学目标的达成要适合学生的学习需求，使学生处于最佳兴奋点。教学目标制定的高低难易，很大程度上决定着一节课的成败得失。提出适宜、适度、适当的目标，体现的是教师的课程理念，表现的是教师的专业素养。

未达标的教学是无效教学，部分达标的教学是低效教学，完全达标的教学是有效教学。抓住契合点，要求学习目标与教学环节、教学要素相匹配、相吻合。大目标需有大手笔，高目标需有大视野，小目标则需在细节上下工夫。知识目标强调理解，能力目标强调运用，情感目标强调感悟，创新目标强调变通。一句话，目标规范着教学内容的选择与组合，目标制约着教学方法的使用与调整，目标引领着教学评价的矫正与激励。

教学目标的"制订"与"达成"，反映教学理念的诉求。学以应考、学以求分是一种功利的诉求；学以致用、学以致能是一种实用的诉求；学贵求是、学贵求新是一种开放的诉求。不同的诉求引导教学，会有不同的选择、不同的方法、不同的效果。评价教学效果主要看教学目标达成与否。练习、反馈、矫正、激励是保证教学达成的基本措施，思考、探究、感悟、互动是落实教学达成的基本方法。目标定位与达成需两手抓，抓住它们就抓住了有效备课的契合点。

3. 交汇点，创设情境上看"共振"

美国教育家帕尔默在《教学勇气——漫步教师心灵》一书中讲道，优秀的教学源自教师的心灵，教育的最高理念乃是从人的心灵深处引出智慧的内核，教师以心灵导师的身份来启迪生命。优秀教师要拥有一颗能够唤起共鸣、交流情感、融合思想、激发潜能的心灵。拥有这种心灵的人必定是富有情感、富有激情的教师。

创设教学情境，调动学习情感，是有效教学的必要手段。创设教学情境的作用，主要是明确主题，活跃思维，集中注意力，激发学习兴趣，补充背景知识，丰富情感体验。有人说知识可以检测，方法能够提炼，似乎情感态度价值观难以体现。其实，情境的创设在唤醒情感共鸣、引起情感共振方面有着独特的作用。多媒体手段创设情境得到广泛的应用，但大多处于创意不错，开发不足的处境。因为课堂上往往忽视了"情境"如何与"情感"交汇，"情境"如何与"情感"共鸣。

创设情境应该具有新颖性、趣味性、吸引力和感召力。情境交融，才会有感人至深的体会；情境交汇，才能有过目不忘的理解。情感是教学艺术的核心，情感是教学艺术的生命。课堂上感染学生情绪的是情，打动学生心弦的是情，调动学生思维的是情，震撼学生心灵的仍然是情。拥有积极向上的感情，学才会有主动，愉快的学习。

研究表明，影响学生学习成绩的关键取决于情感意志发展的优劣，情意主要包括求知动机、人生抱负、意志调控、自我意识、学习兴趣、社会责任等。历史与责任交汇，理想与抱负交汇，真理与探索交汇，挫折与激励交汇，生活与学习交汇。抓住交汇点，就把调动学生学习的积极性落到了实处。

4. 融合点，活动设计上看"思考"

课堂教学是以设计教学活动为核心，解决教学问题为重点的。教学问题形形色色，有效备课要求抛开无谓问题，排除干扰问题，讲授理解问题，引

导感悟问题，完善组织问题，设计探究问题，抓住核心问题，解决主要问题。把问题的解决融合于课堂活动与学习思考之中。

解决教学问题，首先要保证问题的信度，即教学问题应具有课堂情境的真实性和面向全体的适应性；其次要保证问题的效度，即自主学习的可行性和合作学习的可能性，教学问题不能偏离教学目标、背离教育宗旨；再次要保证问题的难度（亮度），即教学问题具有启迪思维的趣味性，创新思维的挑战性；最后，要保证教学问题的梯度，即教学问题具有因材施教的启发性，由表及里的层次性。问题因思考而有价值，问题因生成而有意义。

5. 结合点，学法指导上看"方法"

我们习惯于阅读、听讲、做练习的学习方式，习惯于跟着教材学，跟着教师学，相信教材就是真理，教师永远都不会出错。在盲从之中放弃了自我，在权威面前放弃了思考。这就导致形成这样一种局面，我们的学生不会自主学习，自主思考，自主探究。有效学习的关键是主体意识的唤醒，从"要我学"转变为"我要学"，"自主"是学习的关键，方法是学习的依托。掌握方法的学习是有目的、有意识、有效率的学习，没有方法的学习则是盲目的、无意识、低效或负效的学习。掌握科学的学习方法的途径，一靠教师引领、示范；二靠自己体会、感悟；三靠同学启发、帮助。

但"自主、合作、探究"的学习方式不是灵丹妙药，不是"圣经"。例如，对学习经验少，还没有形成过多的学习方法的低年级学生则少用，有选择的用，对学习经验相对增多、思维能力强的中高年级的学生则多用。分析忽视学法指导的原因，一是没空，时间紧不如抓讲解；二是不为，见效慢不如抓训练；三是无法，教师本身就缺少切实可行的学习方法，怎样去指导学生？学法指导的重点要通过具体事例的引领、示范来体现，让学生模仿、比较，从而体会感悟方法的妙处。

6. 配合点，激活情绪上看"互动"

有效教学关注课堂教学氛围的营造，因为好课一定是思维活跃，发言踊跃，氛围热烈，关系融洽的课。死气沉沉、闷声不语的课让人压抑；慷慨激昂，一惊一乍的课让人紧张。只有让学生真正的参与到活动中来，实现互动的课才会让人兴奋，才会充满激情。

活动要靠教师设计、实施与学生参与、互动来完成。活动与时间往往是一对矛盾。活动时间长，总担心影响教学进度；活动时间短又会影响效果；活动一旦失控，就会影响课堂秩序。活动成败的关键，通常认为是在于学生的配合，其实关键在于用恰当的方式激活学生的思维，用合适的事例引领师生互动。活动与互动应该把眼光放得远一些，不要总是拘泥于课堂45分钟，真正打动学生心灵的活动，会促进他们深入思考、持续探究、不懈追索，活动会延续到课下、课后、课余时间。

由活动到互动，不仅是活动的主体发生变化，关键是活动形态发生变化。单向活动、被动活动变成多向活动、主动活动，更让学生有一种解放的感觉，真正享受自由选择的权力，自由发挥的空间。营造课堂氛围，激活学生情绪，要靠两手抓，一手抓活动，一手抓互动。有效的课堂活动都是学生与学生、学生与教师、学生与文本、学生与习题之间的互动。因为，只有实现互动，才能唤醒意识，才能激活思维，营造出理想的课堂氛围。

7. 兴奋点，课堂讨论上看"生成"

课堂讨论几乎是所有"优质课"大赛中必备的教学环节，是大家都认为可以"出彩"的地方。但如何设计出有分量、有意义、有价值，适宜于学生讨论的话题来却是件困难的事。如何把讨论引向深处，让同学们在思想碰撞中吸纳别人的知识；在观点交锋中，完善自己的主张；在质疑争辩中，生成新的观点，这才是组织讨论的价值所在。

讨论重在话题适宜，让同学们有话可说，有话能说，有话会说。讨论贵在话题适度，让学生感到有兴趣，这正是"我"想弄清楚但又不十分明白的问题。

讨论贵在话题适切，让学生感到兴奋，这正是"我"最有研究，最有心得的内容。

讨论贵在话题适当，让学生感到有成就感，通过讨论"我"深化了对某个问题的理解，掌握了某种学习技巧，尝到了合作学习的甜头。

抓住课堂讨论的兴奋点，关键是让学生既能清楚地表述自己的观点，又能谦虚地复述别人的主张。不负责任的瞎侃只能增加学生彼此间的无知，信口开河的胡吹只能导致学生彼此间的攀比。

讨论"适宜"的条件在于，一是符合学生的年龄特点与心理特征；二是

适合学生的知识储备和社会经验。讨论难在观点"生成",即在学生原有的基础上,经过引领、启发、思考、感悟而形成新的知识和能力。告诉的知识会忘记,"生成"的东西永远属于自己。通过讨论,在质疑争辩中,明辨是非,纠正偏差,生成观点,形成学生自己的看法而不是教材或教师的看法,才是最让人高兴的事。

8. 提炼点,课堂小结上看"规律"

提高教学效率,必须重视课堂小结。小结可以归纳知识,便于记忆;小结可以提炼方法,深化理解;小结可以总结规律,掌握要点;小结可以建构体系,感悟学习。

课堂小结要求以形象生动的语言,简明扼要的结论,递进透析的分析,建构体系的框架来感悟学习。课堂小结的关键是"突出课程主题","把握知识规律";课堂小节的重点是建构知识网络,形成学习能力;课堂小结的作用是评价学习效果,提高学习效率;课堂小结的意义是促进自主学习,感悟自主学习。

课堂小结使学习更加简单、规范、有效。课堂小结体现教师对学习方法的指导,学生对课程主题的深化。它把复杂的学习过程优化提炼,形成简明扼要的结论,解决学习中思路杂、头绪乱、认知薄、理解浅的难题。课堂小结把孤立的学习步骤汇聚成最终的小结与思考,从理解记忆到检测反馈,从测评效果到矫正激励,实现对知识的融会贯通,深刻理解,灵活运用。近年来美国教育界颇为流行"一分钟试卷",就是很好的小结形式。挤出一分钟时间,要求学生写一篇概括性短文,可以用来总结本节课学习内容,回答重点问题,辨析特定概念,求解未知问题。整理收集试卷内容,教师作出及时反馈矫正,以改进和提高教学质量。"一分钟试卷"对学生的思维训练、概括表述、交流合作、反馈矫正具有简单实用的特点,集学习的技巧性、能力的实效性、指导的可行性、探究的趣味性于一体,很有推广价值。

9. 着力点,教学效益上看"研究"

掌握同样的知识,优秀教师与一般教师的差距就表现在学习效率与学习效益上。优秀教师总是花费更少的时间,让学生记忆更牢固,理解更深刻,变通更灵活,感觉更轻松。想修炼成为优秀教师,在备课的环节上就需要抓住"思考"与"研究"的着力点。

提高教学效益，必须促进学生思考，提高认知水平，把低水平的认识活动转换成更具挑战性的认识活动。所谓低水平的认识活动是指仅仅要求学生从书上寻找唯一正确的答案，答案内容基本上限定在信息回忆和单项选择上。而挑战性活动的特点是问题的答案呈开放性，允许有多种选择和解释。促进思考，就是创设理性思维的平台，掌握辩证思维的方式。我们的许多教师淹没在应对常规教学的忙碌之中，不愿意动脑想问题，于是工作少有突破，教学鲜见创新。

学习需要勤奋，更需要思考，思考与研究是教师专业发展的两只轮子，是有效教学的两个着力点。只有认真思考，认真研究，才能有效发展，快速提高。同样道理，只有在教学中让学生"思考"与"研究"，学生才能有效发展，快速提高。

耶鲁大学认为，学生有三个学习任务，一学会提出问题，对任何事情提出质疑；二通过学习，获得更多的信息来回答问题；三经过独立思考，得出自己的结论。强调学生对知识的主动感悟，强调对知识的建构。

10. 顶峰点，教学特色上看"高度"

教学特色是教师在长期的教学过程中，通过优化教材、优化教学内容、优化教学方法所形成的具有个性化特点的教学方式和方法。从整体上看是一位教师在课堂教学上或课外活动中教学设计、语言设计、结构设计、内容反馈等方面表现出来的与众不同的教学技巧和教学效果，而实际上是通过教师自己对教学内容的理解，运用自己所设计的教学方式，通过教学语言、教学方式、教学手段、活动方式及教具的合理使用而达到的一种必然的教学效果。

教学是一种艺术，课堂教学作为教学的重要形式，当然也是一种艺术，一种将教材思路与学生思路巧妙联系起来的艺术。

教学特色是教师的个性特征在课堂教学中的全面反映，是教师在教学艺术上成熟的标志，也是一名优秀教师必须具备的基本素养。一名优秀教师与其他教师的区别在于他具有高超的教学艺术和独特的教学风格，即教学特色，在根本上是因为他具有创新精神和创新能力。

2009 年 11 月 10 日

第二节　好课标准的讨论与观察

为什么同样的教材、同样的学生、同样的一节课，由不同教师的执教，学生的学习情感、态度及效果就迥然不同呢？2008 年 5 月，北潞园学校就"什么课是好课"、"如何理解好课"展开过一场讨论。

一、北潞园学校的大讨论

有老师说，好课就是有好目标，有好预设，有好过程，有好评价，有好生成。也有老师说，要上好一节好课，关键是学生说了算。以前评价教师的上课好坏往往是教师评价教师。现在，评价的主动权应该还给学生。要上好一节课，首先要了解学生的"学前状况"，知道他们需要什么，不需要什么。如果只以教师的一厢情愿去左右学生，即使学生学到了知识也不是出于本意的。这一点关乎学生是否愿意可持续的去学习。情感可以左右人的行为，所以一节成功的课首先要充分调动起学生的积极性，让学生在快乐、安全、舒适、热烈的教学氛围中主动去探索、学习，这才是一节好课。教师说得越少，越是好课。教师应该是"指南针"，学生是"舵手"，只有这样配合才会顺利地度过知识的海洋，持续的驶向理想的彼岸。

"一堂好的课，应当是能够让学生'动'起来，让课堂'活'起来，使学生逐步从'学会'到'会学'，最后到达'好学'的境界"，当多年班主任的纪金铃老师，对课堂上学生的"学"体会更加深刻，"为了使素质教育能够有效地实施，一年来，我校根据学生学习的现状，在优化课堂教学上大胆探索、实践，建构了'问题引领、自主探究'的教学模式。如今的课堂，学生积极性高涨，多种感官全方位地参与学习，极大地激发了学生学习的欲望，使课堂焕发出生命的活力"❶。

---

❶　资料来源：纪金铃，《浅谈我校"问题引领，自主探究"教学模式在数学课中的应用》，2008 年度北京市房山区教育学会论文。

作为北潞园学校的一名数学教师，纪金铃老师从始至终参与着实践，新的教学模式在她的数学课中更加顺畅，更加得心应手。"我也发现了学生们超乎寻常的潜能，我在不断地反思，原来，我们曾经不信任学生，不敢放手让他们成为课上真正的主人。如今，教师们在课堂结构、授课形式、教学方法等方面都有所改变：有价值的问题引领在前，教师不包办代替——学生自主探究，自行解决——小组讨论，各抒己见——汇报交流的过程中师生、生生探究质疑，教师做必要补充；促进了学生主体性的发展，切实有效地推进了教育改革。"

"新教育理念的核心是使学生获得未来社会生活和进一步发展所必需的重要数学知识以及基本的数学思想方法和必要的应用技能的同时，更关注他们在情感、态度、价值观和一般能力方面的全面发展。因此，要把主动权还给学生，课堂上就应该让孩子们多一些自由的体验。"吴桂芳老师的深刻体验是把学习的主动权还给学生，❶"个性化的方法和策略是开展教学活动的最有价值的教学资源。为此教师应该为学生提供机会，鼓励他们积极地、大胆地把自己的思维过程展示出来。"

实际上，叶澜教授在"新基础教育"实验研究中，针对"什么样的课是一堂好课"提出"五个实"：一是有意义，扎实的课。叶澜教授说，在一节课中，学生的学习首先必须是有意义的。初步的意义是他学到了新的知识；进一步是锻炼了他的能力；往前发展是在这个过程中有良好的、积极的情感体验，产生进一步学习的强烈要求；再发展一步，是他越来越主动投入到学习中去。她说，这样学习，学生才会学到新东西。学生上课，进来前和出去的时候是不是有了变化，如果没有变化就没有意义。如果课堂一切都很顺利，教师讲的东西学生都知道了，那你何必再上这节课呢？换句话说，有意义的课，它首先应该是一节扎实的课。二是有效率，充实的课。她认为有效率表现在两个方面：①从面上而言，这节课下来，对全班学生中的多少学生是有效的，包括好的、中间的、学习困难的；②从效率上讲，有的高一些，

---

❶ 资料来源：吴桂芳，《把学习的主动权还给学生》，2008年度北京市房山区教育学会论文。

有的低一些，但如果没有效率或者只是对少数学生有效率，那么这节课就不能算是比较好的课。在这个意义上，一节好课应该是充实的课。整个过程中，大家都有事情干，通过教师的教学，学生都发生了一些变化，整个课堂的能量很大。三是生成性，丰实的课。叶澜老师介绍，一节课不应该完全是预先设计好的，在课堂中应有教师和学生情感、智慧、思维和精力的投入，有互动的过程，气氛相当活跃。在这个过程中，既有资源的生成，又有过程状态的生成，这样的课可称为丰实的课。四是常态性，平实的课。叶澜老师说，不少教师受公开课、观摩课的影响太深，一旦开课，容易出现的毛病是准备过度。教师课前很辛苦，学生很兴奋，到了课堂上就拿着准备好的东西来表演，再没有新的东西呈现。当然，课前的准备有利于学生的学习，但课堂有它独特的价值，这个价值就在于它是公共的空间，需要有思维的碰撞以及相应的讨论，在这个过程中，师生相互生成许多新的知识。她倡导的"新基础教育"反对借班上课，为的就是让教师淡化公开课、观摩课的概念。在她看来，公开课、观摩课更应该是"研讨课"。因此，她告诫教师们："不管是谁坐在你的教室里，哪怕是部长、市长，你都要旁若无人，你是为孩子、为学生上课，不是给听课的人听的，要'无他人'。"她把这样的课称为平实的课，并强调，这种课是平时都能上的课，而不是有多人帮着准备才能上的课。五是有待完善，真实的课。她认为，课不能十全十美，十全十美的课造假的可能性最大。只要是真实的就会有缺憾。公开课、观摩课要上得没有一点点问题，这个预设的目标本身就是错误的，这样的预设给教师增加很多心理压力，然后做大量的准备，最后的效果往往是出不了"彩"。她告诉老师们，生活中的课本来就是有待完善的，这样的课才称之为真实的课。

叶澜教授还说，扎实、充实、丰实、平实、真实，说起来好像很容易，真正做起来却很难，但正是在这样一个追求的过程中，教师的专业水平才能提高，心胸才能开阔起来，同时也才能真正享受到"教学作为一个创造过程的全部欢乐和智慧的体验"。

此外，王为民讲到好课有"八点"：教学目标有落脚点，课程资源有闪光点，教学问题有聚焦点，学生情感有激发点，德育渗透有切入点，教师引导有关节点（疑惑处、错误处、缺漏处、重难点处），教学节奏有舒缓点，课程结束有回味点。郑金洲教授将好课的标准概括为"十化"：课堂教学的生活化，学生学习的主动化，师生互动的有效化，学科教学的整合化，教学过程的动态化，教学资源的最优化，教学内容的结构化，教学策略的综合化，教学对象的个别化，教学评价的多元化。崔允漷认为好课应当是：教得有效，学得愉快，考得满意。"教得有效"是指一堂课有一堂课的标准，一个学期有一个学期的标准，要精教精学，别浪费学生的时间；"学得愉快"是指学习的过程应该是愉快的；"考得满意"是指注重结果，如果要学五个字，结果没学会，认知目标没达到，这就不行。贾志敏认为：以人为本，以训练为主，以鼓励为主。靳家彦认为：目标明确，重点突出，流程科学，注重内化，体现沟通，启迪创新，媒体得当，讲究实效，评价多元。孙双金说好课里的孩子们"小脸通红，小眼发光，小手常举，小口常开"。支玉恒是课堂研究的专家，他说以学科性质看，需要训练积累；从课堂形态看，自主地、生动活泼地学习是主要标志；从学生发展看，要反映由不懂到懂，由不会到会的发展过程；从学习氛围看，是民主和谐、愉悦的；从教学个性上看，选择适合教师个性的教学方法。

"情趣是激发学生学习的最直接的推动力。要让课堂变成学生的天堂，这需要教师如何合理的设计课程。"王颖老师在她的《问题的创设对学生学习兴趣培养研究》中指出："教师要根据教学内容，根据学生特点，选择合适的教学方法。师生合作学习是调节课堂气氛的一个有效的手段，也是调动学生积极性的一个有效的途径，更是学生展示自我的一个舞台，还可以增进师生的友情。师生合作还可以提高课堂效率。我校是九年一贯制体制，在实际教学中，我以'问题创设对学生学习兴趣培养研究'为课题。以研究性学习为主导学习方式，以培养学生的创新精神、实践能力来体现知识的综合运用为主要目的一类新型课程。师生在情景创设中合作学习，可以有效培养学生兴趣，同时提高课堂效率。"❶

---

❶ 资料来源：王颖，《问题的创设对学生学习兴趣培养研究》，2008 年度北京教育科学研究院基础教育研究所论文。

"什么是一堂好课？教师们对于好课的标准是见仁见智，教学是一种地地道道的工作，用不着太多的穿衣戴帽，关键是你的课是否是学生欢迎的课，学生的学习情感可以告诉我们，学生的学习热情可以告诉我们"。北潞园学校教学副校长田立新说，"对于北潞园学校，我们倡导'十个标准'。一看目标是否明确具体，二看过程是否常态自然，三看师生是否交流互动，四看学生是否主动参与，五看教材是否挖掘到位，六看设计是否新、趣、活、实，七看课堂是否动态生成，八看教学是否扎实高效，九看课堂是否亮点突出，十看风格是否独特明显"。

下面是薛志芳老师和戴正兴老师对于"好课"的个人见解：

怎样的课是一节"好课"❶

薛志芳

听课、评课是我们基层学校经常组织开展的一种常规的校本教研活动，尤其是评课，对于改进教师的教学行为、提高教师的教学艺术、促进教师的专业发展有着不可替代的作用。那么，在新一轮基础教育课程改革的背景下，究竟什么样的课堂教学才算是"好课"呢？对这个问题，可以说，从不同的角度去看，可能会有很多不同的说法。在实际工作中，我们觉得一节"好课"应该具有如下特点：

应该是"实惠课"。课堂是学生求知、进取、成长的主要阵地。学生的很多时间都是在课堂里度过的。我们甚至可以说，课堂学习是学生在青少年时期最主要的生活和生命方式。所以，不论课程怎样改革，一节好课首先应该是让学生得到实惠的课，应该能够促进学生各方面都有所发展。也就是说在课堂教学中，"好课"应该让学生有所收获，或者是获得了知识技能，或者是掌握了规律方法，或者是增进了交流体验，或者是拓展了思维，或者是触动了情感心灵，甚至是提升了人格、改变了人生观、世界观，等等。总之，好的课堂教学首先应该是"有效教学"甚至是"高效教学"，好课就应该是"实惠课"。

应该是"科学课"。既然是"好课"，一定有触动师生心弦的精彩之处，

---

❶ 资料来源：薛志芳，《中国教育报》，2005 年。

一定能够给学生带来某些"实惠"。既然如此,"好课"一定是符合教育教学规律的,一定是符合学生的认识规律和心智发展特点的,一定是符合学情、班情、校情甚至是国情的。总之,"好课"的本质应该是"科学课"。而那些课堂效果不是太完美的"课",我们可以肯定地说,其教学行为的背后,一定有理念乃至理论方面的深层次原因,一定有悖于"情"、不合"理"的地方。

应该是"特色课"。人都是有个性的。由于性格、习惯、阅历、素养等方面的不同,教师和学生——这些课堂里的人也都是活生生、有个性的人。同时,由于学情、班情、校情不同,各地、各学校、各班级也都是有自己的优势和特点。因而,"好课"应该是因"地"制宜的课,应该是因"校"制宜的课,应该是因"班"制宜的课,应该是因"人"制宜的课。也就是说,"好课"还应该是彰显师生和学校、班级的个性和优势的课,应该是"特色课"。有特色的课应该说都是合乎"人情"、顺乎"天理"的"好课",应该说都是教师、学生、环境和教材四者科学而有机地融合和统一的"好课"。

应该是"创新课"。在新课改的理论和实践背景下,"好课"还应该是"创新课"。教师要不断求新、求进,不断进行自我扬弃,从而不断完善自我、超越自我,不断实验和探索,提升教学艺术、提高教学质量。学无止境,教亦无止境,师生应该伴随着课堂一起成长。

当然,好的课堂教学具有动态和生成的特点,"好课"也不只是上述四"课"的简单糅合和叠加,平时的课堂教学也不可能都上成四"课"合一的精品课。但只要我们瞄准目标,不断学习,经常反思,积极进取,执著追求,将教学的某一方面发挥到极致,拥有四"课"中某一方面特质,就应该被视为"好课"。

如何评价一堂课的优劣——答案是丰富多彩的❶

戴正兴

1. 一堂课是不是好课，最有发言权的是学生。

只要学生喜欢上的课就是好课。学生喜欢的语文课究竟是什么样的呢？一是能体现较强的人文性。二是能凸显鲜明的教学个性。三是能提升学生的思维品质，能培养合作与竞争精神。❷

一堂课是不是好课，既要看结果，又要看过程。教学过程是师生的互动与对话。在这个过程中，首先，要看学生是否参与了，投入了；是不是兴奋，喜欢。其次，要看学生在课堂教学中的思考过程。第三，要看师生双方互动的过程，教师对学生是不是进行了有效的了解和引导。第四，从教师的角度看，是不是面向了全体，实行了因材施教。❸

2. 一堂课是不是好课，从感觉上来说，可用"累"与"不累"来区别

如若听课者始终被精彩的课堂教学活动所吸引，精神专注、积极投入，没有丝毫"累"的感觉，那么，无疑，这是一堂好课。反之，听者焦虑不安，惋惜不已，时而抬腕看表，时而交头接耳，等待着下课钟声响起，那么，这样的课是不能列入好课之列的。❹

3. 一堂课是不是好课，学生面部表情是一张"晴雨表"

如果学生喜形于色，不能自已地投入学习，眼睛里闪烁着成功的喜悦、生命的满足、收获的充盈，这就算得上好课。❺

4. 一堂课是不是好课，应看它是否体现了"实"与"活"的统一

一节好的语文课，应是"实"与"活"的统一。"实"指扎实、朴实、真实，教师要实实在在地引导学生学习基础知识，科学地训练学生的基本技能。"活"不单是气氛活跃，语文教学的"活"，首先应体现在活用教材，

---

❶ 资料来源：戴正兴，"好课看什么，一个敏感又现实的话题"，《辽宁教育》，2005 年。

❷ 资料来源：曹爱民，"只要你说：语文，我爱你"，《语文建设》，2003 年。

❸ 资料来源：孔企平，"好课看什么"，《人民教育》，2004 年。

❹ 资料来源：贾志敏，"让课堂充满活力"，《语文教学通讯》，2004 年。

❺ 资料来源：李赠华，"一切写在脸上"，《语文建设》，2003 年。

适当引进，利用相当的课程资源，拓展渠道，引导学生观察、调查、查阅资料，铺垫教学，补充内容。其次，要活化教学形式，加强语文实践活动。❶

一堂好课仿佛一面多棱镜，因观赏者的不同、评价角度不同，对同一堂课的评价也会呈现出千姿百态。好课的标准及其评价体系应该是开放的、多元的，一堂好课的评价不能一把尺子，一种刻度。教育部基础教育课程教材发展中心刘坚认为，面对不同的学生，应该有不同的标准；面对不同的教师，应该有不同的标准；不同的专家、听课者，因为对教育有不同的看法，也会有不同的标准。这反映了我们认识同一问题处在不同的层面上，我们需要逐步在教育价值观上取得共识，结合语文教学的特点和课堂教学实际，从语文教育价值观的高度，探究新课程背景下的好课标准，构建能够保护教师积极性的灵活而宽松的评价体系，推进新一轮语文课改实践。

二、北潞园学校，好课有共识

真正的好课堂，对师生来说都是一种莫大的享受，好课堂的前提应该是有效的，甚至是高效的！一个教师要上好课，课前必须要有充分的预设，教师要有课堂的魅力，这种魅力从何而来？从教师的素养中来，从积累点滴的教育智慧中来！如幽默生动的语言，课堂激情，渊博的知识，巧妙的方法，深入浅出的讲解，热烈的讨论等。每一个有责任心的老师都愿意教好学生，上好每一堂课。在北潞园学校，好课的标准在于，能让学生受益一生，学生主动在"问题"中参与，目标明、内容厚、方法灵、效率高的课。

让学生受益一生。教学不等于智能本身，课堂教学应从学生的全面发展出发，落实好课程标准的 3 个维度，即知识与技能、过程与方法、情感态度价值观。教学的意义不仅在于教给学生某种知识，更重要的是使学生通过知识与技能的学习掌握，影响学生对世界的情感、态度、思考及表达方式，并最终积淀成为人的精神世界中最深层、最基本的东西——价值观和人生观。

学生主动在"问题"中参与。学生喜欢的课堂，他们自然也会积极主动

---

❶ 资料来源：张安龙，"一节好课的评价标准"，余宽，"好的课堂教学应充满生命的活力"，《语文教学通讯》，2004 年。

参与其中。教学中，不仅要通过"问题"情景把学生的积极性充分调动起来，而且还要把学生在学习中的主体作用充分体现从来，正如陶行知先生所倡导的那样，充分解放学生的大脑、双手、嘴巴和眼睛，让学生的多种感官全方位地置身其中、参与其中。课堂上应该让每一个学生都有参与的机会，使每一个学生在参与的过程中体验学习的快乐，获得心智的发展。为此，有些老师，把课桌调至"圆桌式"、"马蹄式"、"扇面状"，都是为扩大问题信息的多面传递和情感上近距离的沟通。

目标明、内容厚、方法灵、效率高，把课堂还给学生。教师的职责也从教学生"学会"走向"会学"。为了实现课堂教学的高效，提高课堂教学的魅力，为此，北潞园学校提出"把课堂还给学生"10项要求：第一，凡是学生可以自己完成的事，教师决不替代。第二，要让学生成为学习的主人，先让学生成为课堂的主人。第三，把希望寄托于课堂，把希望寄托于学生。第四，让学生表现课堂、体验课堂、感悟课堂、享受课堂。第五，课堂是学生表现的地方，不是老师表演的地方。第六，课堂时间主要是学生学习用的，应把课堂时间尽可能多地还给学生。第七，把课堂还给学生，把课余时间还给学生，就是把学习能力乃至于生存权利还给学生。第八，书是学生学出来的，不是老师教出来的。第九，对老师充满希望的学生是没有希望的学生。第十，让笑声、掌声、辩论声在课堂上响起。下面是德国教师认为好课的十大特征：

德国教师认为好课的十大特征

（一）清晰的教学结构（过程清晰，目标明确，内容清楚；角色分明，确定规则、仪式和自由空间）；

（二）大量真正的学习时间（合理分配时间，守时；避免不必要的组织工作；每天的安排要有一定的节奏）；

（三）教学内容明确（任务设计明白易懂，监控学习过程，教学主题结构合理，确定成果要明确、负责）；

（四）对学习成果有着明确的期望值（学习任务要以指导方针或教育标准为依据、符合学生能力，通过学习反馈促进学生继续进步）；

（五）教学方法多样性（丰富的演绎技巧；多样的行为模式；变化的流

程形式和学习地点；均衡采用各种教学基本形式）；

（六）有利于学习的课堂氛围（相互尊重，坚守规则，承担责任，保持公正，体现关心）；

（七）有意义的交流（学生参与教学设计，营造良好的谈话氛围，举行学生会议，鼓励学生记录学习日志，收集学生反馈）；

（八）因材施教，促进个体发育（给学生自由空间、耐心和时间；既要对学生进行内部区分，又要促进班级融合；分析学生的个人学习情况，提供相应的帮助计划；对来自风险群体的学生给予特别帮助）；

（九）聪明有效的练习（让学生了解学习策略，布置合适的练习任务，有针对性的提供帮助，创造"有利于练习的"框架条件）；

（十）有准备的环境（秩序井然，设施功能到位，学习用具正常使用）

这些特征就像花环一样环绕在教学六边形❶的外围（图2-1）。

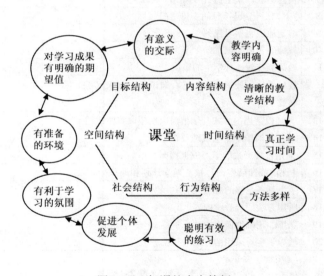

图2-1　好课的十大特征

❶　希尔伯特·迈尔在《备课指南》中提到的一种教案提纲模型：在制订课堂教学任务时，要包含这一节课的目标、内容、方法的关键部分。梅拉尼·福克斯在"数学组合"教案中，就是用的六边形提纲。标注出六个设计任务：这节课应遵循哪些课程目标？如何组织安排教学内容？解决任务有哪些行为模式可用？课的进程如何设计？小组合作如何分工？环境对教学情景创设有何帮助？

德国人希尔伯特·迈尔还说，好课的10个特征不是永远有效的常数。它们可以而且必须继续发展，并按学校等级、学校类型和学校发展状况进行细分。为此，他还设计许多的观察要素，从不同角度进行课堂观察（表2-2至表2-4）。

表2-2　观察表1：引导

特征		观察项	特征表现			
			完全符合	较符合	较不符合	不符合
（一）清晰的教学建构	1	明确告知学生计划中的教学过程				
	2	班级管理有序（提问、点名、分配任务等）				
	3	整个教学过程思路清晰				
	4	教师语言规范易懂				
（二）大量真正的学习时间	5	课堂节奏适合学生的接受能力				
	6	有效利用现有时间				
	7	快速消除课堂干扰				
	8	【下课后记录】：时间安排情况				
（三）教学内容明确	9	清楚地说明学习任务				
	10	教师的专业知识正确无误				
	11	教师能有效处理学生的错误				
	12	教导学生把教学内容和已有知识联系起来（关联式学习）				
（四）对学习成果有明确的期望值	13	教师以适当的方式与学生讨论期望取得的成绩				
	14	教师及时给予学生成绩反馈				
	15	采用各种形式的学习成果档案				
	16	【课前或课后咨询】核心教学计划和课程标准				
（五）方法深度	17	学生具备足够的方法能力				
	18	所用方法适合教学内容				
	19	熟练、正确地使用方法				
	20	教导学生对采用的方法进行反思				

表2-3　观察表2：促进

特征		观察项	特征表现			
			完全符合	较符合	较不符合	不符合
（六）有利于学习的氛围	1	教师和学生相处的基调是相互尊重				
	2	明显遵守"约法三章"				
	3	噪音程度符合学习过程				
	4	教师就学习任务称赞和鼓励学生				

续表

特征		观 察 项	特征表现			
			完全符合	较符合	较不符合	不符合
（七）有意义的交际	5	教师解释任务的意义				
	6	教师明显表现出关心学生兴趣				
	7	学生自发提出理解方面的问题				
	8	学生提出深入的、批判性的问题				
（八）促进个体发展	9	教师根据学生个人能力布置不同的学习任务				
	10	教师关心每个学生的发展				
	11	成绩好的学生可以从常规任务中解放出来，集中精力到自己的学习重点上				
	12	有语言缺陷或其他障碍的学生得到帮助				
（九）聪明有效的练习	13	【只针对设有练习阶段的课】练习题符合本课目标及学生水平				
	14	练习材料设计吸引人且明白易懂				
	15	练习时间充裕				
	16	教师帮助学生找到适合他个人的学习策略				
（十）有准备的环境	17	教室布置赏心悦目				
	18	教师干净整洁				
	19	使用的教学媒体和材料充足且高质				
	20	照明、音效、通风等				

表2－4 观察表3：在探究式课堂上学生自主学习（有改动）

特征		观 察 项	特征表现			
			完全符合	较符合	较不符合	不符合
（一）有准备的环境	1	教室布置适合探究式学习（全体授课的空间、小组分工、学习阶段）				
	2	根据学生的兴趣和学习能力区分的学习材料（小组）				
	3	遵守自主探究学习的规则				
	4	学生关心教师秩序				

"问题引领、自主探究"教学模式的实践与探索

续表

特征		观 察 项	特征表现			
			完全符合	较符合	较不符合	不符合
（二）有利于学习的氛围	5	鼓励学生自主探究				
	6	学生在学习上相互帮助				
	7	在伙伴学习和小组学习时学生要注意不排斥冷落任何人				
	8	学生能容忍他人不同的学习速度和学习能力				
（三）任务明确	9	学生参与任务设计				
	10	学生能正确估计任务难度				
	11	学生自己制定符合自身能力水平的任务				
	12	学生充分理解地讨论自己的学习进程				
（四）能力导向	13	教师用足够的时间来观察学生				
	14	任务可以由不同能力等级的学生来解决				
	15	学生在培养社会能力和自我能力的过程中获得支持				
	16	【课前或课后询问】教师是否根据能力等级来评价学生的学习效果				
（五）自主学习	17	学生独立决定他想在什么时候、通过什么方式、和谁在一起做什么				
	18	学生采用适合学习任务的学习策略				
	19	遇到问题，学生首先求助与同学，然后才求助于教师				
	20	学生独立检查学习成果				
（六）促进个体发展	21	学生相互帮助				
	22	有适合不同能力等级的学习材料				
	23	对需要特殊教育帮助的学生进行学习情况分析				
	24	在学习情况分析的基础上施行有针对性的帮助				

第三节　教师激情，成就优质课堂

高境界的教育应该是无痕的，是渗透性的，是润物无声的。让我们的学生在不经意中得到熏陶，有所感悟，产生心灵震动，自然而然地发生变化，得到升华。这样的教育，其效果才是深刻的、长久的。

真正意义上的课堂教学，其真正价值在于引领学生获取这种感受，体验这种情感，理解这种见解，转化这种智慧，积淀这种文化，最终形成自己丰富的精神境界。名师的课堂总能打造成学生的精神家园，让师生的主观感受痛快淋漓的表达，让师生内心情感自然地流露，让师生的见解和智慧尽情地展现。每当我们走进名师的课堂，总会深深地被他们的课堂艺术魅力所感染、所打动（表2-5）。走进这样的课堂，如同进入一个师生真诚交流的舞台，它会带给你激动、兴奋和智慧；置身于这样的氛围中，会让我们感到生命的萌动和成长，甚至可以让我们真切地听到生命的拔节和花开的声音。教学中让我们时而"山重水复疑无路，柳暗花明又一村"，让我们感受到了好戏连台精彩不断。同学们在课堂上体验着用智慧解决问题的价值与愉悦。置身于这充满智慧和激情的课堂中，真的是如坐春风，乐此不疲，忘了下课之铃已响！情醉其中。这正是教师的人格情感魅力所在！

表2-5　教师课堂管理的66个经典细节❶

经典细节	经典细节	经典细节
1. 用心记住每一个学生的名字	8. 要了解你的学生	15. 要有一颗包容的心
2. 课前要"胸有成竹"	9. 给学生自由的空间	16. 把爱给每一位学生
3. 提前三分钟进教室	10. 课堂要立规矩	17. 保持亲和力
4. 巧用课前三分钟	11. 给学生一个期望	18. 赏识你的学生
5. 第一印象很重要	12. 和学生有个约定	19. 切记：爱的力量是无穷的
6. 上课时要充满激情	13. 课堂管理要管放有度	20. 让学生在幽默和笑声中学习
7. 做一个真实的人	14. 要有一个平和的心态	21. 学会倾听孩子们的心声

---

❶ 资料来源：中国教师报——中国名师大讲堂 www.jyb.cn，2009年。

续表

经典细节	经典细节	经典细节
22. 尽量多给学生发言的机会	37. 善待学生的错误	52. 巧设物质奖励
23. 让你的眼睛会说话	38. 让学生自己"认错"	53. 把握激励的最佳时机
24. 老师，请注意您的语调	39. 善意"忽视"不良行为	54. 慎用您的课堂语言
25. 恰当地使用肢体语言	40. 表扬和批评要适度	55. 用心对待"个别生"
26. 身教重于言教	41. 把握好公正的天平	56. 签订课堂管理合同
27. 把握好课堂提问的时机	42. 善于委婉地劝诫	57. 用好学生舆论监督
28. 努力实现有效教学	43. 尽量不当众批评学生	58. 给孩子认错的勇气
29. 走下讲台，到学生中去	44. 正面教育效果好	59. 教师要有慧心、恒心和耐心
30. 让学生在课堂上有"问题"	45. 榜样的力量是无穷的	60. 放宽胸怀，学会等待
31. 让生成为课堂的亮点	46. 帮助学生赢得信心	61. 不要放大孩子的缺点
32. 控制好课堂的"活"	47. 巧用个别谈话	62. 尽量赢得家长的支持
33. 将游戏引入课堂	48. "一帮一，一对优"	63. 学校里没有相同的课堂
34. 经常梳理自己的课堂	49. 适度的惩罚是必要的	64. 用心呵护课堂的秩序
35. 给学生展示自我的机会	50. 小心呵护学生的自尊	65. 课堂的每一天都应该是新的
36. 平等、民主的课堂很重要	51. 多看学生的闪光点	66. "课堂"管理功夫在课外

认识激情。激情，是情绪发作的急剧强烈表现。作为一种教师行为，在课堂上，呈现激切、激扬、激越、激奋等表现，是一种有效的施教行为。①激情不是热闹，也不是外在情绪的高涨。尽管有时候激情会表现为外在情绪的高涨，但激情更本质的意义在于授课者对课堂、对学生、对生活的一种态度。这种态度源自一种热爱，一种对生活和教育的信心。②激情不是技巧上的东西，不是可以通过外在情绪的渲染或者教学技巧习得而获得的。无论是神采飞扬或情绪沉郁的讲课，都可能是内在激情的流露。③激情是一种"场"，只有身在其中才能够获得激情的感受，并将这种感受内化到心灵中去。倘若教师在课堂上都不能让听课者获得全身心的投入，而奢求课后的反思是虚妄的。④激情往往带着对自己的否定，带着更新的痛苦，带着反思的头脑进课堂，带着痛成长。天才的灵魂痛苦是一种境界。

激情来源。①了解自己的价值。给自己一个全面的评价，而不为他人的肯定或否定所左右。老子说："知人者智，自知者明。"作为教师，不仅要有知人的智慧，更需要自知的理性。②言行一致。摆脱本性中劣根性的束缚。如极端自私、懒惰等。③不断学习。善于从工作中总结经验，无论是失败的还是成功的经验。在实现一个目标之前制订好另一个目标。自满导致不满，不满带动成长。④建立可靠的支持系统。同同事和教育对象保持务实而有创造性的沟通。可以是朋友，以便随时为自己提供顾问和帮助。有明确的目标，也必须同更有影响力的人交往。⑤充满激情的个人想象力。有效调试外界压力。学会运用赞美技巧。⑥做出重要的从教人生决策。它是激情产生的基础。根据自己的情况，把从教的各种目标进行优先排位，并把它融入个人生活和工作中。积极选择自己的生活方式和工作方式。保留自己的选择权。

课堂行为自测自诊。激情在课堂的直接表现为：与学生的目光接触、手势，在教室里的走动和变换声音的语调和大小。一个一动不动，总是盯着"三板"（地板、黑板和天花板），说话声音平平淡淡的教师是不可能使教室里产生激情的；同样，这样的教师往往也只能培养出毫无激情、热情的学生，只能营造令人厌倦的课堂气氛。验证自己是否有激情，最有效的办法是把自己的一到两节课录下来自己评定。但如果自己没有摄像机，就请一位或多位同事（事先有个约定）来观察你。反复观察将使你获得更多关于自己课堂激情的信息。尝试用表2-6中的内容来判断自己。

表 2-6   激情表现的程度

行为	表现的程度		
	低级程度	中等程度	高级程度
言语表达	语调单调，感染力不强，语言表达很少变化，发音含糊	有自然的音调、音量和语速的变化，发音清晰	从快速、激烈的讲演突然变为耳语，有时事变化的语调
眼神	看起来显得暗淡，厌倦；很少睁大眼睛或扬眉；避免目光的接触；常常保持一种空洞的凝视	显得很有趣；偶尔会发亮、闪烁或睁大	目光闪烁、发亮，眼睛圆睁，扬眉；保持目光接触而不是凝视
手势	很少移动手臂指向人或物；从没有挥手的动作；手臂保持下垂或抄手，僵硬	常常指向某人或物，身体、头、手臂和手偶尔挥动；保持一种稳定的节奏	身体、头部、手臂、手和脸有迅速、演示性的动作
身体运动	很少移动和从坐着改为站立；有时会有紧张的踩步	自由、缓慢、稳定的移动	较大的身体运动，来回摇晃，快步行走，改变步速；不可预料，充满活力；自然的身体运动

续表

行为	表现的程度		
	低级程度	中等程度	高级程度
面部表情	面无表情，皱眉，几乎没有笑容，嘴唇紧闭	易相处的，常常微笑；如果情景需要的话，表现的快乐、幸福或悲伤	显得很活跃，富于表现力；表情丰富；灿烂的笑容
语言选择	主要是名词，少有描述性的词语和形容词，简单、陈旧的表达方式	有一些描述性的词语、形容词，对某些词语重复	描述性很强，许多形容词，变化丰富
反应机智	几乎没有接纳或鼓励的暗示；可能忽略学生的情感和想法	接受意见和情感、表扬和明确；以不同的方式回应，但常常重复同样的内容	接纳迅速，表扬、鼓励或明确；多种反应方式；赞同时会有力的点头
精气神	迟钝，显得不积极，单调，呆滞	显得有活力，有时具有表现力，但大部分时间处于一种均衡的状态	丰富，精力充沛；极富表现力

激情训练。正如一根燃烧的蜡烛，其芯不正不直时，必然是泪多且命短。激情是一种感觉，不同的人对激情的理解也是不同的。经典精神分析理论认为激情来源于压抑的解除，行为认知学派认为激情是对积极思维的现实奖励，人本主义则认为激情是伴随自我实现而产生的一种满足的体验。

激情是一堂好课的底色，是课堂教学的灵魂。激情是教师的人格魅力。什么样的老师算是优秀的？我以为最简单实用的定义，就是他有本事让学生对自己所教的学科如痴如醉，也就是说，他能点燃学生对本门学科的激情。而激情只有也只能用激情点燃！一堂课拥有了激情，教育将获得刻骨铭心的魅力！一个教师拥有了激情，生命将因此而精彩纷呈！

当然，教师的激情，源于对文本的深入领会，握其精髓；基于对学生的由衷热爱，育人成才；基于对课本的深层把握，从而能驾轻就熟。而激情运用是否妥当、是否到位，则要看其是否能将学生的心灵火花点燃起来！因此，我们说，教学艺术源于情，这种情是一种激情，一种真情！这种情是一种自然流露，自由宣泄！如果只为情而情，装模作样，只能是一种矫情、一种虚情假意，一种惺惺作态，只会让人心态厌恶心生别扭。

无论怎么说，课堂情感应当源于学生、教师的心灵感动，是一种生命原生态的存在。教师在课堂上能真真正正地把学生当做活生生的生命，去爱他们，去尊重他们；真正地让教学多几分平等，多几分和谐。用真情唤起心灵与心灵的交融，用真情唤起情感与情感的碰撞，也唯其如此，课堂才会成为师生平等、和谐、共同发展的磁场，我们的教学才会因此而精彩纷呈。

第四节　备学生，"好课"落在实处

众所周知，当前基础教育课程改革确立了学生的全面发展观，摒弃了从学科为本的传统观念。教育改革的根本动因在于国家和民族的发展，在于每一名学生获得全面、健康、和谐、可持续发展。无论从课程的设计，还是从课程的实施和评价，一切都要从学生的需要出发，以学生的发展为本。当前，教育教学的基本理念正在发生重大变化。之所以在备课活动中首先要备学生，其原因源自多个方面，既有课堂教学的起点的原因，也是课堂教学的终极目标所致。

作为课程实施的重要组成部分，备课是教师完成课程任务、实现课程目标的具体步骤之一，是将理想的课程和文本的课程，通过教师个人的理解，落实到课堂教学之中，最终转变为学生习得的课程。教师拥有的价值观念的差异，往往直接制约着教师创造性工作的级别和质量，也决定着教师工作的方向。如果教师将每一名学生的全面、健康、和谐、可持续发展作为教育教学工作的目标，那么教师设计课堂教学目标、构思课堂教学环节时，就会时刻思考着如何让每名学生获得基础知识、基本技能、基本经验和基本思想，既关注了学生发展的现实目标，也关注了学生发展的长期目标。

一、教学设计的要害在于围绕学生的"学"而展开

当前，在以学生发展为本的教育观念下，课堂教学的最大变化就是从以前的"以教促学"发展到今天的"以学促教"，即课堂教学组织和落实的基

本出发点在于学生的学习，在于让每名学生都能够获得应有的进步和发展。更通俗地说，就是学生怎么学的方便，教师就应该怎么教。在此基础上，教师的课堂教学职责也在发生着比较大的变化。

在课堂教学中，教师的职责是：帮助学生检视和反思自我，明了自己想要学习什么和获得什么，唤起学生成长的渴望；帮助学生寻找、收集和利用学习资源；帮助学生设计恰当的学习活动；帮助学生发现他们学东西的个人意义；帮助学生营造和维持学习过程中积极的心理氛围；帮助学生对学习过程和结果进行评价，并促进评价的内在化；发现学生的潜能和兴趣。

在教学中，教师的角色不仅体现在学习活动的组织者、引导者和合作者等方面，而且体现为：教师是学生成长的引领者；教师是学生潜能的唤醒者；教师是教育内容的研究者；教师是教育艺术的探索者；教师是学生知识建构的促进者；教师是学校制度建设的参与者；教师是校本课程的开发者。

二、学生学会知识和全面发展是课程教学实施的最终目的

与以往的课堂教学观念相比，让学生学会知识和全面发展，是课堂教学实施的最终目的。亦即，理想的课程只有转变为学生习得的课程，才能是有效的。事实上，学生的学习并不是教师向学生灌输知识的过程，而是在教师的引导下学生自主构建理解的过程。而学生学习效果的好坏，决定着教师教学工作的成效。因而，教师在研究教科书的同时，更要分析学生对将要学习的新知识的接受能力，合理采用适合学情特点的教学方法，设计适应学生个性、能力发展的教学内容和教学实施的方式、方法，同时，对于学困生应采取补救措施，对优秀生采取特殊的额外措施等。通过备学生，加强备课的目的性、针对性和实效性，进而优化教学过程，发展学生潜能，促进学生情意和人格的健全发展。

在备学生中，特别要关注每名学生，充分挖掘学生的潜能，关注学生素质的提高这个核心目标。事实上，学生智商的差异是客观存在的，但每名学生都有其自身优势。我们要用发展的眼光、辩证的思想看待学生，研究学生的心理特点，深挖不同层次学生的潜质。特别要尊重学生由生活经验引发的思维，坚持思维无禁区论，视学生为自主的人、发展的人和有潜力的人，最

大限度地调动其潜能，促进自身主动发展。

素质教育要求全面培养和提高学生适应知识、经济社会需要的素质和能力。这就要求我们在备学生时，一方面要从学生思维方式出发，确定教材中哪些内容能拓展学生能力和思维，合理设计教学过程，另一方面要依据学生认知发展的最近发展区及最佳发展区，从学生熟悉的情境和已有的知识基础出发，对教材进行适当重组和整合，使学生在掌握基础知识的同时，感受学习的意义。

三、备学生的基本原则

教学的根本目的是促进学生的发展。教学过程中最重要的任务是发展学生的主体性。备学生的过程就是深入研究学生的过程。为此，必须坚持几个基本原则：①主体性原则。教师通过备学生，解决学生现有水平与教学要求之间的矛盾，起到调节学生与教材之间的关系。学生知识的获得、能力的提高、行为习惯的养成，归根到底是学生学习的结果。因此在备课中教师应多创设让学生自由活动和展示自我的机会，使学生通过学习获得欣赏自我、体验成功的喜悦，不断弘扬学生主体精神。②差异性原则。教师要做到尊重差异，承认差异，从学生实际情况出发，根据不同情况，有的放矢地备课。备课中要利用多种反馈渠道，积极创设师生之间、生生之间交流的条件和情境，尽可能为每一名学生提供施展才华的机会。无论是优秀生还是学困生都各有所长，应注重在教学中进行分层指导，因材施教。③发展性原则。教师要用动态的发展的眼光看待学生，充分调动每一个主体的能动性。要客观地分析、研究学生，相信学生的能力，用"你能行"的期望来激发学生"我能行"的自信。学生的潜能包括潜在性、终身性、系统性、模仿性、补偿性及无定向性等特点。小学生身心发展尚未成熟，教师不能一味地重视学生成绩的高低而忽视对学生能力的培养，特别是忽视一些学困生身上隐含的潜在能力。要充分挖掘学生的智力潜能和非智力潜能，并据此设计教学环节，让学生能"跳一跳就摘到果子"。

四、备学生的具体工作内容

学生的未来发展目标是教学的追求，而学生的现实基础是教学的基本出

发点，备课就是要在学生的已知和未知之间搭建一个最近发展区。因而，在备课活动中，备学生主要围绕备学生的学科认知特点和规律，备学生的知识基础，备学生的经验基础和生活关注点，备学生的能力和兴趣等内容展开。

一备学生的学科认知特点和规律。学生原有的学科认知特点和规律，对他进一步学习新的学科内容、构建新的认知结构，具有十分重要的影响。以小学数学为例，小学生的认知特点可概括为"动作—感知—表象—概念"。教师要根据知识、内容的内在逻辑性，学生心理发展规律，学生认知活动能力，注重从知识的整体入手。对数学教学中一些重要概念和规律的揭示，注意遵从适应知识内在的矛盾关系，并有意识地结合学生认知规律和生活经验设计有趣的、富有挑战性的和有丰富数学内涵的活动，使他们有更多的机会从周围熟悉的事物中学习和理解数学。

二备学生的知识基础。要做到了解学生，首先要了解学生原有的知识基础，这对备好课具有重要的指导作用。在课堂教学中，学生已获得的知识与即将获得的知识是密切相关的，常常是前后密切关联的。为此，教师刚接班时，应对全班学生以前的学习情况进行一次调查，对每名学生以前所学知识和现在所学知识的掌握情况有个综合研究。教师应把以上工作做详尽的分析，分类登记，并注明哪部分知识学生掌握得较差，哪部分知识学生掌握得较好。开学后，每次单元知识检查后，都要系统地做试卷分析，找出学生存在较多的问题，载入备课本，研究自己教学存在的问题，提出改进措施。普遍的问题要在备课中体现出来并作重点指导，个别的问题应当加强个别辅导。在具体的一节课的备课时，教师首先要了解与教学内容有关的学生已学过的知识的情况。分析出哪些是学生已掌握的，哪些是学生初步掌握了的，哪些是学生通过自学可以掌握的，哪些是教师非讲不可的。这样做有利于教师在授课中做到该讲则讲，不用讲则少讲，力求达到事半功倍的效果。其次，教师还要了解学生掌握的其他相关学科知识的状况。例如学生掌握的数学知识的状况对于物理、化学等学科知识的学习有一定的影响。而高中二年级的哲学常识中就有许多原理的理解涉及学生各科知识的运用，教师在教学中可适当地引导学生回忆已学过的其他各科知识，帮助理解哲学原理。在倡导课程综合化的今天，也可引导学生利用所学学科知识来帮助他们理解其他学科知识，这样既丰富了学生的知识面，也使学生体会到各学科间的联系，有利于学生学以致用，全面发展。

三备学生的经验、思想和生活关注点。每名学生在来到学校学习的同时，也带了各自不同的生活经历和不同观点、看法。这种已有的经历、经验和对待社会的观点，对于即将进行的课堂学习生活具有深刻的影响。学生生活在各自的家庭中，家庭成员对学生的成长有十分重要的影响，要对学生进行有针对性的教育，就需要了解其家庭成员的情况，包括住址、职业、经济状况、文化程度等，同时应了解其家庭所处的社会环境，分析哪些是教育的有利条件，哪些是不利条件，并适当利用各种条件协助教育工作的开展，如高中一年级经济常识中有关农村经济发展内容的教学，就可以引用农村学生的家庭和所接触的社会环境中的种种现象补充教学内容，使学生易理解，易接受。特别地，教师在文科一些科目的教学中，还要备学生的思想基础。学生们生活在现实社会中，与社会中的种种现象接触，对各种社会现象有感觉，有思维。他们既能看到社会中光明的一面，体味现实生活的美好，党的路线方针政策的正确性，也会看到许多丑陋的社会现象，使他们产生种种不正确的认识。他们还会对种种社会现象以及个人面临的困难提出各种问题。对此，教师不能回避这样的客观现象和问题，必须面对学生这样的思想实际进行教学，要研究学生的实际状况，既要深入了解不同年级的学生普遍存在的思想倾向，又要了解个别学生的思想问题，并善于区别这些问题产生的不同条件，有针对性地加以教育，如高中二年级思想政治课要对学生进行科学世界观、人生观、价值观的教育，教师应了解学生中存在的"世界是怎样产生的"、"人与自然界的关系是怎样"、"人究竟为什么活着"、"人活着有什么意义和价值"、"个人与社会是什么关系"、"你的理想是什么"等各种问题的各种想法，才能因势利导，利用有利因素，排除不利因素，帮助学生通过自己的学习和思考来提高认识，寻求问题的正确答案。

四备学生的能力。在学科教学中，学生的基础学习能力是指在学习过程中独立获取知识的能力，收集、处理信息的能力和动手操作的能力等。素质教育要求学生具备以下 6 种能力，即合作交往能力、创新能力、选择能力、

语言表达能力、抗挫折能力、终身学习的能力。教师首先要将这6种能力结合所教年级制定出应达到的目标，合理地进行备课。以"数学学科创新能力"为例，制订的目标是：低年级能够按照教师讲的内容、提出的问题进行独立思维，随学随用数学概念解题，能想出与之有联系的知识，掌握3步以内的思考过程。中年级能围绕一个中心内容进行思维创造，能够联想到新知识与学过知识的联系和区别，有层次地思考问题，具有初步的思维创造方法。高年级能够有理、有据、有层次地思考问题，掌握分析问题的方法，能多角度、灵活、敏捷地思考问题，联想迁移能力较强。中小学生，特别是高年级学生，已具备了一定的自学能力，有一定的阅读能力、观察能力、思维能力、分析问题的能力，教师应了解学生的这些能力状况，弄清楚教材中哪些内容学生可以通过自学达到教学目的，对学生能够理解、分析、归纳的内容，教师可少讲，多给学生提供一些自学机会，对学生不易理解、不能分析的问题便可多费些工夫讲授，以培养学生的能力。

五备学生的情感因素。情感因素，是备课环节中一个重要成分。情感因素是伴随着知识经验的掌握、观念的形成及内部智力的成熟而发展起来的，它对外部智力的形成和创造能力的发展起着决定作用。教师的任务是为学生发展服务，因此，作为教师要采用多种途径和方法，在与学生接触中，了解、分析、记录学生们存在的各种问题，调整方法，制定相应措施。例如，小学数学一年级文字应用题：小明昨天做了5道题，今天做了同样多的题，两天一共做了多少道题？一年级学生对于"同样多"不甚理解，教学时可以设计为请5名同学来唱歌，同时请5名同学来伴舞，然后引导学生编出应用题"老师请同学表演节目，5名同学唱歌，跳舞的同学与唱歌的同学同样多，唱歌和跳舞的同学一共有多少人"。这个充满情趣的环节设计使同学们能够顺畅、清晰地掌握解题思路。

六备学生的身心特征。不同年龄阶段的学生，心理各有其特点。教师应根据不同的教育对象，选择不同的教育方法。初中学生正处在一个身心发展的阶段，有较强的自尊心、自信心和独立思考问题的能力，有充沛的精力和较强的求知欲，但遇困难又易灰心丧气，幼稚与成熟并存，辨别是非能力较差，易受不良习气的影响，因此，对初中生既要尊重又要加强教育，严格要求。高中生身心发展趋于成熟，知识量增多，社会接触面更广，社会交往更频繁，升学和就业的压力促使他们的社会化进程加速，思维能力更加成熟，认知活动的自觉性明显增强，但由于知识和经验不足，认识问题不准确、不深刻，有时带有片面性。教师要充分尊重他们，发挥其主观能动性，进行心理疏导，多做细致的思想工作。

总之，好的课堂教学，既要联系教学内容的实际，更要联系学生实际，注重研究学生，这样才能真正做到因材施教，提高学生素质，促进学生全面发展。

五、获取学生信息的基本方法

备好一节课，不仅需要考虑教学目标、教学重难点、教学过程的几个环节等，更要以人为本，在教学中以学生为主体，表现在备课中就是必须更多地研究学生。

从研究学生的实际状态中获取信息，作为教学的起点。学习者从事特定的学科内容或任务的学习已经具备的有关知识与技能的基础，以及对有关学习的认识水平、态度等，称为起点行为或起点能力。它是影响学生学习新知最重要的因素。正如美国教育心理学家奥苏贝尔所说："如果我不得不把教育心理学还原为一条原理的话，我将会说影响学习的最重要的原因是学生已经知道了什么，我们应当根据学生原有的知识状况去进行教学。"现在学生的学习渠道拓宽了，他们的学习准备状态有时远远超出教师的想象，许多课本尚未涉及的知识，学生已经知道得清清楚楚了。要遵循学生的思维特点设计教学过程，我们就必须把握教学的真实起点。为此，在备课中，我们可以从以下方面切入，寻找学生的起点：①学生是否已经掌握或部分掌握了教学目标中要求掌握的知识和技能，掌握的程度怎样，没有掌握的是哪些知识；②哪些新知识学生自己能够自主学习，哪些需要教师的引导和点拨。教师应通过对学情的了解，确定哪些知识应重点进行辅导，哪些可以略讲甚至不讲，从而很好地把握教学的起点，有针对性地设计教学过程，突出教学的重点，提高课堂教学的效率。

从学生的个别差异中获取信息，进而设计不同的要求。在倡导个性化、

尊重多元化的当今社会，我们对学生的个别差异要细心观察并充分估计。要打破传统教学"一刀切"的教学观的束缚，采取分层教学，分类施教。只有这样，备课的对象才能面向更多的学生。①教学分层。学生的个性特点是影响学生学习质量的重要因素。在备课时，教师要因人而异地设计教学环节，做到扬长避短，分类指导。课堂的提问，新旧知识的迁移，新知识的讲解等方面，都要针对学生的差异，设计不同层次的问题，使能力较强的学生发展了思维，能力中等的学生产生了兴趣，能力较差的学生掌握了方法，使不同层次的学生都得到相应提高。②练习分层。练习是将知识转化为能力，将技能转化为熟练活动的过程，是反馈学生掌握知识程度的重要手段。在课堂教学的过程中，可随时根据学生的情况调整练习。教师可针对本班学生的学习差异，设计3个层次练习，即基本练习、变式练习、引申练习。通过分层练习，各类学生学有收获，调动其学习的主动性。③作业分层。布置作业是检查教学质量以及学生掌握知识情况的一种手段。作业的布置不应整齐划一，在掌握各层次学生本节课的学习效果后，可分层设计。作业可分为A、B、C。A组为基础，B组为中等，C组为最佳。通过分层作业设计，全体学生可不同程度地落实新知，充满对学习的自信和兴趣。

从学生的内在需要中获取教学的信息。在以往备课时，我们往往只备教材的内容，而忽略了对学生学情的分析，经常以教师的水平看学生，结果是把学生看高了，课堂上学生"跳了又跳，还是摘不到果子"。其实，这是由于我们把学生看成一张白纸，忽视了学生的生活经验，把学生看低了。课堂上学生"根本用不着跳，便摘到了果子"，这样不利于学生的发展。随着时代的发展、教育改革的不断深入，在今天的备课中，我们开始考虑学生、分析学生的意识，但在分析学生时，也时常流于形式——很多时候考虑的是学生应该的状态，而忽视了现实的状态。以对教科书的处理为例，通常把着眼点放在理顺教材本身的知识结构上，而忽视了学生学习的内在需要，更谈不上分析学生的学习心理。

诊断和预测学生学习可能会发生的内容，有备无患。在备课中，获取学生信息的渠道非常多，不仅与学科特征有关，而且与教师的教学风格相连。长期的中小学教学实践经验告诉我们，准确诊断和预测学生在学习中可能出现的情况和可能会遇到的内容，是从备学生中获取重要的信息。①学生可能想到的。由于学生的思维与教师的课程导入、课程的重点内容有关，由此就可以预先考虑到课堂上学生应该能够产生的想法，提前做好思想准备。有很多的想法在课堂上虽然学生未表露出来，但教师应该能洞察学生的心理活动，及时地探测和巧妙地点出其想法，这样才能更好地满足学生心理上的需求。也有很多的想法学生可能在课堂上提出来，教师就要运筹帷幄，通过正确引导和讨论，使学生的问题得到解决。②学生难懂的。教师备课特别要注意的一点就是时刻把握学生的智力水平和接受水平。教材上的知识内容有些在教师看来似乎很容易，三言两语就可说清楚，但站在学生的智力水平上来接受这一知识，可能就把学生难住了。因此，教师在备课时要注重换位思考，想到学生的智力水平和接受知识的能力，帮助他们实现知识由易到难的转化。③学生疑虑的。我们深知学生的疑虑会直接影响新知识的接受和课后习题的完成。在课堂上，我们常常会看到学生表情呆板，脸色凝重，学生的思维不能与教师同步。此时，学生思维中出现的疑虑如果不及时排除，必然会造成心理上的不和谐，成为学生继续思维和学习的障碍，使思维中断。高明的教师会预先意识到这一点，备课时善于转换到学生的角度来思考这些问题，采取积极、乐观、向上的措施来加以引导，努力在课堂上消除这种尴尬的疑虑。④学生易错的。在指导学生实验、批阅作业、批阅试卷和下班辅导时，我们经常发现学生有这样或那样的错误。为了不让学生再出现错误，在备课时，教师可以特意准备一些学生易错的实验和习题，故意上课时错给学生看，错给学生思考，使学生引以为戒，达到防微杜渐的目的。⑤学生激动的。课堂是师生共同表演的舞台，引导学生参与到这种表演中来，是现代教学所必需的。这样，教师就必须预先想到学生的爱好、兴趣和渴望成功的心理，想到学生的激动心情。学生能够参与有趣的化学实验是学生的最大兴趣，也是学生最激动的。因此，在备课时，可能让学生参与的活动、可能激起学生兴趣和好奇心的活动，我们都要为学生尽力准备，尽量让学生在动手操作、合作交流、观察讨论中好奇心得到满足，求知欲望更加强烈。⑥学生易忘的。在备课中，有经验的教师往往会提前预料到学生用到这部分知识时可能会遗忘什么，从而有意地提前让学生温故知新。不仅如此，有经验的教

师在备课时，常常预先把这部分内容提炼，升华，甚至编制成口诀让学生轻松地记忆、储存，为学生扫清障碍。

综上所述，教师的备课不只是备教材上的知识，更重要的是备学生，备学生可能出现的各方面问题。教师只有在充分了解学生、尊重学生志趣的基础上备课，在遵循学生的认知规律和心理发展规律的基础上设计教案，才能备好课，进而上好课，确保课堂教学的高质量。

第
三
章

返璞归真，当前教育最缺什么

　　我回国这么多年，感到中国还没有一所这样的学校，都是些一般的，别人说过的才说，没说过的就不敢说，这样是培养不出顶尖帅才的。我们国家应该解决这个问题。你是不是真正的创新，就看是不是敢于研究别人没有研究过的科学前沿问题，而不是别人已经说过的东西我们知道，没有说过的东西，我们就不知道，所谓优秀就是要创新。没有创新，死记硬背，考试成绩再好也不是优秀学生。

——钱学森

　　I have been back from foreign countries for so many years, and I feel that the schools in China are ordinary. People just say what others already said and dare not say what others have not said. Talents can't be trained this way. Our country should solve the problem. Real innovation is to see if you dare to research the scientific frontier that others didn't research before rather than we only know what someone else already said and don't know what someone else has never said. The so-called excellence calls for innovation. Without innovation, just learn by rote, no matter how good their exam results are, the students cannot be outstanding students.

——Qian Xuesen

第一节 "甩笔歌"甩出课堂真问题

历史总在以看不见的速度淘汰落后，规律总在以看不见的速度成就梦想。继"甩灯歌"、"甩葱歌"之后，由"甩饼歌"、"甩蛋歌"生发感念，围绕课堂教学引发感想，网上传出一首《生命跃动——甩笔歌》：

明明有黑板，老师偏要贴卡片。

美其名曰省时间，实则板书不过关。

课件连成片，一屏一屏晃人眼。

"你真棒"挂嘴边，弄得学生空喜欢。

左一问，右一问，问得学生不着边。

你也说，他也说，引导全靠提问牵。

堆积资料乱拓展，正事没干好，闲事忙不完。

课堂上把学生叫"孩子"，"亲切"但观念没转变。

师生关系应平等，新的理念是伙伴。

朗读课文音不正，感悟内容没有法，以读代讲就算完。

选择你喜欢的方式读，喜欢哪段学哪段。

教师作用在哪端？这是尊重学生学习自主权？

学习目标不明确，没有航标乱行船。

不知到底干什么？完成环节走教案。

理解教材太肤浅，蜻蜓点水浮表面。

把握教材是硬功，需要潜心深钻研。

语文课上教思品，偏离教材扯得远。

文道统一有规律，潜移默化永不变。

评价方式太随便，随手发些小图片。

你一片，我一片，这样的评价不值钱。

动不动就讨论，实际效果不明显。

合作学习有讲究，滥用显得太随便。

行不行就表演，挤掉潜心读书好时间。

阅读重在读与悟，表演仅仅是手段。

形式花样多变换，热闹半天无发展。

传统经验讲训练，训练才能促发展。

问题不真瞎引领，课堂效率妄论谈。

歌里展现的当今课堂现状，分数承载了太多的期望，学习承受了太重的压力，童年背负了太沉的包袱。在不少地方，学习活动常常远离了学习者的现实生活；整齐划一的学习任务，偏离了学习者的兴趣、爱好、自主性及能力差异；学习活动的要求，常常违背学习者身心发展的规律。

对于青少年来说，知识当然重要，但最重要的还是思考能力。一个人从无知到有知的过程始于发问，学问学问，就是要学会"问"，学会思考。

我们现在教育模式最大的弊，不是在学"问"，而是在学"答"。我们聘请了很多老师去设计题库、炮制答案，然后把它拿给学生死记硬背，这有什么意义？只是学"答"，等于只活在别人思考的结果里。"答"得再好，也只能是"青出于蓝"而止于"蓝"，要想"青出于蓝胜于蓝"，除了学"问"、学"思"之外，没有他法。

2001年6月，中共中央、国务院《关于深化教育改革全面推进素质教育的决定》明确表明，素质教育的核心是以提高国民素质为宗旨，反映了时代对教育的要求，同时也体现了未来终身教育对人可持续发展的要求。现在许多学校，许多老师急功近利，不愿把过多的精力投入到素质教育当中，一个重要原因就是素质教育缺乏一个显性的评价尺度和评价标准，对学校教育工作的评价仍然只看学生的成绩，看升学率，使本来就已根深蒂固的应试教育理念进一步得到强化。

马丁·路德·金说："人，只有智能是不够的，智能加上品格才是真正的教育。"现在育人模式最大弊病就在于不是学"问"，而是学"答"。"如

果一代人、一个民族的未来缺乏思考能力，那就只能落后挨打。"❶ 柳斌老先生就现实教育提出评论，认为当前教育最缺"问"。他说："当前，我们的教育问题不少，首当其冲是急功近利。教育是百年大计的长期事业，急功近利、争名夺利、揠苗助长、商业炒作对于育人来讲祸害无穷。"

教育出现了沙尘暴。有的学校表面上素质教育热火朝天，实际上仍然把升学率当做是评估质量的硬指标，节假日补课有增无减，学生负担不堪重负。有的学校上午应试教育，下午素质教育；上学期素质教育，下学期应试教育；领导检查时素质教育，领导一走就应试教育。形式上素质教育，如将"成绩报告单"改为"素质报告单"，其实质是"换汤不换药"。这种情况产生的原因首先是对素质教育缺乏清醒的认识，把素质教育当成了短期行为，因而口头上挂的是素质教育，心里想的和实际搞的是应试教育。

经验说明，高度集中统一、以分数论成败、一考定终身的高考制度，不利于出人才；由高中到初中到小学遍地开花的学科"奥林匹克竞赛"，不利于出人才；年复一年的神童炒作、少年天才吹捧不利于出人才；以应试为本、猜题押题、题海战术的教育教学模式，不利于出人才。而这些现象屡禁不止的原因在哪里？在于未能遵从教育的规律、人才成长的规律，未能遵从人的品德、智力、体质、情操不可分割的整体原则，而把知识掌握甚至仅仅是高分追求，当做教育的全部任务。

一个人、几个人不会思考，可能不会影响全局，如果一代人、一个民族的未来缺乏思考能力，那就只能落后挨打。我们不是要建设创新型国家吗？创新来自哪儿？就从提问开始，从带领学生开发智慧、培养实践能力和创新精神开始。

"教育的根本目的，是人的全面自由发展。其中，自由比全面重要。如果背离了这个目的，中国教育就会比中国的足球还不如"，深谙中国教育的易中天在他的《公民心事》里说道他对教育的担忧，"人才并不是社会把它毁掉，是自己把自己打倒。毁掉的办法，是自觉纳入'诲人不倦'的教育体制，成为这部'毁人机器'的齿轮和螺丝钉。所以，人才，就是不被社会和

---

❶ 资料来源：柳斌（原国家总督学），《人民日报》，2010年。

自己毁掉的学生；良师，就是不把学生毁掉的老师"❶。

我们要呼吁：把学生从考试束缚中解放出来！把校长、教师从考试束缚中解放出来！使人才成长具有个性发展的必要空间，使杰出人才的涌现具有必要的基础环境。

第二节　两封书信，直面"问题"

2009 年 10 月 31 日，钱学森在北京逝世，享年 98 岁。2009 年 11 月 11 日，安徽高校的 11 位教授联合《新安晚报》给新任教育部部长袁贵仁及全国教育界发出一封公开信：《让我们直面"钱学森之问"！》

尊敬的袁贵仁部长并全国教育界同仁：

钱学森走了，又一颗巨星陨落了。我们深切缅怀钱老，缅怀他的科学精神和崇高人格，还有他的那句振聋发聩的疑问——"为什么我们的学校总是培养不出杰出人才？"

只有直面这个疑问，才能为目前中国教育存在之种种问题寻求真正的解决之道。

"为什么我们的学校总是培养不出杰出人才？"面对前来探望的温家宝总理，钱学森多次提出这样一个刻骨铭心的疑问。我们认为，钱老的疑问，也是所有教育工作者的疑问，是社会各界对中国教育的疑问，是一个伟大民族必须直面的疑问。

从 1904 年癸卯学制颁布、1905 年废除科举至今，中国现代教育的发展已逾百年。从 1977 年重新恢复全国统一高考制度至今，中国当代教育的改革已经有 30 余年。应当说，积 30 余年来的发展和改革，我国的教育事业取得了巨大成就，为现代化建设提供了强劲的动力。但是，不能回避的是，今

---

❶ 资料来源：易中天，《公民心事》之"诲人与毁人——就李红豪事件答《东莞时报》记者林春挺"，第 69 页。

天的中国教育同样存在着许许多多让人痛心疾首的问题，有些问题甚至是深层次的。例如应试教育、学术腐败、论文抄袭等等，从某种意义上说，这些问题，正成为社会主义现代化建设进程难以突破的瓶颈。

前不久，温家宝总理在一次讲话中说："当前，我国教育改革和发展正处在关键时期。""应该清醒地看到，我们的教育还不适应经济社会发展的要求，不适应国家对人才培养的要求。"温总理的感叹，源于对中国教育深层次问题的忧虑。缺乏人才长远规划的短视行为，以及由此产生的扭曲的考核评价和选拔机制，怎能催生"独立之精神、自由之思想"？怎能让创新之花盛开、创新之树常绿？

中国要实现经济的可持续发展，要实现文明、民主、富强的现代化目标，绝对离不开先进的、现代化的教育，绝对离不开一批又一批杰出的、真正的知识分子。是时候直面"钱学森之问"了，中国需要建立新的教育哲学和教育理想，需要形成新的教育发展战略和目标模式，需要推进以体制改革为中心的教育改革。

眼下，袁贵仁部长刚刚走马上任，《国家中长期教育改革和发展规划纲要》正在制订，这时候，我们需要一起来面对这个问题："为什么我们的学校总是培养不出杰出人才？"我们一起来深思、来解题。

我们坚信，不久的将来，我们一定能解开这道题，一定能找到一条光明的路，中国的杰出人才也会由此不断涌现。这一天的早日到来，便是对钱老最好的缅怀。

此致

敬礼

沈正赋　芮必峰　胡荣华　卞利　康建中

谢云章　李正平　徐　华　李桂华　杨四平　吴　玲

2009年11月11日（排名不分先后）

"钱学森之问"实际上揭示了一个事实：新中国60年没有培养出一名大师级的学者，而民国时期却出现过一大批杰出人才。现在的大学没有按照培养科学技术发明创造人才的模式去办学，造成人才冒不出来。

由此可以断言，在钱老心中一定有一个使他百思不得其解的历史疑团：

即为什么在那动荡不安的民国时期何以人才辈出，群星灿烂，而在随后的"形势一派大好，越来越好"的新中国 60 年却是日月不光，山岳潜形，"还没有哪一个的学术成就，能跟民国时期培养的大师相比！"换言之，还没有培养出一名大师级的学者。

对于这个问题，据报道，2010 年 5 月 4 日，温家宝总理与北京大学学子共度"五四"青年节，一位学生向温总理提出了如何理解钱学森关于中国大学为什么培养不出杰出人才的问题。温总理说："钱学森之问对我们是个很大的刺痛，也是很大的鞭策。钱学森先生对我讲过两点意见，我觉得对同学们会有用，一是要让学生去想去做那些前人没有想过和做过的事情，没有创新，就不会成为杰出人才；二是学文科的要懂一些理工知识，学理工的要学一点文史知识。"温总理接着说，大学改革要为学生创造独立思考、勇于创新的环境。大学还是应该由懂教育的人来办。教育家办教育不是干一阵子，而是干一辈子。大学还应该逐步改变行政化，按照教育规律办学。

温总理的回答中透出了一丝无奈的语气（应该，还是不应该）。我们无意再去深究其回答的尴尬。但是，至少这也说明了一个问题，温总理认可了，我们现在办教育的人很多都是不大懂教育的官员。然而，在现实中，我们看到许多领导人连这个事实也不承认，或不敢承认。

钱学森老人是智慧的，在他的心里其实已经有答案，或者说是当下中国为数不多的几个把问题想透的人，遗憾的是这样的问题只是在钱学森老人溘然长逝之后，才又被人"猛然记起"。

没有好的体制，不可能有杰出的人才；一个曾经杰出的人才，进入一个僵化的体制，也只能江郎才尽，变成一个庸才。2011 年 8 月 12 日新浪教育论坛发表了河北省宁晋县一位名叫赵仲航的高一学生写给温总理的一封公开信《假如我不是中国人——给温总理的一封信》：

敬爱的温总理：

你好，我是一名高一学生，也是一个中国人，给你写这封信在我看来既是义务，也是责任。

听到这个题目，我想每个人的第一反应就是这个人太不爱国，怎么能说

出这样的话呢？

当了这么久的中国人，我感觉中国越来越容纳不了我的张扬，这个社会根本不适合一个有才能的人发展自己，也许我说得有些过了，但放眼中国60年以来，为何没有一个诺贝尔奖获得者。

且不说我爱不爱国，我是不是中国人也暂且放下，我们就说这中国教育是否真的能培养出科技创新型人才，说到这里，我们每年都会看到一批高考状元，但过了这一年以后就再也没听到过他们的名字，因为他们的名字已经被茫茫人海所冲刷尽了。

当然，我们不能说这些高考状元不是人才，可能是中国的教育制度根本不适合一个现代化人才的发展，所以中国的教育必须改革。

可能有些人说，现不是正在进行素质教育吗？但为什么我们每年都在热炒高考状元？在我看来只要高考制度不改革，这就是应试教育。

是，中国人聪明，中国的学生勤奋，这是连外国人都不得不承认的事实，但结果呢？聪明的中国人怎么现在……

如果你细心观察，在早晨7—8点钟，在大街上见到最多的一类人是学生。是啊！中国的学生如此刻苦，他们起得如此早，甚至晚上加班学习，但这么勤奋的中国人为什么60年来无一人获诺贝尔奖，为什么却有美籍华人获奖。

事实证明，不是中国人笨，而是中国社会驾驭不了中国人，不适合创新型人才的发展，中国教育更多地注重知识的灌输，而真正的教育不在于你学了多少，而在于你用了多少。

放眼中国的大学，几乎是每个学子实现梦想的殿堂，可在我看来，中国的大学只不过是一些富丽堂皇的空壳，它缺乏的是具有创造性和判断性的学生。

作为一名中国人，一名中国学生，我敢说别人不敢说的话，所以，我想要改变中国教育的现状，培养一批科技创新型人才，我并不是让每个人都获诺贝尔奖，我为的是抛开以往的中国制造，出现一批中国创造，不要因为使用外国的专利而交纳昂贵的专利费。

我要将中国教育的制度进行改革，只有改革教育、发展教育才能改变这种局面。

而现在，中国教育的弊端在于学生对学习缺乏兴趣，课堂上更多的是老师讲，学生听，缺少一个探索与发展的过程，学生学习很多的情况下是被迫的。

就学生的特长而言，学生自身的潜力是巨大的，只是我们常常找不到开启这潜能的钥匙。课堂上，老师是主导，学生是主体，老师要点燃学生的火花，让学生朝着自己喜欢的方向一直走下去。

一堂课，最重要的不是看老师讲多少，而是学生接受了多少，中国教育缺乏探索的过程，自然就缺乏创新的精神，而一个民族缺乏创新，可以想象……

中国教育不注重实践，缺乏动手能力，而教育是要手脑并用的，在中国，课堂上更多的是表演，老师表演学生看表演，而真正的教育，学生必须是参与者和合作者，而不是只带耳朵的听众。

比较中美两国教育，中国教育虽然注重基础知识和基础能力的培养，但教育的最终目的是创新，而不是只会纸上谈兵。中国教育更多地培养了书呆子，却忽视了孩子创新能力的提高。

兴趣是最好的老师，只有注重培养孩子的学习兴趣，才能更好地创新。我认为，如果一个孩子感觉不到学习的快乐，那不是因为他过于努力，过于艰辛，而是因为他觉得这并不是他想要的东西，可你看看现在的中国教育，学生们学的东西有时一辈子都用不上，而真正有用的东西却没有学到，这就是中国教育的矛盾，教育的根本不是被动的灌输，而是一个探索的过程，经过探索和联想创造出新的知识，这才是教育的最终目的。

我认为每个孩子都是艺术家，关键是长大以后能否保持艺术家的灵性和创造力。

我见过很多家长，他们让孩子上三年级的时候学奥数、英语、游泳、作文、网球、篮球，家长让孩子学这些只不过是多了一块升学的敲门砖而已，但孩子却失去了一个自由的、怒放的童年。

再说说我们的大学教育，现在的大学似乎并不是文化的圣殿，相反，大学里各种文化泛滥成灾，我也知道，现在很多大学都在模仿美式教育，而他

们模仿时，偷工减料，放弃关键却学了皮毛。

我们的大学和世界一流大学相比，最大的区别就是人家是私立大学，是自己在市场中竞争出来的，我们则在吃皇粮，越是学人家，皇粮吃得越多。

我们的大学有了钱以后，却用来盖大楼，你们不想想盖一座大楼的钱可以帮助多少寒门学子走向成功，几十年后，我们一定会有一大批仪器设备、校舍大楼世界一流的富大学，甚至连哈佛都自叹不如，但在这些大楼里缺的是世界一流的大师和缺乏创造性和批判性思维的学生，再美丽也只不过是空壳。

2009 年，教育进展国际评估组织对全球 21 个国家进行调查显示，中国孩子的计算能力排名世界第一，想象力却排名倒数第一，创造力排名倒数第五，听到这组数据，我不禁为中国的未来而担忧，一个国家的少年失去了想象力将会怎样？

中国孩子的想象力真的如此之差吗？我认为不是，而是中国无法撑起孩子想象的天空，其次，中国的老师不行，这些人都是传统体制下的产物，根本没有接受过创新教育，只要应试教育不改，一切荣辱都与分数牢牢挂钩，孩子上学只为一件事，考个好分数，将来上个好大学，这样，无形之中就把孩子的想象力、天赋和灵性扼杀在摇篮之中。

在整个教育体制没有改变的前提下，父母为了使孩子获得更多生存空间，孩子被迫学习，可也许正是这种思想，让孩子永远地输了。

改革开放以来，一代又一代中国人靠想象力作出了丰功伟绩，但现代中国孩子的想象力位居世界倒数第一，这是个不容改变的事实。我国不尊重知识，不尊重想象力，造成人才外流，替西方经济社会发展输送人才，要知道，中国流失西方社会的精英已位列全球之冠，好好想想吧。

到美国名校去看一看，也许你就会明白，他们竞争的实际上是人才产品的竞争，不是教育硬件的竞争，他们要比的是谁培养出来的学生日后成就更大，给学生内心留下永恒的印迹，奠定他们一生事业的基础。

这几年，参加高考的人在减少，而留学却出现低龄化现象，在这些人当中，他们接受了良好的教育，他们不缺乏理想，但是，他们要实现自己的理想有时还欠缺创新的思维方式，以及创新所必备的多元化能力。

每个孩子都是天上的天使，根本没有智商高低之分，但中国教育制度却无情地把人分成了三六九等，难道考得分高的就一定是好学生，考得分低的就一定是差学生吗？恐怕不一定吧！

每个孩子都有理想，每个人都有向往，都有爱好，中国教育要做的就是让孩子的兴趣、爱好得到充分发展。

中国青年普遍缺少动手能力、不够主动等问题，主要是应试教育的大环境造成的，而青年一代正是社会的主角，只有培养他们的素质，让他们学会创新，才能保证中国久立于不败之地，这就是需要为青年们提供最好的创新平台和产业环境，将青年人的创业激情转化为市场上的竞争力，如果这样，我相信，不久的将来，中国就会出现一大批高科技企业。

总之，要想提高中国人整体的创新能力和动手能力，就必须将中国的教育制度进行一次彻底改革，只有教育创新，才能保证人才创新，只有社会尊重知识，尊重创新，人才才有更好的发展空间，只有人得到充分发展，社会才能又快又好地发展。

但看到中国教育的现状，我不禁要问一问，中国的路在何方，以后中国的路该怎么走？这不得不成为青年一代考虑的问题。

我只是一名高中生，一个敢想敢做的高中生，但作为一个学生，我敢为天下先，我敢说别人不敢说的话，做别人不敢做的事，前怕狼，后怕虎，那不是我的性格。

每一个与我交往过的朋友都给了我一个相同的评价——长不大、天真、幼稚，但这不正是很多中国学生现在所欠缺的吗？

在学校，我不是一个好学生，我在学习和纪律方面总是管不住自己，但只要是我感兴趣的，只要我认为对的，我都尽我最大努力做得更好。

我从来没有对我的未来失去希望，因为我自己深信不疑，曾经上初三的时候，我对我的同桌说，18岁之前，我要去美国留学，虽然这事已经过去有些日子了，但这已经成为我的一个梦想，上初三那年我16岁。

去美国，是我的一个梦想，我想要亲自体会一下美国的教育和美国的社会，因为只有亲身体验，才能真正感受到中美两国的不同。

我想要彻底改变中国的教育制度，这也正是我要去美国的原因。当然，中国的教育制度不是凭我一人之力能改变的，但我相信我能为您提出更好的

建议，也请您相信我。

借我一双翅膀，让我可以拥抱蓝天！

最后，我想再说一句，只有将知识创新转化为科技，再将科技转化为产品，才能使中国立于不败之地，所以，必须彻底改变中国的教育制度，而且越快越好！

河北省宁晋县河渠镇马家庄村　赵仲航

2011 年 5 月 21 日

从"钱学森之问"到赵仲航的质问教育制度，从"为什么我们的学校总是培养不出杰出人才？"到"我敢说别人不敢说的话，我相信我能为您提出更好的建议"，一个是钱学森生前的疑问，钱老的临终遗言，一个是中学生下决心要与中国教育诀别，去"拥抱蓝天"，非常沉重，却不容我们回避。与其说"钱学森之问"成为中国教育界有识之士关注的焦点，是关于中国教育事业发展的一道艰深命题，需要整个教育界乃至社会各界共同破解，那赵仲航的教育制度质问，"而现在，中国教育的弊端在于学生对学习缺乏兴趣，课堂上更多的是老师讲，学生听，缺少一个探索与发展的过程，学生学习很多的情况下是被迫的，教育的根本不是被动的灌输，而是一个探索的过程，经过探索和联想创造出新的知识"，恰给我们的基础教育改革、中国的课堂敲响了警钟。

在教学工作中，经常听教师议论："现在的学生太懒了，学问学问，随学随问。可学生就是不问，即使不会也不问，真拿他们没办法。"传统的课堂教学模式造成了学生对教师既迷信又崇拜，学生对困惑既渴望、质疑但又害怕"出错"。思维活动总不能跳出我们教师预先设计好的"圈子"，同时又生怕因为质疑遭到教师的训斥。因此学生已习惯于被动地、无条件地接受知识（哪怕是错误的），不敢向教师质疑，更不敢向课本质疑。

"发现和提出问题是从事创造性思维活动的前提。问题教学是教师课堂教学中的重要手段"，刘莲香老师认为，教师在教学中，要有意识地创设"问题情境"，培养学生的问题意识，引导学生进入"情境"，让学生在发现问题、明确问题、阐述问题、组织问题和解决问题的过程中，培养创造性思维能力。教师要根据反馈信息，不断调控教学程序，优化课堂教学。她说：

"教师在选择教材时，选择的材料要具有针对性，应具有时代气息，应具有新颖性、趣味性，这样，学生在'问题情境'中，往往能产生问题。但从问题的产生到提出，学生会受到各种因素，主要是心理因素的制约，而这些制约都禁锢着学生，让学生有问题也不敢问，久之学生就会无疑可问，再也不能提出问题。因此，教学过程中，必须为学生创设一个宽松和谐、安全民主的心理环境，消除学生的紧张感、压抑感和焦虑感。"❶

在教学过程中，学生为什么不爱提问、不善于思考、缺少质疑的勇气和能力呢？正如赵仲航所说："中国的老师不行，这些人都是传统体制下的产物，根本没有接受过创新教育，只要应试教育不改，一切荣辱都与分数牢牢挂钩，孩子上学只为一件事，考个好分数，将来上个好大学，这样，无形之中就把孩子的想象力、天赋和灵性扼杀在摇篮之中。"教师的课堂教学设计和课堂教学过程抑制了学生的"质疑能力"，教师受教学任务和升学的压力，虽然在教学观念上有了较大的改变，但是在教学设计和过程中，教师注重的是如何提问，老师们在如何提问使学生思维深入，最后理解和掌握所学知识上下了工夫；此外，教师在课堂教学中经常犯错，喜欢讲的头头事到，而没有给学生留有充足思考的余地，教师的高高在上，太过于严肃而缺少与学生的平等、交流和沟通等；再有就是学生的学业负担过重，学生缺少思考和质疑的时间。总体归纳起来有三方面影响学生的"质疑能力"：师生情感交流和互动的不和谐、学生的学习动力和教师的课堂教学理念以及思想的不和谐、学生的认知水平和教师的课堂设计要求等不和谐。

第三节　教学模式研究，有意义的创造

一、教学模式的基本含义

"教学模式是构成课程和作业、选择教材、提示教师活动的一种范式或

---

❶　资料来源：刘莲香，《创设问题情境　优化课堂教学》，"北京教育丛书"征文。

计划。"❶ 实际教学模式并不是一种计划,因为计划往往显得太具体,太具操作性,从而失去了理论色彩。将"模式"一词引入教学理论中,是想以此来说明在一定的教学思想或教学理论指导下建立起来的各种类型的教学活动的基本结构或框架,表现教学过程的程序性的策略体系。

"模式"一词是英文 model 的汉译名词。model 还译为"模型"、"范式"、"典型"等。"教学模式"一词最初是由美国学者乔伊斯和韦尔等人提出的。他们认为,"教学模式"是构成课程的课业,选择教材,提高教师活动的一种范式或设计。在我国,到 20 世纪 80 年代中期才开始介绍国外教学模式的理论,并进行研究和实践。

所以,我们认为,教学模式是指在一定的教学思想指导下,围绕教学活动中的某一主题,形成相对稳定、系统化和理论化的教学模型。

二、教学模式的建构意义

变革最初都是从渠道开始。任何组织要想取得成功,都必须拥有一套自己的事业拓展渠道。这个拓展渠道归纳起来,大抵都成为模式。什么是模式? 据辞典解释是"某种事物的标准或使人可以照着做的标准样式"。我们认为,所谓模式,就是模板构建的程式。所谓"模板",就是模本、规范、标准;所谓"程式",就是讲究一定的格式,讲究程序安排,程序、程控、标准样式。模式都具有一定的标志,这个标志呈现醒目的特征,并且能贯穿始终。模式具有功能性特征。功能性是指模式可以作为母体和基座,是附着体,发挥吸盘效应。

课程改革作为教育规律的深度把握,最大优势也在于渠道,老师们天天战斗在一线,是课程改革研究的集结点,课堂模式建构刚好适应了这种转型的需要。在教学模式设计上,如何找到优质模板来嫁接比较困难,因为优质模板是学校的一种文化,如果嫁接房山,就会出现水土不服。为减少工具对冲,明白的校长,大多数是建立一个管理的组合。或者说是一个管理优势的整合,这有两个基础工程的建设,一个是课堂模型,一个是教学管理系统。

---

❶ 资料来源:【美】乔伊斯、韦尔,《教学模式》。

第一，学校一定得珍惜自己长期积累的课程改革资源；第二，学校自己设计模式要有一个风险周期，而且要对这个模式进行一个风险估计；第三，"鸡蛋不要放在同一个篮子里"，在对教师教育的同时，要对他们的优势进行合理组合，并通过这个组合匹配它现在风险承受的能力；第四，有模不能唯模，有模要走向无模。

"天不生仲尼，万古如长夜。"抽茧拔丝探寻教学模式背后的真正动因，寻求模式建构的真谛，探索、创造、架构、完善我们本土的模式。

模式是竞争的产物，没有竞争就没有模式构造，没有激烈的竞争就没有强势招牌，不参与相关竞争，模式就不可能打磨成功。模式是一种错综复杂的象征。它是基于属性、名称、历史、结构、声誉、文化的无形综合。模式不是模型。所谓模型，有 3 层含义：依照实物的形状或结构按比例制成的物品，多用于展览或实验；铸造中制砂型用的工具，大小、形状和要制造的铸件相同，常用木料做成；用压制或浇灌的方法使材料成为一定形状的工具。

建构模式如同打造品牌一样，要体现 4 个维度：第一是"高度"，即模式为谁服务，为学校发展服务，为区域教育质量服务，这要有一定的高度；第二是"长度"，任何一个模式都要经得起历史的检验，这就需要一种坚持，投机取巧，见利忘义（或见义忘利），成不了大事，不要奢望今天去了杜郎口了，去了洋思了，去了天津或河北了，明天就成自己的模式了，要有了，也不可能长久。第三是模式建构需要一种"宽度"，是模式的内涵与外延的丰富性；第四是建构模式需要厚度，是天长地久、日积月累造就的厚重与博大。

三、教学模式的基本结构

教学模式通常包括 5 个因素，因素之间有规律的联系着，形成教学模式的结构（图 3-1）。

1. 理论依据

理论依据也称教学思想，教学模式是一定的教学理论或教学思想的反映，是一定理论指导下的教学行为规范。它是教学模式所赖以形成的基础，为教学模式提供理论基础。不同的教育观往往提出不同的教学模式。比如，

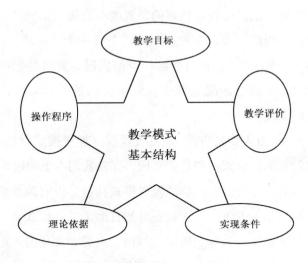

图 3 - 1　教学模式基本结构

概念获得模式和先行组织模式的理论依据是认知心理学的学习理论，而情境陶冶模式的理论依据则是人的有意识心理活动与无意识心理活动、理智与情感活动在认知中的统一。

2. 教学目标

任何教学模式都是指向和完成一定的教学目标，在教学模式的结构中教学目标处于中心地位，是核心要素，并对构成教学模式的其他因素起着制约作用，它决定着教学模式的操作程序和师生在教学活动中的组合关系，也是教学评价的标准和尺度。正是由于教学模式与教学目标的这种极强的内在统一性，决定了不同教学模式的个性。不同教学模式是为完成一定的教学目标服务的。

3. 操作程序

实质在于处理好师生针对教学内容在时间序列上的实施。每一种教学模式都有其特定的逻辑步骤和操作程序，它规定了在教学活动中师生先做什么，后做什么，各步骤应当完成的任务。

4. 实现条件

实现条件是指能使教学模式发挥效力的各种条件因素，如教师、学生、教学内容、教学手段、教学环境、教学时间等。以师生组合为例，目前各种教学模式在师生地位、作用和关系方面，可分为3种：以教师讲授为主；教师启发、引导学生动脑、动口、动手去获取知识；以学生自学，自己活动为主，教师提供一些帮助和辅导。

5. 教学评价

教学评价是指各种教学模式所特有的完成教学任务，达到教学目标的评价方法和标准等。由于不同教学模式所要完成的教学任务和达到的教学目的不同，使用的程序和条件不同，当然其评价的方法和标准也有所不同。目前，除了一些比较成熟的教学模式已经形成了一套相应的评价方法和标准外，有不少教学模式还没有形成自己独特的评价方法和标准。

四、教学模式的特点与功能

1. 教学模式的特点

指向性。由于任何一种教学模式都围绕着一定的教学目标而设计的，而且每种教学模式的有效运用也是需要一定的条件，因此不存在对任何教学过程都适用的普适性模式，也谈不上哪一种教学模式是最好的。评价最好的教学模式的标准是在一定的情况下达到特定目标的最有效的教学模式。教学过程中在选择教学模式时必须注意不同教学模式的特点和性能，注意教学模式的指向性。

操作性。教学模式是一种具体化、操作化的教学思想或理论，它把某种教学理论或活动方式中最核心的部分用简化的形式反映出来，为人们提供了一个比较抽象的理论及具体得多的教学行为框架，具体地规定了教师的教学行为，使得教师在课堂上有章可循，便于教师理解、把握和运用。

完整性。教学模式是教学现实和教学理论构想的统一，所以它有一套完整的结构和一系列的运行要求，体现着理论上的自圆其说和过程上的有始有终。

稳定性。教学模式是大量教学时间活动的理论概括，在一定程度上揭示了教学活动带有的普遍性规律。一般情况下，教学模式并不涉及具体的学科内容，所提供的程序对教学起着普遍的参考作用，具有一定的稳定性。但是教学模式是依据一定的理论或教学思想提出来的，而一定的教学理论和教学

思想又是一定社会的产物，因此教学模式总是与一定历史时期的社会政治、经济、科学、文化、教育的水平相联系，受到教育方针和教育目的的制约。因此这种稳定性又是相对的。

灵活性。作为并非针对特定的内容教学，体现某种理论或思想，又要在具体的教学过程中进行操作的教学模式，在运用的过程中必须考虑到学科的特点、教学的内容、现有的教学条件和师生的具体情况，进行细微的调整，以体现对学科特点的主动适应。

2. 教学模式的功能

中介作用。加强了教学理论与教学实际的联系。教学模式的中介作用是指教学模式能为各科教学提供一定理论依据的模式化的教学法体系，使教师摆脱只凭经验和感觉，在实践中从头摸索进行教学的状况，搭起了一座理论与实践之间的桥梁。教学模式的这种中介作用，既来源于实践，又是和某种理论的简化形式的特点分不开的。一方面，教学模式来源于实践，是对一定具体教学活动方式进行优选、概括、加工的结果，是为某一类教学及其所涉及的各种因素和它们之间的关系提供一种相对稳定的操作框架，这种框架有着内在的逻辑关系和理论依据，已经具备了理论层面的意义；另一方面，教学模式又是某种理论的简化表现方式，它可以通过简明扼要的象征性的符号、图式和关系的解释，来反映它所依据的教学理论的基本特征，使人们在头脑中形成一个比抽象理论具体得多的教学程序性的实施程序，便于人们对某一教学理论的理解，也是抽象理论得以发挥其实践功能的中间环节，是教学理论得以具体指导教学并在实践中运用的媒介。

方法论意义。教学模式的研究是教学研究方法论上的一种革新。长期以来人们在教学研究上习惯于采取单一刻板的思维方式，比较重视用分析的方法对教学的各个部分进行研究，而忽视各部分之间的联系或关系；或习惯于停留在对各部分关系的抽象的辩证理解上，而缺乏作为教学活动的特色和可操作性。教学模式的研究指导人们从整体上去综合地探讨教学过程中各因素之间的互相作用和其多样化的表现形态，以动态的观点去把握教学过程的本质和规律，同时对加强教学设计、研究教学过程的优化组合也有一定的促进作用。

五、教学模式的发展趋势

教学模式是教学活动的基本结构，每个教师在教学工作中都在自觉不自觉地按照一定的教学模式进行教学，只不过这里有一个采取的方法是否科学合理的问题。教学模式的发展趋势还是比较明显的。

从单一教学模式向多样化教学模式发展。自从赫尔巴特提出"四段论"教学模式以来，经过其学生的实践和发展逐渐以"传统教学模式"的名称成为20世纪教学模式的主导。以后杜威打着"反传统"的旗号，提出了"实用主义教学模式"，20世纪50年代以来一直在"传统"与"反传统"之间来回摆动。20世纪50年代以后，由于新的教学思想层出不穷，再加上新的科学技术革命使教学产生了很大的变化，教学模式出现了"百花齐放、百家争鸣"的繁荣景象。据乔伊斯和韦尔1980年的统计，现在教学模式有23种之多，其中我国提出的教学模式就有10多种。

由归纳型向演绎型教学模式发展。归纳型教学模式重视从经验中总结、归纳，它的起点是经验，形成思维的过程是归纳。演绎型教学模式指的是从一种科学理论假设出发，推演出一种教学模式，然后用严密的实验来验证其效用。它的起点是理论假设，形成思维的过程是演绎。归纳型教学模式来自于教学实践的总结，不免有些不确定性，有些地方还不能自圆其说。而演绎型教学模式有一定的理论基础，能够自圆其说，有自己完备的体系。

由以"教"为主向重"学"为主的教学模式发展。传统教学模式都是从教师如何去教这个角度来进行阐述，忽视了学生如何学这个问题。杜威的"反传统"教学模式，使人们认识到学生应当是学习的主体，由此开始了以"学"为主的教学模式的研究。现代教学模式的发展趋势是重视教学活动中学生的主体性，重视学生对教学的参与，根据教学的需要合理设计"教"与"学"的活动。

教学模式的日益现代化。在当代教学模式的研究中，越来越重视引进现代科学技术的新理论、新成果。有些教学模式已经开始注意利用多媒体，教学条件的科学含量越来越高，充分利用可提供的教学条件设计教学模式。

六、各种教学模式比较及其运用建议

教学模式是教学理论的具体化，是教学实践的概括化形式和系统，具有多样性和可操作性，因此教师对教学模式的选择和运用是有一定的要求，教学模式必须要与教学目标相契合，要考虑实际的教学条件，针对不同的教学内容来选择教学模式，当然首先还是要了解有哪些教学模式，它们的基本程序是什么（表3-1）。

表3-1 各种教学模式的基本程序和运用建议

教学模式类型	教学基本程序	运用建议
传递—接受式（讲授法）	复习旧课—激发学习动机—讲授新课—巩固练习—检查评价—间隔性复习	在介绍讲解性的内容上运用比较有效，当期望学生在短时间掌握一定的知识去应试时比较可行，但长此以往必然造成一种"满堂灌"的教学模式，非常不利于学生的全面发展，从而培养出一大批没有思想与主见的高分低能者
自学—辅导式	自学—讨论—启发—总结—练习巩固	最好选择难度适合学生，学生比较感兴趣的内容进行自学，教师要有很高的组织能力和业务水平，讲师避免讲解，以多启发为主
探究式教学	问题—假设—推理—验证—总结提高	要尊重学生的主体性，创设一个宽容、民主、平等的教学环境，不要轻易地对学生说对或错，教师要以引导为主切不可轻易告知学生探究的结果
巴特勒的自主学习模式	设置情境—激发动机—组织教学—应用新知—检测评价—巩固练习—拓展与迁移	教师应该是一些研究型的教师，具有一定是教育学和心理学的知识，掌握元认知策略，就可以灵活运用这种教学模式
情景教学	创设情境—确定问题—自主学习—协作学习—效果评价	创设情境，适时抛出问题，注意情境感染与熏陶作用
现象分析模式	出示现象—解释现象的形成原因—现象的结果分析—现象的解决方法分析	教师要调动学生的思维，让他们去发现现象背后的规律；选取的现象要具有一定的典型性，能揭示背后的规律

续表

教学模式类型	教学基本程序	运用建议
加涅模式	九步教学法：①引起注意；②告知目标；③刺激回忆先决条件；④呈现刺激材料；⑤提供学习指导；⑥引发业绩；⑦提供业绩正确程度反馈；⑧评价；⑨增强、保持与迁移	这9个阶段可分为准备、操作和迁移3个部分。准备的教学事件是引起注意、告知目标、刺激回忆先前的知识；操作的教学事件是呈现刺激、提供学习指导、引出行为、提供反馈；学习迁移的教学事件是评价行为、促进保持与迁移
概念建构模式	教师选择和界定一个概念—教师确定概念的属性—教师准备、选择肯定和否定的例子—将学生导入概念化过程—呈现例子—学生概括并定义—提供更多的例子—进一步研讨并形成正确概念—概念的运用与拓展	针对概念性很强的内容实施教学，课前教师要对概念的内涵与外延做很好地梳理
范例教学模式	阐明"个"案—范例性阐明"类"案—范例性地掌握规律原理—掌握规律原理的方法论意义—规律原理运用训练	比较适合社会科学中的一些原理和规律教学，范例有一定的代表性，最好能激发学生的兴趣

教学模式是从教学的整体出发，根据教学的规律原则而归纳提炼出的包括教学形式和方法在内的具有典型性、稳定性、易学性的教学样式。简洁地说就是在一定教学理论指导下，以简化的形式表现关于教学活动的基本程序或框架。教学模式包含着一定的教学思想以及在此教学思想指导下的课程设计、教学原则、师生活动结构、方式、手段等。在一种教育模式中可以集中多种教学方法。

任何模式都不是僵死的教条，而是既稳定又发展变化的程序框架。

七、教学模式的区域性创新行动

房山区教育委员会成立之初，通过"走进学校、走进教师、走进学生、走进课堂",经过多方位深入调研,在全区开展课堂教学改革的系列活动,发现全区新课程改革主要存在 5 个方面不足:①全区开展新课程改革工作不平衡,少数学校对课程改革认识不足,参与积极性不高,对新课程评价缺乏认识,尚在观望等待;②师资队伍建设有待提高,师资数量和素质不能完全适应课程改革的需要;③符合新课程理念的有效教学模式尚未建构;④有效的、可持续的教师培训机制尚未建立,校本培训问题较为突出;⑤缺乏健全有效的新课程实施过程管理机制。课程改革面前,"课堂是主渠道"得到共识。

各学校纷纷抓住课堂教学这个主阵地,把提高教学质量的着力点放在对课堂教学的管理与改革上,先后开展了"优秀教案评选"、"精品课"展示、"优质课"展评及"走进学校——课堂教学改革展示"等课堂改革主题活动。从开展研究性学习活动探索培养学生创新精神和实践能力的途径与方法入手,实现从注重知识传授转向注重学生的全面发展;从以教师为中心转向以学生为中心;从注重教学的结果转向注重教学的过程;从教师权威的教授转向师生平等互动,共同发展,极大地调动了学生主动学习的积极性,大幅度减少了教师的无效劳动;从统一规格的教学模式转向个性化的教学模式……

"十二五"开局之年,2011 年 3 月 22 日,由中学教育科牵头、区教科室为项目秘书、相关各学校主管校长为成员组成"房山区中学课堂教学模式"专攻项目组,旨在通过对中学课堂教学区域性主导模式、课堂评价、全程质量评价的调研,为房山区教委"十二五"科学发展提供决策信息,组织"课堂教学有效性"高峰论坛,为全区各中学提供典型经验、引领科学管理策略,成就区域性教育特色。区域化课堂教学主导模式建构实施"四顺"工程:顺藤摸瓜——顺着调研的线索深入探究,集思广益,由认识到认知;顺水推舟——自下而上,顺势行事而非见风转舵、矫揉造作;顺理成章——顺着条理,合着情理,以区(校)本特色、剔除糟粕,成就章法;顺天应人——顺应课堂规律、办学特色、人心所向,由认知到认同。它需要 3 个跟进,即科研跟进、培训跟进和行动跟进。基于其属性、名称、历史、结构、声誉、文化的无形综合。在剔除糟粕、成就章法阶段,按照教学模式包含的

5个基本因素看；从"1123"工作思路到"2222"工作目标，从内涵发展到集约办学，从山区搬迁到均衡推进，从3个聚焦到全程质量评价，课堂教学模式充分发挥其聚焦和吸盘功能，成为区域性课堂改革的着眼点、立足点、发力点，并在各部门实施对接（表3-2）。

表3-2　教学模式的基本因素与部门对接

基本因素	理论依据	教学目标	操作程序	实现条件分析	教学评价
部门	区教科所、教师培训处	中学教育科、中学教研室	中学教研室、教师培训处	中学教育科、教师培训处	区考试中心、中学教育科
对接内容	以教科研为基本途径，搭建理论探索平台，建立新型师生关系，转换教师角色	狠抓双基，落实三维	以基本功大赛为抓手，搭建技能提升平台，探索新的教学模式，实施课堂教学质量标准，选择恰当的教学手段	以课程改革为载体，加强专业引领，明确教师职责，挖掘课堂资源，重视教学环境建设，转变课堂教学管理内容与方式	落实课堂教学的监控与评价

　　从区域内教学模式的操作层面上看实践策略。学案导学法更能发挥学生的自主性和创造性，培养创新能力和思维能力；有利于教师因材施教，培养学生自主学习的能力；有利于学生之间相互合作，培养学生的民主与合作的精神。步骤环节式教学从巴特勒的"七段"到"五步教学法"再到全区的"六环"法、"四环八步"法；从时间上又有把课堂45分钟进行"30+15"（周口店中学）、"10+35"（杜郎口中学）、"35+10"（岳各庄中学、青龙湖中学）、"5+10+30"（石窝中学）等分段分步；根据学科性质、教师、学习者和环境因素等将教学进程安排成若干个步骤。利于唤起学生注意，有利于教师清晰地讲授新教材，利于增加新旧知识形成联系，帮助学生进行抽象、概括、应用新知识。小组合作学习打破了传统课堂教学模式下的僵局，给课堂注入新的活力；树立了中等生和后进生的信心，形成"让每一个学生进步"的教学氛围。当然，小组合作学习还有许多不尽如人意、有待完善的地方。

模式，会被认为教学将受到束缚，但没有规矩不能成方圆，模式有时就是规矩。就讲授法来说，对青年老师无疑可以加速其课堂教学水平的提高；对有经验的教师来说，它又树立了标杆，让你能有比较、反思，无疑对自身教学风格的形成也有巨大的推动作用。无模时要有模，有模到成熟阶段时不能唯模，要跳出旧模，形成无模也就形成了个人教学风格。

第四节　初步呈现课程改革新景象

在北潞园学校，课堂定位在六大地位和功能。学校认为：①加大对课堂的管理就是聚焦了学校管理的核心作用。如果全校师生都能聚焦课堂，把课堂管理好了，学校的管理水平就是达标的，管理者也是合格的。②课堂折射一个学校管理的水平。当你走进一所学校的课堂，观察一下教室的文化布置、师生的仪容仪表、师生的精神状态、课堂的理念及新课程标准的执行情况，基本就能评判一个学校的管理水平。③课堂是育人和提高学业成绩的主渠道。因为学生一天8节课都在课堂，师生的交流也主要在课堂。④课堂是教师专业技能提升的主阵地。教师自学、听讲座、教研对教师的专业精神、专业知识提升帮助很大，但教师的专业技能必须在课堂上历练。⑤课堂是学生个性展示的主舞台。学生个性的张扬、观点的表达主要靠教师在课堂上创设情景和提供机会。⑥课堂质量的高低决定学校综合实力、师生生存质量的高低。由此得出，要实现发展方式从外延型向内涵型转变，必然要在课堂的主战场上做文章。

"花小者可大，瓣单者可重，色红者可紫，实小者可巨，酸苦者可甜，臭恶者可馥，是人力可以回天，惟在接换之得其传耳。"（陈扶摇，《花镜》）在赴山东、江苏、河北、天津等多省市课堂考察之后，在对本区学校常态教学现状认真全面地分析的基础上，研究总结了本校大量的高效课堂教学行为，结合现代教育理论研究成果，北潞园学校指出以实际行动落实课堂改革。①教师充分发挥学生探究学习的积极性、主动性，创设情境，提出问题。重视利用有效的知识铺垫，引发学生实现知识的正迁移，创设有价值的问题情境，让学生感受问题、发现问题、提出问题。教师可从以下几个方面诱导学生寻找问题并提出问题：在教师创设情境中寻找问题；在课题上寻找问题；在知识的生长点上寻找问题；在课本结语处寻找问题；在新旧知识异同点上寻找问题；在知识应用上寻找问题；在学生身边的生活中寻找问题；在解题策略多样性上寻找问题等。同时，还要诱导学生提出有价值的问题，启发学生积极思维，引导学生主动探究。②引导学生自主探究，分析问题。知识的发生、发展和形成过程与学生主动参与的探究活动是分不开的。两者在教学中是辩证统一的关系，相互作用，相互依存。教学过程体现了知识的发生、发展的来龙去脉，展示、暴露学科思维活动以及思维方式方法，这种思维方式方法的获得恰恰是学生自主探究的基础。提出问题并不等于分析解决问题，还必须引导学生根据自己的体验，通过观察、实验、猜想、验证、推理等方式自由地、开放地去探究、发现、加工信息、分析问题，为解决问题打下坚实的基础。在教学过程中教师应做到：创设一个自主探究的氛围。教师要给学生提供广阔的时间和空间，让学生自主、自由地活动，焕发主体意识，变传统地、被动地接受式学习为积极、主动的探究式学习；创设一个思维发展的环境。教师要引导学生在阅读、反思中发现新的结论；在分析对象和问题的过程中，探究解决问题的思路和规律；在一题多解、一法多用中，对探究的问题引申、推广、发展和迁移；在实验—归纳—推广或类比—联想—预见中，探究结论形成的过程；创设一个形成智慧的过程。我们不提倡归类式的死记硬背，但我们不应丢弃归类后的问题解决策略的总结。策略是本质的东西，是经验的总结，是思想方法。不死记硬背，就是要让学生参与某类知识形成与发展的过程，经历了过程，印象就深刻得多，对某类知识就会理解得透彻，对其本质就清晰明了许多，解决问题时大脑中就有了模块，有了程序，有了思想方法。其实，学生在学习活动中掌握策略的过程也是积累经验、形成智慧的过程，这样学生的学习过程也就成为基于问题引领下的自主探究过程。③在交流中分享、解决问题。知识展开问题化，就是将知识的发生、发展和形成过程变成一系列问题，利用问题来引起学生的求知欲，引起学生主动参与研究与探索，这就需要师生、生生间相互交流信息，

尤其是让学生有发表自己看法的机会，在分析和交流过程中去分析问题、理解问题、解决问题。教师要做到：给学生提供合作学习的时空；鼓励学生大胆发表自己的见解；调控课堂，构建师生间、生生间多向多维的交往方式；引导学生掌握学习方法，提高解决问题的能力。④通过实践运用深化问题。让学生运用所学知识解决一些学科内新的问题或日常生活中的实际问题，使学生经历自我评价、师生评价的过程，反馈、矫正"三维目标"的达成情况，巩固、深化对所学新知识的理解与掌握，举一反三，灵活运用。教师应做到：学生训练的问题要"选得精"、"练得活"，要有明确的目的性、针对性、典型性和启发性；教师点评"要精辟"、"要得法"，让学生能感悟到知识的来龙去脉和分析处理问题的方法，要针对学生思路阻塞的地方，指点思考方向，揭示知识的关联，将那些不易被学生想到的隐性问题挖掘出来。

2010 年 5 月，北潞园学校制订了《北潞园学校关于进一步深化课堂教学改革的意见（征求意见稿）》，进一步强调了"学案"导学、目标解读、小组学习、课堂展示、穿插巩固、检测反馈等课堂环节和实施策略。比如，在编写"学案"导学，引发学生自主学习上，意见详细指出"学案"编写体现内容问题化，问题层次化的原则性和完成要求；并指出，各学科可根据实际情况，采取课前或课上时间指导学生完成"学案"，同时，加强学法指导，加强阅读、分析、笔记、表述等方法指导。要求学生要备好与"学案"导学相关的上课用品：活页夹、双色笔、错题本等。

一年多来，北潞园学校呈现出课程改革实质性落位的新景象。一是课堂教学更多地体现了新课程理念。绝大多数课堂教学过程中师生积极互动、重视学生学习主体性的发挥，普遍以问题式和启发式为基本教学思路，能够给学生思考和表达的机会，试图最大限度地调动学生的学习积极性和主动性，教学方法更加灵活多样，注重学生的学习方法的培养，课堂的生动性增强。二是老师们更加重视课堂的有效性。绝大多数备课充分，教学目标明确，问题设计有效，活动设计有意，多种方式提高学生的参与度，讲练结合，教学设计和实施均体现了教师对课堂有效性的重视。三是学科教研更多地显现集体智慧。各教研组均重视集体教研，学科导学、备课资料、备考信息等质量高、数量全，不仅显现了集体研究的智慧，而且展现了教师队伍良性的发展。四是德育工作呈现新景观。新课程以来学校对德育工作不断加强和创新，系统化设计和有效实施在校园文化和班级文化建设中得以呈现。

下面是《北潞园学校关于进一步深化课堂教学改革的意见（征求意见稿）》的具体内容：

各位老师、班主任、教研组：

我校于 2007 年提出"问题引领、自主探究"的教学模式，极大推动了我校的课堂教学改革的发展，经过干部教师不断地学习探索，现在，对教学模式进行进一步的提升和完善。

一、"问题引领、自主探究"的课堂教学模式主要环节包括："学案"导学、目标解读、小组学习、课堂展示、穿插巩固、检测反馈等。

二、具体实施办法

1. 揭示目标，解读目标

（1）以知识技能目标为主，准确、简明、具体，一般不超过两条。

（2）解读说明学什么，怎么学，学到什么程度。

2. "学案"导学，自主学习

（1）"学案"编写体现内容问题化，问题层次化原则。学习内容应包括"双基"内容、理解内容、技能内容、提升内容。辅以知识链接、学法指导、任务安排等内容，为不同层次学生提供不同的学习内容。

（2）"学案"完成要求。"双基"内容 100% 完成；理解内容 90% 完成；技能部分 80% 完成；提升部分 50% 完成。用双色笔呈现学习成果和主要问题，成果用黑色笔，问题用彩色笔。

（3）必须合理设置检测环节，检测题可设计为 A、B、C 不同层次的内容。教师对当堂检测成绩进行统计反馈。落实"节节清"教学原则。

（4）"学案"完成。"学案"可提前一天下发，供学生家庭完成。年级可根据实际情况，将早晨、午自习、第九节课进行统一安排，进行 20 分钟具体指导。

（5）严把完成关。在"学案"使用前，任课教师要对"学案"完成情

况进行检查，抽样批阅，确保"学案"高质量完成。

（6）各学科可根据实际情况，采取课前或课上时间指导学生完成"学案"，同时，加强学法指导，加强阅读、分析、笔记、表述等方法指导。

（7）学生备好三件用品：活页夹、双色笔、错题本。

3. 合作学习，讨论解疑

（1）每组以学习效果最佳为宜，小组成员统一编号，由弱到强。

（2）班主任将本班各小组协商制订的小组学习要求，统一发给各任课教师，统一学习要求标准。

（3）小组学习流程：①独学（不允许交流），课前独学可省略此环节；②对学：站立一对一交流，不宜缺省；③群学：由组长组织小组讨论，发挥小组长的组织指导作用。

（4）一对一交流，建议大声站立讲，一对一对讲，把"双基"知识落实到位，教师采取恰当方式，对学困生进行检查。一对一对手组应具有帮扶、竞争、监督、评价等多项要求。

（5）课堂小组交流以同等层次学生交流为主，保证优生吃饱，课下以帮扶小组交流为主，保证整体提高。

（6）在小组讨论的基础上，根据学习情况，教师适时做好展示任务分配和展示准备，任务分配方法可采取报道站、随机抽号等形式。

4. 课堂展示，点拨升华

（1）在课前学习的基础上，各小组尽可能在课前完成展示内容的板书。

（2）根据实际情况，确定展示内容。宜放在重点、难点、关键点、易错、易混之处。随着学生能力的提高，逐渐加大展示的幅度和力度。

（3）牢固确立学生的主体地位。放手让学生展示，或个人或小组，要求声音洪亮、观点明确、言简意赅。让学生把问题说清楚、说透彻，教师不代讲，关键处点拨。

（4）确立教师的主导作用。①展示过程中教师要认真倾听，随时记录，随时捕获学生的"闪光点"和错误；②教师要及时点拨，教师的点拨要及时，含金量要高，在学生无法到达的地方"一语击破"，引导学生深入思考，发现规律。

（5）教师坚持"三讲三不讲"原则："三讲"是指：讲重点；讲难点；讲易错点，易混点，易漏点。"三不讲"是指：学生已经学会了的不讲；学生通过自己学习能够学会的不讲；讲了也不会的不讲。

（6）学习坚持无差错原则。不以对错为评价标准，只要参与就表扬，只要思考了就表扬，只要发言就表扬，只要有见解就表扬。

（7）展示之初，重点抓好展示参与度，提倡集体展示，提倡有分析、有思路、有总结、有提示等展示方法。

5. 穿插交流，整体提高

（1）对于难度较大、不易理解的问题，教师可设置此教学环节，鼓励学生跨组交流研讨、多层面研讨。

（2）指导学生做好笔记。

6. 反馈检测，人人过关

（1）引导学生自主做好课堂小结，对所学知识进行自主总结归纳，完善知识体系。

（2）严格落实5分钟监测制度，紧扣教学目标进行检测题。第一级检测以"双基"为主，A、B、C、D同等水平，不同内容。达标率要求为95%。第二级检测以提升为主，侧重考察能力，达标率为50%以上。

（3）做到堂堂清、日日清。如有听课，由听课人负责检测效果的登统，并把检测成绩作为课堂教学评价的重要指标之一。

（4）在整个学习过程中，力争30%知识通过自主学习学会，40%通过讨论交流学会，30%通过展示交流学会。

（5）在课堂检测的基础上，要适时、适当布置课外拓展题，提供与知识相关的背景性材料，布置实践探究性学习活动，对下一节"学案"学习进行指导等。

（6）逐步建立起导学探究、课堂学习、课外拓展的完整学习过程，形成系统完善的大循环学习体系。

三、班级文化建设促进课堂改革

1. 贯彻"四统一"原则

统一思想、统一要求、统一标准、统一行动，通过周例会，总结经验，

查找不足，明确研究方向。

2. 大力开展班级、小组、个人明星评比活动

活动以课改过程中的学习表现、学习成绩，以及表现出的特色为主要内容，方式兼顾定性与定量评价，结果进行表彰公示。

3. 落实晨会制度

每周一早晨7:20初中学生例会，总结上周学习情况，表彰先进，指正不足，宣讲本周攻坚研究内容，以及评比办法。

4. 落实"四坚持"制度

（1）坚持"巡课"制度，不同层次的存查结果在不同专栏中公示；

（2）坚持抽验制度，每周初中部收取若干学科学案，对学生学习情况进行抽查，结果作为班级、教师、学生的教与学成绩的得分，并纳入评比之中，要求同标准6。

（3）坚持座谈会制度，加强师生间的教与学沟通交流；

（4）坚持"家校合一"教育制度，齐抓共管，抓好落实。

5. 各科教师做好评价

各班每日利用下午5:50~6:00的时间，做好"日评价"，任课教师参加，两班可交替。如有辅导待讲评之后实施。

6. 年级开展"周评价"活动

时间可安排在周一下午第四节课班会时间，由年级组长总结一周学习情况，表扬先进，指出不足，提出要求。

7. 初中部教学专栏

设本周攻关目标：本周学校重点研究落实的教育教学目标；教师风采，展示优秀"学案"；班级评比结果，评出明星班级，明星年级；检查公示栏，包括教师和学生的上课检查结果，并附以反思。年级挑战栏：挑战对象，挑战书，挑战誓言等。

8. 年级专栏

设本周年级重点研究落实的教育教学研究目标；教师风采展，展示优秀"学案"；班级评比结果，评出明星班级；检查公示栏，包括教师和学生的上课检查结果，并附以反思。班级挑战栏：挑战对象，挑战书，挑战誓言等。

9. 班级学习专栏

设本周班级重点研究落实的教育教学研究目标；当日评价：根据当日得分评选出明星小组；公示栏：根据各级检查，公布检查结果，并附个人反思；学习成果：各项学习成果展示；小组对抗：对抗小组名单，挑战内容，个人誓言。

四、其他推进措施

（1）以课堂质量全程评价方式，推进课改工作深入开展。

（2）重点考察：学校课堂教学模式的运用、突出特色及实际教学效果。

（3）评价结果作为评优选先的重要依据。

北潞园学校

2010 年 5 月 17 日

第四章

"问题引领、自主探究"的理论探源

　　我们主张必须有一个实际的经验情景，作为思维阶段的开始，思维起于疑问。疑问是发现问题的信号，是解决问题的前提，是形成创新思维的起点。有了疑问，学生就不再依赖于既有的方法和答案，不轻易认同别人的观点，而是敢于摆脱习惯、权威的影响，打破思维定势的束缚，敢于用一种新颖的、充满睿智的眼光来看待事物、力求通过自己的独立思考和判断发现新问题并提出自己的独特见解。

——杜威

　　We claim there must be an actual experience scene as the beginning stage of thinking. Thinking starts from query. Query is the signal of finding questions, the prerequisite for problem-solving and the starting point of forming innovative thinking. With query, students will no longerrely on existing methods and the answers, no longer easilyagree to the views of others, but dare to get rid of the influence of habits and authority, dare to break the bondage of thinking. They dare to look at things with a new and wise view, strive to find new problems and put forward their own unique idea through their own independent thinking and judgement.

——John Dewey

    问题是当主体没有直接的、现成的、明显的、确定的方法、想法或途径可遵循以达到目标时所处的情境或景况。问题是一种矛盾，一种空缺，一种差距。它最能激发人的思维。1966年白拉克（Bellack）等研究指出："教学序列的核心就是教师的提问和学生的回答，另外还有教师对学生的回答作出的反应。"其研究结果显示：教师要用72%的教学时间来提出问题，回答问题和进行评价。如果一课时以45分钟来计算，就是说每节课约有32分钟用于提问、回答和评价，由此可见提问、回答与评价所占用的教学时间之多。

    叶澜教授说过，课堂教学蕴含着巨大的生命力，只有师生们的生命活力在课堂上得以有效发挥，才能真正有助于学生的培养和教师的成长，课堂教学才有真正的意义。"问题引领、自主探究"教学模式是以点拨为教、探究为学的一种"双主式"课堂教学模式。"点拨"是指教师以问题设计理念为主线，创设问题情境，引领学生积极思考，激发学生主动参与，不断调节学生的学习行为，让学生在问题中探究，在探究中获取知识，在知识迁移中发展能力。"探究"即为探索研究、探寻追究；"探索"就是多方寻求答案，解决问题；"追究"就是追问（根由）、追查（原因）。"探究"的意义在于让学生经历知识产生、形成和应用的全过程，通过他们亲身参与的实践活动和探究活动，获得学习活动的体验和经验，学到知识，解决问题。教师的点拨作用与学生的探究学习呈现互动状态，利用"教"与"学"的"双主性"提高课堂教学的有效性。

    问题可以表现为任务、机会、目标、挑战。一位老师在她的日记中写道："一连3次走入课堂，教学，反思，调整，再教学，再反思，我在曲折中感受着前进的快乐，同时真真切切地体会到任何一个先进的教学理念只有经过课堂实践的检验才能变成一种行之有效的教学行为，才会切实可行地促进每一位学生的成长。在这个漫长的过程中身为教师的我只有不断调整自己的教学行为才能实现自己的价值——做一名合格的人民教师"。

第一节　"问题"哲学，具有某种意义

一、经验和知识的本质是问题

"……什么是好的教育？系统地给学生提供自己发现事物的机会"，这是问题解决教学的积极倡导者波利亚对"好教育"提出的一个重要评价指标。它与我国的基础教育课程改革的某些理念是相通的，它是"问题解决"教学一个重要的操作依据和思路。

新课程改革以转变学生的学习方式为突破口，倡导以问题为中心的教学，引导学生通过高水平的思维来学习，通过"问题解决"来建构知识。对此，北潞园学校站在教学主体——学生的角度上来认识并探索课堂的活力因子进行"问题引领"的教改研究，让学生在问题中能有所发现和提高。

"问题引领"主要表现在教师的课堂组织方式上，即教师根据教学要求，将教材内容浓缩和提炼成系列的几个问题，并以此为主线设计和组织教学，引领学生的探索和认知。"问题引领"又叫发现法教学，其倡导者是美国心理学家布鲁纳，他在《发现的行为》中指出："发现不限于寻求人类尚未知晓的事物，确切地说，它包括用自己的头脑亲自获得知识的一切方法。"他提倡自己去发现问题、回答问题。北潞园学校把他的理论概括为在教学中通过"感知—提升—创造"的教学探究过程，实现课堂教学结构的优化和学生创新思维能力的培养。

问题的意义性和揭示性决定提出问题比回答问题还要重要。无论是问题，还是问答，其本质特性是开放性、不确定性（甚至是悬而未决）。否则，就是"虚假问答"。每一个问题必须途经这种使它成为开放的问题的悬而未决的通道才能实现其意义。每一个真正的问题都要求这种开放性。如果问题缺乏这种开放性，那么问题在根本上说就是没有真实意义的虚假问题。我们在课堂教学中总能看到这种过程或活动，究其原因，在于我们把课堂教学中的问题、问答仅仅当成传递确定知识的手段。当知识被当成"确定无疑"的东西时，教师和学生是不可能有自己的问题的，也不可能成为"真正的提问者"，这样的问题自然是"虚假问题"。因此，一个问题的提出，就是一个对被提问之物的探究邀请。在这里，没有人掌握真理或"确定答案"，只有对事物的多元理解以及互动中达成共识。问题对提问者和被提问者必须同样真实，而非提问者知道了"确定的答案"，等待被提问者去猜测。问题的开放性在于答案的不确定性，由此开启了被提问之物的新的可能性。

既然经验和知识的本质是问题，那么学科的本质也是问题。学科不是由一套固定的答案和结论所构成，而是由不断生成的问题所构成。或者说，我们实际上只有在已经理解的文本是对其回答的问题之后，才能理解文本。这意味着，对任何学科知识，如果不回到该知识试图回答的问题，我们不可能真心理解它。课程开发不仅仅是选择、组织、评价对学生有意义的知识的过程，还是回归并创设问题情景的过程。只有把知识与问题情景融为一体，这样的知识才可能被学习者所理解，也才可能产生意义。

在当前的教学实践中，尽管不乏真正的"问答"，但"虚假问答"却更为普遍。当教学中的"问答"仅仅是传递和储存学科知识的一种形式，仅仅是一种"教学操作"的时候，这种"问答"即为"虚假问答"。

"问答"的本质，在于"问题"与经验、知识、课程、教学的"五位一体"。杰出的哲学家伽达默尔指出："问题的本质包括：问题具有某种意义"❶ 而问题的意义则表现在"问题使被问的东西转入某种特定的背景中。问题的出现好像开启了被问的东西的存在。"由此看来，正是通过问题，"被问的东西"得以彰显、置身其中。任何事物、现象、经验或知识，如果没有被提问，其本身的存在就被遮蔽着，它也无法产生意义。因此，问题性是经验、知识和世界的根本特性。问题对经验和知识具有优先性。伽达默尔说："如果没有问题被提出，我是不能有经验的。"问题的决定是通向知识之路。也就是说，经验和知识的本质是问题。只有问题被提出，才可能有持续的探究过程，也才可能形成经验、积累知识、提高能力。

---

❶ 资料来源：【德】汉斯·格奥尔格·伽达默尔著，洪汉鼎译，《真理与方法》，上海译文出版社，1999年。

教师在教学过程中要做一个真正的"会话者"或"对话人",必须勇于承认自己的无知。因为一切问题和求知欲望都是以无知的知识为前提——这就是说,正是某种确切的无知才导致某种确切的问题。所谓"无知的知识",是指一个人的确意识到并坦诚承认自己对任何事物、现象和知识都有不知道的方面。正是"不知道"引领我们不断走进、持续探究。教师承认自己的"无知"、具备了"无知的知识",那么,课堂上就充满了对教师而言同样真实的问题,教学对教师而言就是真实的探究,学生就不再是被教师"教"的对象,而是教师真实的"合作探究者",在课堂上持续进行的真实的"问答"中,教师的专业成长和学生的个性发展融为一体。

二、用问题引领课堂教学

为什么要以"问题引领"课堂教学?大哲学家罗素和维特根斯坦的故事告诉我们:人类的智慧源于人们的惊讶,源于人们对实践的追问和对世界的思考。失去问题,我们的智慧将成为无源之水、无本之木。所以我们的课堂要在与学生的互动中不断生成问题、分析问题、解决问题直至产生新的问题,如此循环往复我们的课堂才能成为智慧的海洋,师生的思想才能产生共鸣,碰撞出智慧的火花,教学才不至于沦为枯燥无味的事情。

"质疑"也是一种能力。是人们在认识活动中经常思考的难以解决的问题,并产生一种困惑、探索的心理状态,这种心理状态促使个体积极思维、主动探究,不断提出质疑、分析释疑,不断总结的能力。表现出勇于追求真理的怀疑精神和创新精神。

从大的方面说,是培养学生创新能力、建设创新型国家的需要。创新是一个民族的灵魂,是一个国家兴旺发达的不竭动力。科技、教育和人才是构建区域核心竞争力和增强持续创新力的关键。建设创新型国家,首先要有创新型人才,创新型人才的培养从基础教育着手,从娃娃抓起。在基础教育阶段,要培养具有创新精神和实践能力的人才,关键是学而善思,在学习过程中不断质疑,提出为什么?只有认真思考和钻研的学生,才会在学习过程中有问题产生。在课堂教学过程中培养学生的"质疑能力",摒弃了学生作为一种单纯性接受知识的机器,而是以学生发展为本,使学生成为一个和谐发

展的人，使学生对价值（社会准则）有所理解并产生热烈的情感，这是最重要的培养创新型人才之需，又是建设创新型国家之需。

从课程改革的根本意义上说，是为促进学生主动探究，推进课程改革的需要。2001年国家全面推进新课程改革，提出了"以学生发展为本"、转变教师的教学方式和学生的学习方式，新课程改革中学生学习方式的特征是"主动参与、乐与探究、交流与合作"，注重学生学习的过程，主动参与到知识的形成过程中来，体验科学家的发明过程，也就是给学生创造一种"在做中学、在尝试中学、在体验中学"等多种不同的学习方式。

从学生终身发展来说，是让学生学会学习，促进学生发展的需要。教师在教学过程中的作用是为学生的认知过程和学生的发展提供各种有利条件和各种有效的方法，在教学过程中培养学生"质疑能力"是帮助学生学会学习，让学生在认知过程中大胆质疑和思考，使学生养成勤思善辩的学习习惯，充分体现学生是学习的主体，同时提升学生思维的敏捷性和思维的深度，进一步培养学生的创新能力和实践能力。教育的最高境界是"教是为了将来不教"。培养学生的质疑能力对全面提高学生的学力，把握学习的规律、拓展学习视野、主动涉猎、激发学习的潜能是有促进作用和发展前景的。

从课堂主导功能上讲，"问题引领"有利于教师智慧的开发利用。教师课堂教学设计始终是教育改革的热点，新课程要求教师转变教学观念，掌握新的教学方法和教学技能，教师不能仅是一个管理者、传授者、主导者和仲裁者，而要成为学生活动的设计者、组织者、参与者，充分挖掘教师的教育教学智慧，设计和构建民主、平等、合作的学习氛围，使教育教学告别"功利时代"，而形成一种生动活泼的教学活动，形成一种体现学生主体性的教学活动，形成一种宽松又有探索性的教学活动，形成一种促使学生个性发展的教学活动，培养学生具有可持续发展的基本素质——健康身体、求知欲、自信、自主、合作、一定思辩能力等。对教师提出的要求更高，教师必须提升自己的教学能力，不断学习教育教学理论，不断提高自身的教学设计能力，把教师的聪明才智运用于课堂教学实践中，真正成为学生学习上的引导者和生活上的领路人。作为一种教学模式要不断探索、研究，特别是教师要加强课后的反思、总结。经过一段时间的实践，老师们发现不自觉地预设问题太过功利化，容易限制学生的思维。"问题引领"的最高境界是学生自己发现问题，并且是分析、解决问题的主体。这就要求教师课前认真设计，在引导上下工夫；课后在反思总结基础上加以提升。

用"问题引领"课堂教学，是提高课堂效率的体现，更是实施素质教育、培养创新型人才的要求，要不断学习、研究、创新，推动课堂教学的改革。

"问题解决"教学的终极目标是培养有效的问题解决者❶。为此，"问题解决"教学必须使学生掌握坚实的基本知识（能够深层理解并运用知识）、提升其思考技能（能够分析与综合信息等），发展其研究能力（能够搜集、处理和利用信息等），精炼其沟通技术（学会表达、说服、多媒体呈现等），强化其合作的社会技能（学会倾听、处理好角色关系、具有团队精神、民主素养等），增强其学习能力（会利用自己的智慧强项解决问题，会反思等），促进其实践能力（动手操作）和创新精神（能以灵活、多样、新颖、非常规的方式解决问题）的发展等。

学生"问题解决"的能力培养主要是指学生自主解决问题能力的培养，一方面取决于学生自身的知识能力背景，另一方面与教师的教学策略和方法密切相关。

三、正确的质疑是思维的开始

学起于思，思源于疑，问题是思维的源泉，更是思维的动力。所谓小疑有小进，大疑有大进。从某种意义上讲，提出一个问题往往比解决一个问题更为重要，勇于质疑、勤于质疑、善于质疑是一种良好的思维习惯，因为任何发明创造总是从"发现问题"开始的。善于发现问题，提出质疑，进行释疑是思维的批判性高的重要表现。质疑不仅是思维的开始，正确的质疑往往还是成功的开始。

1. 围绕主题提出的问题

围绕主题设疑、质疑的过程就是发现和提出问题的过程，而问题的发现和提出是创造的起跑线。教师在课前针对所讲内容设计若干问题，在授课中

---

❶ 资料来源：陈爱芯，《课程改革与问题解决教学》，首都师范大学出版社，2004 年。

有意识地向学生渗透问题意识，使学生树立明确的问题概念，引导学生在教科书中发现问题、提出问题。注意创设浓厚的探究气氛。教师在教学过程中，要努力创建课堂情景，构建浓厚的探究问题的教学氛围，想方设法（如出谜语、即兴表演等）调动学生的学习激情。在赵君毅老师的科学课上，赵老师结合生活、生产和当前科学技术发展中的实际问题设疑。围绕"如何把一杯浑浊的水变得清澈"、"如何证明汽水中的气体是二氧化碳"、"猜想食品包装袋中的是什么气体"等主题设疑质疑并设计实验证明等。让学生体验后回答上述问题，可以很好地激发学生强烈的求知欲。利用生活中的实例激疑，让学生心生疑窦，可激起同学们浓厚的学习兴趣。化学是一门以实验为基础的自然科学，通过实验设疑可以模拟或再现知识的形成过程，使学生加深对知识的理解。例如在讲燃烧与灭火的条件时老师围绕主题设计了如下实验：

实验一：两棉球分别蘸有水和酒精，然后在酒精灯上点燃，蘸酒精的燃烧了而蘸水的没燃烧；

实验二：大小相等的两枝蜡烛，点燃，一支放在空气中，另一支放在倒扣着的玻璃杯中，放在玻璃杯中的渐渐熄灭了；

实验三：将两只空火柴盒（去外壳）一只放在酒精灯上很快点燃，另一只盛水后再放在酒精灯上却没有点燃。

通过上述对照实验，学生很容易得出结论，并且印象特别深刻。

2. 围绕重点难点提出的问题

就是要注意问题的质量和水平。所要探究的问题，都必须突出本课堂教学的重点和难点，问题要能够突出对学生综合分析、归纳能力的训练和培养，不要偏难和偏易，注意问题之间的关联和循序渐进。学生进入自学探究的关键阶段，此阶段不可以少于10分钟，要求学生在自学过程中，把"学、思、查、问"结合起来，对重点难点问题进行全面的自我探究。可以把全班学生分为若干小组，互相讨论，合作探究，老师巡回指导，适当点拨。突破重点难点问题要注意多鼓励学生畅所欲言，发表不同的意见。分小组发言，师生共同总结，得出结论。注重发挥学生的个性、特长，使他们在将来的成长、发展过程当中有更多的机会。比如，有些学生组织能力强，可以让他们担任小组长。有些学生善于收集资料，应多鼓励。有些学生善于逻辑推理，应多指点。有些学生善于综合表达，应鼓励其多发言。有些学生善于对问题另类思维，应多表扬，等等。我们在教学过程中，要注意发挥学生的特长，同时也纠正学生在思维过程中的偏差和不足，使学生得到充分、全面的发展。

3. 围绕方法提出的问题

"问题引领"的模式，势必要求学生在课堂上积极思考，学生不再是课堂上的记录员，而是问题的思考着，答案的表达者。长期的训练，使学生品尝到思考的乐趣，自然而然学生就养成了思考的习惯，同时经常在课堂上回答问题，学生的语言组织能力和表达能力都得以提高。

在课堂教学中采用"问题引领"教学，将生动鲜活的元素作用于课堂教学，就会使平淡的教学迸发出极大的魅力与活力，促使师生共入质疑、解疑境界，这是培养学生科学探究真理的有效途径之一，也是新形势下促进学生学习方式转变的有效方法之一。

第二节　自主探究，主体教育理论的哲学基础

主体教育理论认为：科学意义上的教学活动是以教师为主体的"教"的活动同以学生为主体的"学"的活动相互合作、相互影响、同步发展的认识实践活动。"教"的过程的主体是教师，客体是学生；"学"的过程的主体是学生，客体是自然界、社会与人类思维及其运动规律。教学实践的根本目的是培养学生主体意识与能力，建构学生在学习过程中的主体地位。

这是符合马克思主义关于认识主体的论述，人的主体性体现在主体的自觉性、创新性、自主性、交往性等。

所以在以"教学认识—实践论"和"学习认识—实践论"为指导确定提高课堂质量的基本策略应是：贯彻主体教育原则，通过构建自主探究教学模式，全方位构建学习主体。

随着新课程改革的不断深入，学生、教师及课堂教学都发生了明显变化。以往的"专制型"教学形式已经悄然而去，取而代之的是"民主型"课堂教学形式，学生在课堂上的"被动型"学习已逐步转变为"自主型"学习，"任务型"教学模式

深入课堂,倡导自主探究学习方式来提高学习的有效性。

"自主"学习是指学习主体有明确的学习方式,有学习的主动权和选择权。在学习过程中,教师要提倡学生充分自主学习,尽力做到:让学生明确目标;让学生发现知识;让学生参与过程;让学生选择内容;让学生掌握方法;让学生探究疑难;让学生自我检查;学生能提问的教师不先问;学生能描述的教师不替代;学生能自己创作的教师不示范。

"探究"学习是指学生在实践中进行学习,在学习中独立地发现问题,获得自主发展的学习方式。要求教师在课堂学习中,借助课堂情景,创设主动、互动、生动的学习局面,给各类学生提供适合各自发展的实践探索机会,让学生在实践探索中发现问题,培养探究问题的意识。在探究学习中,学生自己发现问题,探究解决问题的方法,通过各种学习途径获得知识和能力、情感和态度的发展,特别是探索精神和创新能力的发展。探究学习的主动性、独立性、实践性、体验性、问题性和开放性等主要特征都是以自主为前提的。在探究的过程中往往会涉及人力资源的开发与利用,有效地合作必然会加速探究的进程。可以这样说,探究学习是以自主学习为前提、以合作学习为动力的一种学习方式。

"自主探究"是指通过教师的正确、科学、有效地指导,引导学生充分发挥自己的主观能动性,进行更深层次的探索研究,从而帮助他们养成良好的心理素质和学习品质,学会学习、学会生存。"自主"、"探究"之间既相互独立,又相互影响。例如,探究学习既可能是自主的,也可能是他主的,既可能是个体探究,也可能是合作探究。由此可见,真正有效的学习方式应该是这两种学习方式的恰当组合,至于如何组合,则要依据教学目标和学生实际。

"自主"、"探究"都是从学生"学法"的角度提出来的;常见的"导学"方法是从教者"教法"的角度提出来的。过去的"学法"是根据"教法"制订的,"学法"必须适应"教法"的需要。而新课程标准扬弃了旧的教学模式,提出"教法"必须适应"学法","教法"必须为"学法"服务,这样充分体现了学生的主体地位。所以,在"引导"时特别要注意,"引"不是"拉","导"不是"套",不能让学生被动地跟着教师的思路转。教师可采用谈话法、提问法、比较法、讨论法、新旧知识过渡法来"引导"。对教学中的难点问题，应多采用探究性学习。探究性学习是一种积极的学习过程，通过自主探索式的学习研究活动，在摄取已有的知识或经验的基础上，经过同化、组合和探究，获得新的知识、能力和态度。其主要特征是：学生自己提出疑难问题，通过与他人交流、查找相关的资料、开展某种实验等形式，找到解决问题的途径。探究性学习有利于学生创新意识和实践能力的发展，应在教学中予以关注和重视。在学生的探究性学习过程中，教师可采用"启导"法，使学生在良好的状态下进入更深层次的探究，如造成悬念，引起学生注意；联系旧知识，引出新内容；设置一定情景氛围，引起学生共鸣；设疑问难，引起学生积极思考。教师在"启导"学生时，应尽力做到启导在关键处、疑难处、含蓄处、精妙处。

为此，教师们努力做到：以赏识的目光去发现，把课备好；以真诚的感情去表扬，把课上好；以饱满的热情去激励，把学生教好。课上，师生们可以多角度、全方位地去感受孩子们，把握好每一次对学生的鼓励、表扬、教育的机会，对每个孩子恰如其分地运用好赏识激励性评价语言，通过激励改善师生之间的关系，也是让孩子们交流亮点，相互间发现亮点的最佳时间。

这样的课堂对孩子们来说，受益最大。孩子们学会了表现自己。在课堂的学习过程中，在自主学习的过程中，通过抓住每一个表现自己的机会，充分施展自己的才华，有一种满足感，成就感。他们也学会了评价自己。通过课堂上的各项学习活动，在合作交往中恰当评价自己，既看到了成功的方面，也看到了有待改进的地方，就会取人之长，补己之短。他们学会了发展自己。在自主探究学习过程中，能看到自己的力量，会挖掘自己的潜能，不断朝着既定的目标前进，满怀信心不断获取成功。

第三节 "三维目标"层阶动程论

在新课程标准的要求下，备好教材与传统的备课有所不同。现代教学把学生看成是能动的主体，在教学目标定位上趋于全面性：既重视必需的基本知识和基本技能的传授，也重视学生自我发展能力的培养；既重视发展学生强健的体

魄,又培养其高尚完善的人格;既提高学生全面素质,又努力发展其个性。真正实现"伟人的胸怀,渊博的知识,世界的眼光"高素质学生发展的目标。

新课程标准要求"知识与技能"、"过程与方法"、"情感、态度、价值观"等3方面目标的有机结合。它不仅强调知识与技能的理解掌握,而且让学生在解决日常生活问题的过程中,经历知识与技能的形成与应用过程;不仅发展学生推理能力和初步的演绎思维能力,而且注重让学生从现实生活中发现问题、解决问题,让学生在掌握知识、解决实际问题的过程中学会合作交流,提高实践能力和创新能力;在关注知识与技能、过程与方法的同时,还应关注学生学习的情感与态度。使学生在学习活动中获得成功的经验,最大限度地满足每一个学生学习的需要,让每一个学生都能得到发展。

一、知识点——载体和基础

新课程标准的总目标是以加强学生思想教育为主要任务,帮助学生提高道德素质,形成健康的心理品质,增强社会责任感和社会实践能力,引导学生在遵守基本行为准则的基础上,追求更高的思想道德目标,弘扬民族精神,建设有中国特色社会主义的共同理想,逐步形成正确的世界观、人生观和价值观,为使学生成为有理想、有道德、有文化、有纪律的好公民奠定基础。由此可以看出,在新课程标准的"三维目标"中,最高的目标是情感、态度、价值观。但一个人素质的高低,不仅体现在他的知识和技能,更加重要的是他的思想品德,而思想品德应该以一定的知识(特别是人文科学知识)为载体和基础,没有知识点支撑,思想品德是空洞的。因此,无论哪节课,都必须以一定的知识为载体,实施教育教学工作,弄清本节课的知识点是最基本的一项工作,也是落实"三维目标"的一个前提。知识教学常见的问题有:①局限于教科书中的知识,记不住不放心;②忽视知识的"背景"和"限定条件";③关注"知识点",忽略"知识树";④知"果"而不知其"因";⑤单纯掌握文字表述、抽象的符号、图示,忽略自然面貌;⑥忽视关于"学习方法"和"思考过程"的知识。

二、能力(行为)目标——需创设比较真实的情境

一个人的能力不是与生俱来的,也不是看出来的或听出来的,而是在生

活中不断实践、不断总结而逐步提高的。一个自然人要想成为一个社会人，就只能在实践中锻炼。而学习能力的提高就要通过适当的课堂活动，创设比较真实的情境，把学生置于真实的环境中，引导学生自己去活动、去体验、去分析、去总结、去提高能力。

有人说知识与技能这个目标与我们以前的课堂教学没有什么太大的区别，上课的目的之一就是向学生传递人类文明的结晶，同时发展学生的能力。实际上，知识与技能不是独立的，二者是相辅相成的。知识能促进技能的发展，技能也能帮助人们吸收、理解、掌握新的知识。一般来说，知识与技能可以由"学懂"、"学会"、"会学"等3个台阶目标组成。"学懂"，是第一个台阶目标，其基本要求是对所学新知识要能理解，新知识中某些基础知识还要能够转化成为基本技能，具有了基础性的学习能力。"学会"，是第二个台阶目标，其基本要求是能综合运用所学基础知识和基本技能解决学科或生活或实践中的一些实际问题，使知识形成一定结构，使技能合成为能力。学会应该包括：搜集和处理信息的能力；获取新知识的能力；分析和解决问题的能力；语言文字表达能力；团结协作和社会活动的能力等。"会学"，是第三个台阶目标，其基本要求是能够选择合适于自己的学习方式，在学懂、学会的过程中能够养成自我检查、自我反思、自我矫正、自我评价、自我完善等自我调控、自我教育的良好习惯和能力品质，以创造性发展自己的个性空间（表4-1）。

表4-1　结果性目标的水平基本要求

目标		水平基本要求	行为动词表述
学懂知识	了解	（1）回忆和再认知识； （2）识别、辨认事实或证据； （3）描述对象的基本特点	回忆、识记、认识、复述；列出、辨认、识别；了解、描述、概述
	理解	（1）把握内在逻辑关系； （2）新知与已知建立内部联系； （3）解释、推断、区分、扩展、提供证据	分析、解释、领悟、概述、说明、证明、推断、预测、比较辨析、筛选、检索
	巩固转化	（1）新知的直接应用、巩固理解； （2）新知的间接应用； （3）新旧知识混合应用	质疑、证明、检索、解决、拟定、判断、设计、概括、辩护

续表

目标		水平基本要求	行为动词表述
学会能力	模拟应用	（1）静态物体的描述、塑造； （2）动态事物的分解操作； （3）优指导的连续操作	重复、再现、模拟、仿照、例证、猜想、类推、扩展
	独立操作	（1）知道程序、规则、方法，能独立准确完成； （2）能据实际调适、改进、以胜任操作； （3）与已有技能建立联系，进行配合使用	尝试、学会、绘制、会解决、调适、联系、配合、交流
	灵活应用	（1）在新情境中使用抽象概念、原理； （2）在问题情境中进行知识技能综合运用； （3）不同情境的合理联系，互动整合	掌握、转换、改变、能够综合使用、通联、整合
会学品质	优化选择	（1）根据内需或兴趣，有选择地学习研究； （2）能比较优劣，或从中选择有价值的内容； （3）根据事物发展需求进行价值选择	选择、筛选、比较、选用、检索、提取
	自我评价	（1）由自我评价意识，经常主动评价自我； （2）掌握评价程序方法，客观评价自我的变化； （3）善于将客观事物与自我联系起来，对比评价自我	检验、测评、评定、衡量、对比、评述
	认识品质	（1）具有由技能向能力发展的意识； （2）认识能力水平的优良品质； （3）形成问题解决中的能力结构或综合能力	认识、发展、形成、达成、整合、构建

三、过程与方法——教于"导"，务于"学"

随着时代的进步，知识更新的速度越来越快，人们没有精力也没有必要学习所有的知识，同时也不可能学习所有的知识，但是人们掌握了学习知识的过程和方法就好了，那样就会一通百通。在新的教学模式的建构下，教学方法必须注意，教必须致力于"导"，服务于"学"，教学方法的设计必须要根据特定的教学目标来选择特定的教学方法，从实际的教学内容出发，根据学生学习的特点来进行。这一目标强调如何指导学生学会学习、学会发展、学会创新。

就新知学习的整个周期活动过程来说，一般应该经过"学中做—做中学—反思调控"3个学习活动过程，简称"动程"。

1. 学中做，为第一个动程

学中做指在课堂教学中，师生互动、生生互动、师生与教材互动、学生输入与输出互动，由新知识的理解到知识的简单应用的过程。这一动程的主要程序由尝试学习、群体研究和独立作业构成。学中做的主要目标是实现"学懂"，培养学生基础性学习能力。

2. 做中学，为第二个动程

这里的做，是动手做，指参加社会实践活动，是解决实际问题的学习。做中学，主要由独立作业、合作活动和测评矫正 3 个程序组成。其承担实现"学会"的任务。培养学生在实践中把"学中做"获得的分散的若干基础知识和基本技能综合起来解决实际问题的多种学习能力，即发展性学习能力。

3. 反思调控，为第三个动程

反思调控指在教师指导下，把第一动程和第二动程进行反思调控。其承担实现"会学"的任务，培养学生创新性的学习能力。

"学中做"是"做中学"的基础，"做中学"是"学中做"的拓展和延伸。反思调控则是对"学中做"和"做中学"的反馈与优化（表 4－2）。

表 4－2　程序性目标动程结构的层次水平要求

动程	水平基本要求	方法策略
学中做	（1）尝试学习：①发现问题、提出问题；②尝试性分析问题，解决问题，即发期待感	观察、质疑；假设、猜想；多感官、多角度采集信息
	（2）群体探究学习：①将尝试学习进行小组交流；②重点、难点问题全班研讨	小组研讨会，知识问题分类研讨法；中等生分流、小老师辅导、答辩等策略
	（3）独立作业：①巩固知识；②基础知识向基本技能转化，即输出知识	作业分步训练法；分类训练法；多元对照、检查、验证策略
做中学	（1）主题性学习活动：①在情境中参与，在解决问题中学习；②在活动设计、实施中，将多项技能转化为能力	活动分组竞赛法，操作法，分工合作法等，抓对比、抓结合点等
	（2）交流研讨学习：①将"学中做"与"做中学"进行互补交流；②提炼概括"做中学"的步骤、方法、策略	专题研讨法，答辩研讨法，成果展览法；注意角色转换策略
	（3）检测评价学习：①通过"学—做—学"测评，抓反馈认识；②矫正训练；③学习命题及其评析	多元测评法；采用最近攻占发展点、发展区和自拟自测互考自评等策略

续表

动程	水平基本要求	方法策略
反思调控	（1）自我检查、自我反思：对过程、方法、行为、问题进行反思回味，寻找自己的经验和不足	反刍品味法，写体会笔记，建学习档案等方法；注意对体验质疑、换位验证的策略
	（2）经验交流，取长补短：①同质交流强化、异质沟通互补；②提高层次，扩大视野，完善自己	媒体交流，多角度专题交流，换位组合法等方法；注意分类编码整理策略
	（3）品味鉴赏，提炼概括：①采用"个别——般—个别"的推理思维进行评赏认识；②提炼概括学习能力品质	对比欣赏法，结构网络法，概括提炼法，日记、笔记法；迁移印证策略

四、情感、态度和价值观——学习的终极目标

情感、态度与价值观，是人对经历过事实的体验性认识及其由此产生的态度、行为、习惯，是对互动教学中心理因素的功能性要求，称之为体验性目标。形成良好的情感、态度和价值观又是学习与生活的终极目标。在现代社会里，良好的思想道德素质已成为选人、用人的首要标准。如今的社会，作为一名思想道德素质低下且思想不上进的人必定是被社会淘汰的对象。例如"柯达"选择应聘者的就是工作方法、团队合作能力、沟通能力、管理能力和领导才能。所以，以知识为载体的学习的终极目标，就是为了提高学生的道德素质。在课堂教学中必须让学生产生积极的情感体验，进而在生活中转变态度，付诸实践，形成正确的价值观。

体验性目标的结构，主要有认同反应、体验价值、领悟品格3个要素组成，也可以说是3个层次结构。

1. 认同反应

认同反应指在注意和察觉的基础上，学习者对亲身经历事实的心理感受，以及由此产生的态度和价值判断。其教学目标是，用良好的学习心态投入课堂学习之中，促进调解多元互动的态度和行为，以保证"学懂"任务的顺利扎实完成。

2. 体验价值

体验价值就是进入角色对亲身经历所获得的事物等信息价值进行反思、

品味、形成一定意志，用以指导或控制自己的行为，成为自己的行为准则，并在行为上表现出一种倾向——价值倾向。其目标是对亲身经历的过程、行为、收获进行优化加工，在感性向理性的过渡中形成价值倾向。

3. 领悟品格

领悟品格就是对所经历的各种事实进行由感性到理性的提炼、概括，并由此指导自身行为、形成优良的个性品格。其教学目标是将体验转化为理性概括，将理性认识内化为个性品格（表4-3）。

表4-3　体验性目标的水平基本要求

目标		水平基本要求	行为动词表述
认同反应	顺从反应	（1）顺着老师引导进入情境； （2）遵循情境思路去思考问题，表达感受	关心、关注、认同、接受、拒绝、摒弃
	主动反应	（1）产生乐于学习、渴望掌握的期待感； （2）主动进入情境角色。积极主动、专心认真的态度与行为	渴望、期待、赞许、专心、专注、积极主动
	满足反应	（1）内心的需求得到了满足； （2）能按情境角色去处理问题，并能拓展性学习相关的知识	欣赏、陶醉、领会、获取
体验价值	反思接受某价值	（1）反思筛选认同反应的过程、行为； （2）接受所获得的某种价值	回顾、反思、筛选、接受
	体味偏爱某价值	（1）在体味中表现出偏爱、喜欢； （2）在尝试中形成爱好、习惯、兴趣	喜爱、爱好、体味、形成、养成、具有
	信奉追求某价值	（1）有偏爱转到信奉、追求、探索；有兴趣转到志趣； （2）为追求某价值表现执著，不怕艰难挫折	信奉、追求、探索、坚持、探究
领悟品格	价值观念化	（1）对体验过的实事从某一角度进行归纳、提炼； （2）通过概括形成概念化的认识	归纳、提炼、概括
	价值综合化	（1）对相关概念化价值进行比较分析，寻找相关联结点； （2）将内在关联的某些价值进行综合加工	比较、联结、综合
	价值性格化	（1）把综合体系化的价值进行编码加工输入脑库，形成个性化的价值观念。在自我评价、自我调控中由志趣上升为理趣； （2）自我评价，自我认识形成稳定的个性品格	评价、领悟、内化、形成、融合

第四节 其他相关理论的探源

一、学习者视角理论

学习者视角（Learners View）是一种施教者在总体教学目标的宏观调控下，根据学生条件和需要，主动反思获得角色认可，通过设身处地的视角变换，在教学内容、教学方法选择上，施以情景置换、合理调控，达成课堂目标共识的课堂行为模式。表现在课堂上，尊重学生在学习活动中的优势选择、自我调控、自我评价与反思，以达到突出学习者主体性的目的。❶

学习者视角的本质是以学习者为中心的教学观点的确立。要求教师主动、善于反思、设身处地，培养学习者自主。一方面是教师主动反思自己在课堂中的角色认可；另一方面设身处地施以视角转换。

学习者视角有两个定位，就是施教者的主导和控制。从学习者态度、能力和学习策略等综合因素而启动的能促成主动学习的导航机制；施教者拥有目标、内容、方法及资源的供给和评价机制。比如：①学习者要学习什么；②学习方法是否以自我探究为主；③学习者要达到的进度和程度；④学习者要在何时何地进行学习；⑤学习者拥有了哪些学习材料；⑥学习者自我监控能力与水平，承担什么样的学习责任；⑦学习者承受怎样的测试等。

学习者视角吸纳拓展性临床访谈教学论方法。拓展性临床访谈（Extended Clinical Interviewing）是达克沃斯将皮亚杰"临床访谈"发展为一种使教学与研究一体化的教学方法论。其本质是"去倾听学习者，并让我们的学习者告诉我们他们的思想。"❷ 基于这种理念，老师们不再把教学理解为教师讲

---

❶ 资料来源：李兆端，《教学观的新变化》，北京教育学院报·自然科学版，2011 年。

❷ 资料来源：【美】爱莉诺·达克沃斯主编，张华、仲健维、宋时春译，《多多益善——倾听学习者解释》，高等教育出版社，2004 年。

解、学生倾听的过程，恰恰相反，教学是学生讲解、教师倾听的过程。这种教学就是提供让学生产生精彩观念的机会。这意味着：①教师愿意接受学生的观念。即使学生的观念是"错误的"，教师首先关心的是"他为什么这样想"，而不是基于教师自己的立场或教科书的标准而漠视、排斥或谴责学生。②教师要创设暗示着精彩观念的情景。要注意到不同的学生有不同的观念。③在情景中，当学生为理智问题所吸引的时候，要通过会话（师生间、生生间）让学生日以深入地"投入现象"。所谓"投入现象"，就是与所学习的主题直接接触，而不是通过别人对该主题的观点而间接接触。④在学生日以深入地"投入现象"时，倾听学生的解释。因为"大多数学习都发生在阐释中"，教师为什么要垄断明晰自己观点的机会呢？而且，当学生解释的时候，不仅解释来自他自己，连问题也来自他自己。学生开始学会依靠他们自己：他们是裁判，自己来判断所认知和相信的事物，在这个过程中，学生相互之间学会许多东西。慢慢地，学生意识到，哇，原来知识是人主动建构出来的，包括"我的建构！"这样，达克沃斯就将皮亚杰的"临床访谈"进行深层次拓展了：不再是在一个特定时间和地点，不再是一个研究面对一个学生、用事先准备好的问题来询问学生并做好记录、事后分析学生的回答中蕴涵着什么信息。不再是仅把学生当做一个"信息提供者"。一个或几个教师，在一群学生中，通过创设情景而让每一个人（教师和学生）发现自己的问题，在持续的探讨中，遵循并发展自己的观念。这种"访谈"既是教学，又是探究；既是一个课堂事件，又是一个创造事件。正如达克沃斯所言，"正是通过帮助学习者学习，我们开始明白学习中究竟发生了什么"。这是一种新的教学研究范式，它摆脱了"控制取向"，倾听和理解成为课堂的核心。

二、情景教学理论

情景教学是指在教学过程中，教师有目的地通过对一些具体教学情景进行描述、再现和创设，以引起学习者一定的态度感应和情绪体验，激扬非智力因素，激起学习者主动学习的兴趣，促使学生对这些情景进行探索、讨论，提高学习效率，完成学习任务的一种教学方法。其基本任务在于激发学

生的非智力因素，其核心动机在于学生主体作用的发挥，其重要环节在于活动场景的创设和学习资源的整合。❶

在课堂教学里，情景含义更为丰富。通过整合与创造，通过"研读课程标准定位，打开情景壁垒，呈现情景过程，提供感应路径，达成教而有备"，发挥教师的主导作用。同时让学生的主体作用突出在"课前学而有备，情景对照三维，调动所有感官，拉开思维闸门，力争教而融汇"的功效上。这样，既能揭示课堂教学实质，又能形成指导课堂教学改革实践的新理念和新模式，这同样是一项非常艰巨的任务，这就是新课程改革所面对的现实挑战。

要放手给学生必要的思维空间，为学生创造、发现和表现提供更多的机会，特别是为不同个性特点的学生提供必要的发展空间，让他们能够确定自己的目标并创造学习机会。

情景教学理论研究认为，教师应是情景信息的提供者、情景学习的指导者、情景活动的支持者、目标达成的帮助者和学习效果的评价者；学生则应是情景信息加工的主体和目标意义的主动建构者。课题组在实践研究中发现，在人的认知过程中智力因素与非智力因素（或理智活动与情感活动）是一个统一的过程。教学作为一种认知过程，智力因素与非智力因素统一在其中。在教学这种特定情景中的人际交往，由教师—学生—课程的多边活动构成，其中师生间存在着两条交织在一起的信息交流回路："'三维目标'—课程标准—执行媒介"，即信息交流回路和非智力信息交流回路。二者相互影响，彼此依存，从不同的侧面共同作用于课堂教学过程。"'三维目标'—课程标准—执行媒介"回路中的信息是教学内容，信息载体是教学形式；非智力回路中的信息是师生情绪情感的变化，其载体是师生的表情（包括言语表情、面部表情、动作表情等）。无论哪一条回路发生故障，都必然影响到教学活动的质量，只有当两条回路都畅通无阻时，教学才能取得理想的效果。

---

❶ 资料来源：李兆端，《教学观的新变化》，北京教育学院报·自然科学版，2011年。

三、教学流程再造理论

在现代教学中，教师应当积极进行以课堂教学高质量与高效益相统一的教学实践探索，建立以兴趣为引导、以思维能力和素质培养为核心、以学生探究为基本方法的教学模式。关注教学流程的再造和重建，真正实现对课堂教学的改革，让学生真正成为课堂的主人，成为主动建构知识、拥有知识、应用知识及知识创新的主体。

教学流程再造应当从根本上确立学生在课堂教学中的自主发展地位。为适应学生发展的需要，现代教学必须以尊重学生的主体地位、发挥学生的主体作用、发展学生的终身素质作为前提和基础。学生应当自主进行知识学习和个人发展规划，自主选择和调整学习的策略，自我进行学习反馈，自我进行评价。在这个过程中，学生是一个富有求知活力的、充满追求激情的生命个体，而不再是被动、消极地按照教师的教学设计接受知识，进行各种学习活动。也就是说教学流程的根本是让学生获得生命活力，充分展现求知欲望，充分点燃创造激情，充分调动课堂灵性。

教学流程再造需要教师进行重新定位和角色转换。在教学流程再造中，教师角色应当由学生的师长转变为学生的伙伴，由知识的传授者转变为学生学习的指导者，由知识的主宰者转变为学生的共同学习者。转变教师的教学职能，就是要减少教师讲授的时间和数量，增加学生自主学习与思考的时间和数量，加大课堂教学开放的力度，实现学生的充分参与。教师在真正意义上成为课堂的设计者和控制者，让课堂上的每一个学生都有表现自己的机会。实现教师角色转变，教师首先应当转变自己的观念，教学不仅仅是知识的传授与掌握，而是学生生命成长和发展的过程；学习知识不仅仅是为考试，更是为了学生的创新；学生拥有学习的权利和能力。教师应当积极进行教学改革的实践与探索，在充分熟悉学生的学习素质水平的基础上，认真进行教学内容的有机组合，注意学生已有知识的迁移、交叉与延伸，努力为学生知识探究创设情景，实现学生知识的自我生成与能力的充分培养。

教学流程再造应当注重课堂教学环节和方法变革。任何教学，当它变成一种模式的时候，可能就是其生命力逐渐消失的时候。传统的教学环节成为

了大家普遍遵守的一种规程，因而不管教学内容不问教学目标，束缚了教师的创造力。改造教学流程就是要敢于突破教学环节的制约，像孙维刚老师的"猜想法"一样，给学生一个无限想象的空间，让学生的思维处于被激发的状态。教师要积极创设情景引导学生使用发散思维、反向思维、形象思维、横向思维、立体思维、创造思维、还原思维、模式思维、逻辑思维等多种思维方式，实现学生思维能力的培养。教学流程再造方法的变革是最根本的，但也是一个需要对学生进行长期训练的过程，因此要积极开展研究课堂的活动，要从学科特点出发，对教学流程进行研究。研究从改进教学方法入手，以提高教学质量和效益为目标，使教师在参与中感悟，在感悟中升华，使教学理念与实践有机地结合起来，以达到师生共同发展的目的。

四、教育评价理论

对课堂教学模式评价内容的灵活多样。传统的课堂教学评价往往偏重于量化，内容体现在一系列量化指标之内，如教学中使用多媒体、学生上课举手与回答问题的次数等，这会在很大程度上束缚教师的教学。"问题引领、自主探究"课堂教学模式下的课堂评价是多变的，有利于教师们对多变的课堂采取灵活多变的评价，而不拘泥于单一的定量评价和刻板的定性的评价体系中。

对课堂教学模式评价主体的多元化。以往对课堂教学模式的评价似乎只有唯一的主体，即教育者本身。教师的主观取向决定了课堂教学模式的形成，忽视了学生是否认同这种教学模式。"问题引领、自主探究"课堂教学模式下的课堂是一个双向的、开放性的领域，学生是课堂教学模式评价的主体，也可能对课堂教学模式质疑和建议。教师让家长们参与到课堂教学评价的主体中来，评价主体的多元化将会使课堂教学模式得到多元发展。

对课堂教学模式的操作过程评价的动态化和人性化。以往的评价过多地关注于学生认知方面的发展，忽视了学生作为一个个体其他方面的成长，这使得课堂教学模式陷入了为创建一个以培养好成绩学生为目标的误区中。对此，我们需要提醒的是：学生不是"产品"，评价一定要考虑到学生的主观性、能动性。"问题引领、自主探究"课堂教学模式下的评价，使我们跳出了固有的育人模式思维，关注学生多方面才能的培养、潜能的发挥，以促进学生适应社会、学会生存。

综上所述，"问题"、"自主"是一种教学理念，在课堂中把学生视作是活动的主体，在平等互动的师生关系的基础上，有效地开展教学活动。"引领"、"探究"是有效的教学策略，在项目驱动下，以问题或情境激趣，在良好的师生互动中通过小组合作等形式进行分层教学从而达到分层提高。在"问题引领、自主探究"课堂教学模式的指导下，学校极大地调动了学生的学习积极性和参与性，充分地挖掘了学生的潜能，促进他们的素质提高和学校的良性发展。

第
五
章

"问题引领、自主探究"
教学模式的基本环节

所有的乐器都有其本身的音质，但只有在音乐家手中，才能奏
出美妙的旋律；所有的学生都有其学习的潜力，但只有在具备良好
教学手段的教师指导下，他们才会成长得更好。

——莉萨·博林

All the musical instruments have their own sound quality, but only
the musician can play beautiful melody. All the students have their learn-
ing potential, but only under the guidance of teachers with good teaching
means, they will grow better.

——Lisa Bohlin

从教育心理学的角度看，学习者的特点是复杂多样的。从一定程度上讲，学习者的这种多样化特点决定了学习模式选择的必要性。因为这些多样化的存在，本身就意味着学习者能够运用或喜欢运用的活动方式是不一样的。只有当某种学习模式与这些活动方式相一致时，才可能真正有效地促进学生的发展。

第一节 课堂结构的设计与原则

在新课程理念的指导下，应用各种不同的学习方式让学生进行学习，可以提高课堂教学的效率。

一、课堂结构设计的原则

凡是先进的教学，都应该使教学系统优化运行，教学过程优化控制，教学信息优化传递。课堂结构设计应体现以下几个原则：①既要克服教师为中心，又要避免学生为中心；②既要重视知识学习，更要注意能力培养；③既要重视教法，又要重视学法；④既要发挥教师主导作用，又要发挥学生主体作用；⑤既要教书，又要育人。新中国成立后苏联凯洛夫五环节课堂教学结构，主宰了学校的各科教学，成了一种基本模式。这种教学存在的问题是：①以传授知识为主要目标，认为学生学习是认识真理，不是发现真理，忽视开发智力，提高能力；②树立教师权威，坚持教师为中心，强调教师权威主义、命令主义，学生处于被动地位；③只考虑教，不考虑学，不能发挥两个方面的积极性。

就小学而言，学生自我意识的发展不是等速的，既有上升的时期，又有平稳发展的时期。具体言之，小学一年级到小学三年级，小学五年级到小学六年级分别处于两个上升时期，而小学三年级到小学五年级则处于平稳的发展时期。比如，在自我评价方面，小学生的发展呈现出以下特点：其一，从评价的独立性看，小学低年级（1～3 年级）学生独立地评价自己的、别人的个性品质的能力还是很差的。他们评价自己或同学的时候,几乎完全依赖教师的评价。在正确的教育影响下,约从中年级起学生开始学会独立地把自己的行为同别人的行为加以比较,把别人的行为当做评价自己的行为的依据,这样,学生自我意识的独立性就开始发展起来。其二,从自我评价的原则来看,小学低年级学生基本上是以具体的、外部行为的表现为依据,还不善于从道德或原则上来评价自己或别人的行为。约从中年级起,特别是到高年级学生才逐步学会从原则上来评价人的行为。其三,从评价的批判性来看,小学低年级儿童在评价自己或别人的时候,批判性一般很差。他们容易更多地看到自己的优点,不大容易看到自己的缺点。他们常常善于评价别人,不善于评价自己。在整个小学时期内,儿童自我评价的能力一般落后于评价别人的能力,在评价别人的时候比较清楚,在评价自己的时候比较模糊。因此,他们的评价常常流于片面,很不深刻。而且,由于自我评价的原则性还未形成,他们的评价又是容易改变的。因此,在小学低年级,尽量以具体直观的活动为对象,不宜对思维等内部的活动进行反思。从小学四年级开始,可以更多地进行自我评价,也可以从具体的直观的行为反思逐步向抽象的思维活动型反思进发。

二、课堂结构环节设计

通过大量的实践,北潞园学校课堂教学中学生有效学习方式的选择与实践已成为广大教师的共同追求。问题导入,求知和知识探究;自主合作,重点突出和难点突破;展示交流,综合能力强化;实践检验,知识反思与能力发展(图5-1)。有效的学习方式以学生的进步和发展为宗旨,教师必须具有一切为学生发展的思想,运用科学的教学策略,使学生想学、学会、会学,促进学生的全面发展、主动发展和个性发展[1]。低年级学生以操作式、游戏式、体验式、猜想式等作为主要的学习方式,要善于培养学生的观察能力以及语言表达能力。而让高年级学生在自主探索,与小组合作学习的互动

---

[1] 资料来源:龚卫娟,《课堂教学中小学生数学有效学习方式的选择与实践研究》,上海市宝山区高境镇二小资料。

中有效地参与，成为主要的学习方式。给每一位学生提供展示的空间，通过自主学习再交流，使学生不断完善自己的观点，不断地产生新的想法。

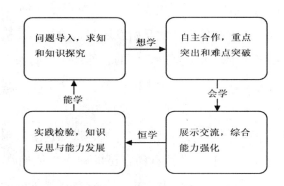

图 5 - 1 "问题引领、自主探究"课堂教学的基本程式

教师注重情景引入，引导学生体验、观察。用好情景，引导学生观察，给学生提供足够的观察思考的空间，让学生看懂图意，获取和筛选信息，突出教学的特点。老师是教学情景的直接创设者，从学生身边的事物和现象中选取素材，创设新的教学情景，激发学生求知欲。

教师注重学生活动，引导学生自主、探究学习。学生的认知规律是"生动的直观到抽象的思维"，教师担当好组织者和引导者的角色。学生的自主、探究其实是一种"再创造"，老师要有目的地选择这些重演或再现的教学内容，给学生提供自主、探索的空间和时间，让学生主动地进行观察、实验、猜测、验证等教学活动，而且要关注学生探索的过程和方法。教师要认真处理好自主与引导、放与收、过程与结果之间的辩证关系。

评价可以是多角度地评价，可寻找和发现学生身上的闪光点，发现并发展学生的潜能。教学中教师要为不同的学生提供不同的展示自己的机会，并及时地、有针对性地做出恰当评价，使学生体验成功，建立自信；课堂教学中对学生的评价，可以不仅看结果，更要重视学生学习的过程，解决问题的思考过程，关注学生的参与程度；鼓励学生进行自我评价和对他人评价；不能吝惜表扬，也不能太多的表扬，要关注学困生和中等学生，要善待学生的错误，善于发现其中的好的地方，保护学生的自尊心。

实践中促使教师积累经验，提高业务水平。每一学期教师都要根据学科组确定的课题选好实践课的知识点，而且要围绕学习方式这个中心议题，这样就"逼"着学科组的老师上网学习或阅览书籍，看有关学习方式的理论知识，结合自己学生的实际情况确定教学内容进行设计，并能在说课和案例中反思自己所用的学习方式是否适合该年级段的学生，由于教师的教学观念、教学行为都在转变，写的案例分析质量也一年比一年高。

制作了大量课堂教学实践的课件，积累了大量教学设计、说课及案例，我们对这些资料加以整理，出版了《心动历程——北潞园学校教育教学成果集》一书，也成为为老师们共享的资源，真正优化了教学资源环境。

第二节 问题导入，求知和知识探究

导入是指教师在新的课题或活动开始时引导学生进行学习的行为方式。正确而巧妙地导入，可以激发学生的学习兴趣和求知欲，将学生的注意力吸引到特定的教学任务和教学程序之中，所以又称为定向导入。课程改革提出"转变学生学习方式"的教学理念，旨在倡导学生主动参与、探究发现、交流合作的学习方式，注重与现实生活的联系，利用学生已有的经验与学习兴趣，以问题导入，激发学生学习的欲望与动力，促进学生体验作为学习主人的地位与价值。

导入是整个教学活动中的热身活动，目的是让学生在最短时间内进入课堂学习的最佳状态。国际著名的教育改革专家迈克·富兰曾说过："问题是我们的朋友。问题不可避免地要出现，但是好的一面是如果没有问题，你就学不到东西，也不能成功"。"问题导入"这个环节是形象思维发挥作用的时段，感知书本知识，强化学生认知，此环节中教师（学生）依据教学内容，构建知识平台，同时，在这个平台上配以"教—学"互动，形成"学习知识是重要的，而采取相应的方法是必要的"实践学习。

一、理论意义

课堂导入要具有趣味性，能激发学生的学习兴趣，树立正确的学习动

机。从心理学的角度讲，兴趣是认识事物过程中产生的良好情绪，这种情绪会促使学习者积极寻求认识和了解事物的途径和方法，并表现出一种强烈的责任感和旺盛的探究精神。因此，教师在上课伊始就要循循善诱，唤醒学生的求知欲望，使他们意识到自己的学习活动所要达到的目标和意义，激发内部学习动机。

课堂导入的问题要具有新颖性，能为课堂教学的发展提供良好的开端。新颖的富有时代性的问题更能激起学生的兴趣，使学生自然进入到最佳学习状态，形成对新的学习内容的"兴奋中心"，把学生注意力迅速集中到特定的学习任务中，为完成新的学习任务做好心理上的充分准备。

引导学生进入具有针对性的学习情境，引起对所学内容的兴趣。导入的恰当与否，直接关系到教学效果的好坏。教师在进行课堂导入时，首先要针对不同的教学内容和教学对象确定不同的导入方式。不同的课型，不同的对象，不同的教学方法，教师应该具备不同导入方法和扮演不同角色的能力。力求课课有变、堂堂出新，使学生在每次课堂教学中都感到新鲜而保持旺盛的热情。因此，问题导入要求教师讲究导课艺术，做到巧妙导课，以趣启思。导入得法可以使学生在心理和知识上做好学习的准备，使学生进入良好的学习状态，激发学生的学习兴趣，唤起学习动机，从而集中精神学习新内容。

二、应遵循的基本原则

（1）符合教学的目的性和必要性。课堂教学的导入，一定要根据既定的教学目标来精心设计导语，与教学无关的不要加上去，不要使导语游离于教学内容之外。

（2）符合教学内容本身的科学性。导语的设计要从教学内容出发，有的是教学内容的重要组成部分，有的是教学内容的必要补充，还有的虽然从内容上看关系不大，但它能激发学生学习的兴趣，吸引学生的注意力。

（3）从学生的实际出发，富有启发性。导语的设计要从学生的实际出发，要照顾到学生的年龄、性格特征。

（4）从课型的需要入手，具有新颖性、趣味性。新授课要注意温故而知新、架桥铺路;讲授课要注意前后照应、承上启下;复习课要注意分析比较、归纳总结。

(5)导语短小精悍,具有简洁性。导语的设计要短小精悍,一般 2~3 分钟就要转入正题。

(6)精心设计,形式多样,灵活运用。设计导语时要注意配合交叉运用,不能每一堂课都用一种模式的导语。

三、情景问题导入

情景问题的导入犹如乐曲中的"引子"、戏剧的"序幕",起着酝酿情绪、集中注意力、渗透主题和带入情境的作用。通过创设一系列的情景问题,引入新课题,然后让学生根据问题来开展活动,强调学生在"做"中"学",在活动的过程中获取新的知识。创设情景问题来引导和激发学生探求知识的欲望。

悬念生疑,触摸新知。情景的创设必须切合学生实际,顺乎学生的认知规律,不同年级的学生有着不同的心理和智力水平,学生基础的不同对新知识的理解和接受能力也不同,因此在创设情景时要做到因情况而异。

创设冲突,导入新课。有时在学习较为复杂的知识时,为了引起学生的思考,让学生在尝试中碰壁,引入新课时设计的问题往往步步为营,层层递进。

问题牵引,用中揭题。在对某些知识有了一定认识以后,这些知识对今后的应用提供了知识支持,用这些知识去解决实际问题。在引入新课时往往通过设计一些问题,引导学生不断思考,积极探索,感受到学习的价值,激发学生的学习欲望。

巧妙的使用好上课开始的几分钟时间,无论是活跃课堂气氛,激发学生的学习兴趣和求知欲望还是帮助学生学习新知识,都是大有益处的;情景问题导入法如果运用得恰当,可以使教学活动形象直观,在不知不觉中获得新知识,在潜移默化中受到教育。它使学生全身心的投入,主动参与实践活动。当然采用此种方式,要求老师平时要注意收集大量的情景问题以备用,所以教师要不断完善自己、提升自己,精心设计、巧妙构思,才能打造出一

把与众不同的金钥匙。吸引着学生跟随自己的脚步去开启课堂宝库，在知识库中尽情畅游……

　　其他的情景导入方法：①温故导入。在讲授新知识之前，先温习已学过的知识。②衔接导入。从教学知识整体结构出发，根据同一类型知识的顺序，承上启下，承前启后导入新课。③作用导入。讲课前先把所要学的知识的作用介绍给大家，以激起大家的学习欲望。④迂回导入。先解决一些容易解决的问题，然后再触及教学的重点和难点。⑤比较导入。所谓比较，就是根据新旧知识的联系点、相同点，采取类比的方法导入新课。有的可同类相比，有的可正反相比。⑥课题导入。直接分析课题的含义，以此导入课文内容的学习。⑦游戏导入。上课先组织学生做游戏，再导入新授知识的学习。⑧歌谣导入。歌谣，特别是儿歌，是小学生喜闻乐见的一种艺术形式。课堂教学中有目的地引入一些儿歌，并加以诱导，可发展想象力和思维能力。⑨诗词导入。我国是诗词的国度。诗，可以兴，可以恨，可以怨。用诗歌来开头，可以增强讲课的韵味和吸引力。用诗词导入，可以引用古今中外现成的名诗、名句，也可以自己编写。⑩歌曲导入。可使学生心情愉快地投入学习，有利于发展人的智力。

四、值得注意的问题

　　问题导入要与教材内容和学生特点相适应：①要有趣味性。学生对所学内容感兴趣，就会表现出主动、积极和自觉，学习时轻松愉快，学习效率自然会高。对学生接受内容要有启发性，以便使学生实现知识的迁移。②语言要有艺术性。要使新课的开始能扣动学生的心弦，需要教师讲究语言的艺术。③时间不宜过长。导入只是课堂的一个开头，它的作用是为教学打开思路，不能喧宾夺主。

　　"问题导入"要结合学生生活实际创设问题情景，在教师（学生）引导下，学生明确本节课教学目标和需要解决的问题。特别注意：问题的设计一定要结合教学目标，结合学生实际，突出本节课的重点和难点，一定要能引起学生的兴趣又有讨论的必要。这是提高课堂效率的关键因素，因为无论是学生的自学还是合作研讨、交流展示都要紧扣问题。

第三节　自主合作，重点突出和难点突破

国家《基础教育课程改革纲要（试行）》对学习方式，做了专门的论述："要改变课程实施过于强调接受学习、死记硬背、机械训练的现状，倡导学生主动参与、乐于探究、勤于动手，培养学生搜集和处理信息的能力、获取新知识的能力、分析和解决问题的能力及交流与合作的能力。"伴随新课程改革，我们欣喜地看到在当今的课堂上，有了更多自主学习、合作式学习、探究性学习和研究性学习的环节。作为学生就要发挥这些新型学习方式的优势，争取更大的收获和提高。

学生自主合作学习，应当是"问题引领、自主探究"中一个生动活泼的、主动而富有个性的过程，是让不同的学生在小组活动中，通过共同学习、讨论、研究和交流，使每个学生都达到一定目标的学习活动，是学生在团队中为了完成共同任务，有明确的责任分工的互助性学习活动。合作学习的过程不仅仅是个认知过程，更是一个交往过程与审美过程。在合作学习的过程中，学生不仅可以相互间实现信息与资源的整合，不断地扩展和完善自我认知，而且可以学会交往，学会参与，学会倾听，学会尊重他人。这些都是 21 世纪公民所应该具有的素质。

一、自主学习

所谓自主学习就是在自我监控下的自我调节学习，理论上指的是学生自己确定学习目标、选择学习方法、监控学习过程、评价学习结果的学习。这是一种高品质的学习。自主学习是从学习品质的角度对学习的分类，相对于他主学习。课堂教学中学生的自主学习主要表现在 4 个方面：①学习目标自我确定。学什么、学到什么程度由学习者自我确定。教师让学生提出自己想要解决的问题，这样就可以充分照顾到学生间的差异，让学生都能根据自己的情况，提出适合自己的学习目标，各自在原有水平上都得到发展。这正是

课程标准中的一个重要理念：不同的人在学习上得到不同的发展。②学习方法自我选择。每个学生的认知风格是不一样的，比如，有的学生在学习时喜欢独立思考，而有的学生则更喜欢与人交流。前者表现出一种独立风格，而后者则表现出一种依存性。这两种认知风格并不影响学生认识发展。其实每个学生都有自己偏爱的、较稳定的学习方式。我们不应该强求一律。教师应注意引导学生在学习新知之前就先确定自己的学习方法，为每个学生提供自由选择学习方法的空间。这样既尊重了学生认知风格和学习方式，又有利于培养学生的策略意识。③学习过程自我调控。自主学习强调对学习过程不应由教师整齐划一地去硬性规定。因为即使是相同的内容，不同的学生在学习时所需要的时间和所采用的方法也是有差异的。新课程改革的理念是自主学习，学习方法不是课本说了算，也不是教师说了算，而是学生自己说了算，获得了自主探究的成功体验。④学习结果自我反馈。传统教学中总结是一大环节，而这个环节基本都是由老师来做。其实这种总结不应该只是简单地复述一下一节课的主要内容，而是学生一种极好的自我反思的机会。这种自我反思的过程是一个思想升华的过程。这种自我反思是教师无法替代的。比如，学生们感受到了计算方法的优越，学会了用旧知识解决新问题的策略，学生体验到了学习的快乐，这种体验性的东西是别人无法替代的。而这种体验对于逐渐培养学生学科兴趣、学科情感都是非常重要的。

按照齐莫曼（Zimmerman B. J.）的研究结论，确定学生的学习是否自主，应该依据研究框架中的第三列，即任务条件。如果学生在该列中的 6 个方面均能由自己作出选择或控制，其学习就是充分"自主"❶（表 5 -1）。

表 5 -1　自主学习的研究框架

编号	科学的问题	心理维度	任务条件	自主的实质	自主过程
1	为什么学	动机	选择参与	内在的或自我激发的	自我目标、自我效能、价值观、归因等
2	如何学	方法	选择方法	有计划的或自动化的	策略使用、放松等

---

❶　资料来源：单志艳，《如何进行教育评价》，华语教学出版社，2007 年。

续表

编号	科学的问题	心理维度	任务条件	自主的实质	自主过程
3	何时学	时间	控制时限	定时而有效	时间计划和管理
4	学什么	学习结果	控制学习结果	对学习结果的自我意识	自我控制、自我判断、行为控制、意志等
5	在哪学	环境	控制物质环境	对物质环境的敏感和随机应变	选择、组织学习环境
6	与谁一起学	社会性	控制社会环境	对社会环境的敏感和随机应变	选择榜样、寻求帮助

后来，现代学习理论家主张把自主学习从动机、学习内容、学习方法、学习时间、学习过程、学习结果、学习环境、学习的社会性等 8 个维度来加以界定。❶ 一般说来，当学生在上述 8 个维度上能自己作出选择或控制，其学习就是自主的。换言之，充分的自主学习应具备如下特征：①学习动机是内在的或自我激发的；②学习内容是自己选择的；③学习方法由自己选择并能有效地加以利用；④学习时间由自己进行计划和管理；⑤对学习过程能够进行自我监控；⑥对学习结果能够进行自我总结、评价，并据此进行自我强化；⑦能够主动组织有利于学习的学习环境；⑧遇到学习困难时能够主动寻求他人的帮助。

通俗地说，自主学习就是建立在自我意识发展基础上的"能学"；建立在具有内在学习动机基础之上的"想学"；建立在掌握了一定学习策略基础之上的"会学"；建立在一直努力基础之上的"恒学"过程。

二、合作学习

合作学习是从学习的组织形式的角度对学习分类，相对于个别学习。合作学习是指学生在小组或团队中为了完成共同的任务，有明确的责任分工的互助性学习。20 世纪 80 年代，随着建构主义理论的兴起，合作学习越来越

---

❶ 资料来源：庞国威、刘树农，《现代心理学的自主学习观》，山东教育科研，2000 年。

受到各国的广泛关注。合作学习的基本要素：积极的相互支持、配合，特别是面对面的促进性互动；积极承担在完成共同任务中个人的责任；期望所有学生能进行有效的沟通，建立并维护小组成员之间的相互信任，有效地解决组内冲突；对于个人完成的任务进行小组加工；对共同活动的成效进行评估，寻求提高其有效性的途径。

在"问题导入，求知和知识探究"的基础上，（教师）学生根据课本内容实际情况（指导）找到自己学习的重点和难点，自己接受知识时候的重点和难点，教师在授课前预计的知识重点和难点，课堂上通过师生互动明确地提出来，并用探究的方式将真正学习的重点掌握、难点突破。

采取自主合作方法：先自主后合作，自主是合作的前提。只有在学生踏实自学、深入思考的基础上的合作交流，才能激发学生的思维，相互补充，相互完善。合作研讨要让每个学生都有发言的机会，培养学生的自信心，在大胆交流的同时教给孩子抓住要领，学会倾听，吸取别人的长处，完善自己的观点。

三、教师作用

教师在课堂教学中组织起有效的合作学习，既能缩短师生的距离，又能改善同学间的人际关系，还能发挥学生的集体智慧，激励每一个学生发挥出最高水平，提高学习效率。新课程改革非常重视这种学习方式，鼓励合作学习，促进学生之间的相互交流、共同发展，促进师生教学相长。

1. 教师在合作学习中的角色是组织者、管理者、合作者

在学生按照自主探究、合作讨论、组间交流、自测互评的过程进行学习时，教师要在各组之间来回巡视，及时了解合作情况，进行合理的组织、参与指导，不断监控小组活动，及时对小组活动进行反馈，确保合作学习顺利进行。避免小组不能很好地合作，或只有少数人发表意见，或因为各组学生差异较大而讨论时间进度相差甚远，控制时间长短和噪音，防止失控、浪费教学时间。在交流时要告诉学生注意倾听他人的发言，有礼貌地阐述自己的观点，不要把自己的观点强加于人，要通过交流提升自己。

2. 教师在合作学习中的角色是促进者、引导者研究者、生成者

合作学习要想取得最佳效果，教师必须善于审时度势，捕捉并把握好最佳、最难得的合作学习的契机，如山重水复时、众说纷纭时、节外生枝时、实践体验时、竞争比赛时、信息共享时，都是进行合作学习的适宜时机，此时教师为学生搭建起有效的交流平台，借机唤醒学生沉睡的潜能，激活封存的记忆，开启幽闭的心智。合作时机不仅可以选择，甚至可以创造。选择合适的合作时机，抓住合适的合作契机，创造合适的合作契机，使学生共同合作，师生协作不断生成新的学习资源，这样的课堂教学必将收到不期而至的精彩。

3. 教师不应是旁观者，更不要做局外人

教师要深入到每个小组，认真倾听大家的发言，适时地与小组成员进行交流。具体地说，教师在合作学习中应起如下作用：

（1）规范行为。教师要认真观察和了解每个小组的活动情况，发现个别学生不能认真参与交流，做与合作学习无关的事情，或个别小组交流不认真，教师都要及时地加以引导，提出明确的要求，确保合作学习能够顺利开展，并且不流于形式。

（2）发现"火花"。交流的过程是学生间思维碰撞的过程，时常会有思维的火花闪现。这种火花可能是一种独具特色的解法，也可能是一个富有创意的想法，还可能是一句富有哲理的话。教师要在倾听中努力去感受和寻找。如老师仔细看学生们编出来的题，发现其中有特点的题，就让他们把编好的题写在纸上，送到前面，以备交流时用实物投影展示出来。这就是在发现思维的"火花"。

（3）排除障碍。在合作学习中，时常会出现因为思维受阻而不能深入的情况。这时就需要教师及时的点拨，才能使学生很快地排除障碍。

（4）引导深化。在开始采用合作学习这种形式时，小组的交流和讨论往往容易出现交流与讨论层次浅、表面化。比如，老师要求学生对一个问题寻找多种解法，学生往往满足于解法的数量，而忽略的是解法的类型和独特性。这是在开展合作学习时教师必须引起注意的。有经验的教师就有这方面的意识，当他发现学生们编题的数量较多，然而基本上是从一个角度思维的

结果，于是他便提醒学生能否换个角度再编题。这样就使学生在发散思维过程中，不仅关注流畅性，还要关注变通性，更要关注独创性。

欲发挥自主合作学习的作用，提高课堂教学的效率，需要进行和解决许多细节问题，细节决定成败。不然也会"千里之堤，溃于蚁穴"。任何宏大的计划和伟大的工程，都依赖于每个细节的正确实施和准确定位，否则还会"失之毫厘，谬以千里"。当前的合作学习中存在着一些问题，严重影响了自主合作学习的效果，如成员分工不明确，内容选择不精，课堂调控不得力，技能培养不到位，反馈评价不及时，教师角色太单一，合作时间过长过频，讨论问题或深或浅，课堂互动不够，显得沉闷，合作淡然等，诸如此类问题必须加以研究解决，这样才能使自主合作学习深入开展下去，并且发挥其功效。

在以往的课堂教学中，老师们曾积极尝试使用小组合作学习来促进学生学习方式的转变，收到了很好的效果，获得了一些课堂组织学生合作学习的宝贵经验。而今，在积极参加学校推进课堂教学改革，实施"问题引领、自主探究"教学模式的活动中，老师们深刻领悟到应该关注以上每一个细节，让细节成就完美，让课堂走向高效。

总之，要让学生真正融入到合作学习之中，教师的准备、组织、指导作用是左右合作能否成功的关键因素，个体独立思考的价值在于为有效的合作奠定了成功的基石，适当的合作学习次数、适宜的合作时间为有效的合作开辟了一片师生互动、生生互动的新天地。

四、管理机制

科学合理地建立合作学习小组的运行机制。"硬件"上，包括根据班级情况和学生特点，对学生科学分组，成员编号、分工，明确职责和任务，合理编排座位，对学生进行自主合作学习意识的灌输和实施程序、实施方法的指导。"软件"上，建立自主合作学习的实施规则，即在教学的各个环节中，对学生进行合作学习的约束、评价、考查以及课后个人、组内、组间进行自主探究和相互监督时的奖惩办法和激励手段。

科学合理地设计自主合作学习的目标和任务。设计好自主合作学习的目标和任务是取得预期效果的前提。所以，要根据新课程标准的理念和合作学习的实际，认真设计学案，即合作学习的讨论提纲，选择内容要精当，问题不能立得过多、过高，难易和开放性、探索性要适度，应多选择那些学生感兴趣的、关心的、熟悉的、有利于学生掌握相关知识和思维方法的内容确立为合作学习的目标和任务。

科学合理地组织合作学习，有效地提高课堂效率。如果说前面两项内容的组织和筹划是合作学习的前提和保障的话，那么课堂具体的实施就是合作学习成败的关键，是重中之重。教师身在合作之中，又在自主之外，所以，必须明确教师的角色定位。

第四节　展示交流，综合能力强化

在"问题引领、自主探究"教学模式的实践中，展示作为课堂学习中学生活动的重要环节，是学生个体和合作小组学习信息的表达与交流的主要形式，直接影响学习目标的达成、教师教学信息的反馈及学生资源的挖掘。有人做过一项实验：两周后我们大概还记得什么。实验结果表明，两周后，我们说过和做过的事记得90%，我们说过的事记得70%，我们听过和看过的事记得50%，我们看过的事记得30%，我们听过的事记得20%，我们读过的事记得10%。听来的忘得快，看来的记得住，说过的做得来，做过的就会用。实际上，任何学习都必须经过实践的检验才知道优劣，任何学习都是为了进一步的学习和实践创新。

以往，课堂展示环节中容易出现的问题不少，部分学生不能积极参与思考和展示，有坐享其成的现象。学生展示中随机问题占用较多的时间，不能及时解决。理化演示和科学课设计实验时学生观察和参与程度不够。

为此，北潞园学校提出了课堂展示要坚持5个基本原则：①激励性原则。展示采取的形式和内容对学生的学习有激励作用，让学生在展示的对比中认识自己，发现不足，激发斗志，调动学习的积极性，使自己积极主动

地参与到学习中来。②公平性原则。给每个学生提供和创造展示的机会，不歧视任何一名学生，不放弃任何一名同学。③适时性原则。选择合适的内容、时机展示，绝不能为展示而展示。④灵活性原则。因人而异、因内容而异，不同学习情况、不同的学生可采取不同的展示方式，让学生表现自己个人的特长和才艺。⑤全员参与原则。展示要顾及每个层次的同学，面向全体，决不能把课堂变成某些学优生的天地。重在实现7个方面的突破：①展示能有侧重，什么问题该学优生展示，什么问题该中等生展示，什么问题该学困生展示，由哪层学生来点评，这个教师在备课的时候就能设计好。②展示人和点评人准备充足，教师在巡回指导时能给予特别关注。③展示的问题的量适当。上课前提前备好哪些问题应该是口头展示，哪些问题应该是黑板展示，展示的问题不必过多，要能保证一节课"堂堂清"。④学生展示和点评时能脱离材料，并对立姿、体态语言、说话的语气规范都能有要求，如点评结束时要说："这个问题同学们都明白了吗?"、"有问题的同学请提出来"、"谢谢"等。⑤展示和点评不仅仅是让小组内一个学生讲解，更不只是展示答案，由原来的老师板书讲解换成学生的板书讲解。能充分利用好小黑板，各个小组同时展示，展示小组讨论沉淀下来的方法、规律和解决不了的疑难问题，引起全班同学的思考和借鉴，达到全体同学高效学习的目标。⑥要尽量书面展示，展示的同学字迹要工整认真，板书规范，效率要高。⑦理化学科发挥学科实验特点，可让学生设计和展示实验，激发学生思维，并从中发现问题，规范学生操作过程。

在合作研讨的基础上，各组选派代表汇报小组研讨成果，小组其他成员可作补充。其他各组可质疑，汇报组针对问题给予解答。教师此时可参与讨论，适时加以引导、点拨，生生互动。

自学以后就是展示，包括创意展示和新问题的提出。创意展示就是在知识的学习与研究中，学生产生新想法、解决问题新方法、新途径是很正常的，充分利用学生学习中的这些思维"火花"，让学生展示是对学生深度思考的肯定与鼓励，也能促进学生的个体创新转化为群体创新，促进创新能力形成。对新问题有疑问的展示，提出一个问题，往往比解决一个问题更重要，因为解决一个问题也许仅仅是一个物理上或实验上的技能而已，而提出新的问题、新的可能性，从新的角度看待旧问题，都需要有创造性的想象力。教师要善于启动合作小组，因势利导，及时转化为小组或班级的共性问题，交给大家研究，这对于问题提出者是一种激励，也便于学生群体资源功能的发挥，促进学生科学素养的形成与发展。

通过展示环节更便于促进学生积极主动完成任务，感受成功或失败，激发学生参与学习与积极性。培养语言表达能力和探究精神，暴露学生学习中存在的问题或认知缺陷，感受成功或失败。还可以收集学习信息为诊断补救做准备。

首先，做好展示的准备。展示前要给予学生充足的准备时间，引导学生通过小组交流，解决疑惑，然后组长结合组员学习情况，给每个小组成员分配好任务，组内成员分工合作团结一致，以最好的形式汇报展现本组的学习成果和疑惑。各小组提出在预习过程中出现的疑点或新发现的问题，相同的不重复提出。教师对各小组表现情况进行鼓励性评价（所用时间最好控制在10分钟以内，但又要让各小组充分发言）。

接着，教师针对个小组提出的问题迅速进行组织整理并结合已准备好的新授课的教学内容，对学生提出的疑点和相关的新发现的问题进行点拨、引导、分析、讲解，其间尽可能地让学生回答，突出重点，解决难点，不脱离教材，不丢掉教材中的重点难点问题的讨论。教师尽量减少完全不涉及教材内容的陈述，并及时对各小组的表现进行评价，充分利用组与组之间的竞争，最大限度地调动每位学生主动参与的积极性，让课堂因互动而精彩。授课教师要结合本节课所学内容，更要抓住本节课的重点难点设计合作交流的内容，展示的内容具有典型性、代表性。也可以展示典型问题的一题多解、一题多变（最好是学生能从不同的角度提出问题），有利于培养学生的发散思维，同时充分发挥学生的主动性、积极性，进一步培养学生的学习兴趣。

最后教师总结提升问题解决的深度和广度。对于很容易的知识问题，可通过小组交流解决，不用搬到课堂上进行小组交流展示，以免浪费时间。很难的知识也不必放到展示环节，很多同学弄不懂，也会浪费课堂的宝贵时间。

学生表达能力的要求是多方面的，也就是说在展示的方式上可以灵活多

样，如口头展示、书面展示、教具展示、板书展示等都可以，这样可以促进学生表达和书写能力的综合提高。学生的交流展示离不开老师的适时点拨，当学生出现较大的思维跳跃和断裂时，教师要做适当的补充和过渡，而且态度语气要亲切，以正面肯定为主，这样以保证中差生的上课效果。

学生展示与教师评价有机结合。授课教师需训练学生，在学生展示出现精彩之处时，要同学们给予掌声，使展示的同学能够得到赞扬和鼓励，激励他们继续努力，为下次带来更精彩的展示埋下伏笔。在课堂后段 5 分钟左右，要求学生迅速整理本节课的知识结构和要点，并举手代表本小组提出一个与本节内容有关的最想提出的问题，教师根据问题的难易度酌情解答，或请学生回答。展示结束后，不管好坏，都给予积极的评价，不能只看结果，还要注重过程，同时也要看到勇于表现的精神。每组成员都享有评价其他组代表的权利和义务，同时也享有被评价的资格。评出优胜组和最佳答题手。布置作业。公布或分发新的预习提纲。

另外，展示过程中一定要强调时间观念；强调规范的语言表达；强调肢体语言的运用；强调其他同学的倾听习惯。

不同类型的课，还有不同的具体要求：①新授课在独立完成学案、充分理解教材、合作探究的基础之上提出疑问、探究疑问、展示疑问。②复习课对基础知识的复习不必展示，可直接进入检测环节，在检测中展示成果。③阅读复习课主要展示更多的疑问和问题。④实验课上进行实物或模型操作展示，如学过分子、原子内容后制作分子模型，通过学生的展示比较认识分子和原子的关系，加深对相关内容的理解，重在对关键环节的操作演示。

第五节　实践检验，知识反思与能力发展

实践检验，又称课堂检测环节，就是在课堂上对学生本节课所学知识进行检查测试，以此来评定教学内容是否完成的一个过程，在前 3 个环节的基础上，此环节要求教师和学生对所学知识进行再认知。要真正实现课堂高

效,那么课堂检测这一环节应该是重中之重。检测什么、放在何时、多长时间、以何种方式进行,怎样才能让课堂检测真正促进教学,实现高效课堂,北潞园学校的做法给予了解答。

检测的目的不只是评定学生成绩,还能通过学生的检测情况,明确教学的薄弱环节,为教学补救提供依据,在很多情况下,检测可提供的信息可以帮助教师发现教学中存在的问题,如果班级中大多数学生在某一试题上都出现了错误,可以断定是教学出了问题。

教师在学生自学、合作学习、互动交流的基础上,及时调整课前检测方案,对检测内容增补删减。此环节学生必须独立完成,教师巡视判阅,适时指导,促进课堂有效性,把握课堂整体态势。值得注意的是要特别关注"两头"的学生,尤其是基础差的学生。

一、内容选择

课堂检测是为了检查本节课教学目标的完成情况,帮助学生巩固和消化课堂上所学的知识,发现并解决学生学习过程中存在的问题,弥补学生知识的缺陷和调节教师的教学。所以在内容选择上,老师依据课程标准制订教学目标,精心设计检测题,既要有统一要求,又要有适合优秀学生和困难学生实际的选做题,以达到面向全体学生,促进所有学生的发展;同时做到题目少而精,题型具有代表性,使学生能举一反三,触类旁通。要紧紧围绕教学目标,以教学重点难点为主,尊重学生的独特体验。检测设计要直奔学习目标,适度适量,便于学生完成(以书本知识为主,也可以从练习册上选取典型题)。要突出本节课的重点和学生应该掌握的基础知识,力争使学生能够把所学知识节节清、堂堂清。要做到低起点、多层次。既要面向全体又要针对个别学生,做到全体学生吃饱,个别优生吃好。注意把握检测题的题量。比如数学课上,一般不要超过 3 道题,以 5 分钟为宜,如果题量多,就影响了检测效果,使"当堂检测"达不到预期效果。例如语文课上既能检测出学生对词语的理解、掌握、运用能力,又能检测出学生对文章主题和内容的理解感受能力,还要检测出学生对一些特殊句式、标点符号的迁移运用能力。让学生创设语言环境,运用这些词语,这样才能达到词语教学的目标。而在

作者所表达的主旨上，检测时应从文中找出重点句，从重点词的感悟上检测学生对文本的理解。这些都是教师设计检测题所包含的内容。英语老师设计练习或布置作业时遵循"两部三层"的原则。"两部"是指练习或作业分为必做题和选做题两部分；"三层"是指教师在处理练习时要具有 3 个层次：第一层次为知识的直接运用和基础练习，是全体学生的必做题；第二层次为基本技能题，以中层学生能达到的水平为限；第三层次为综合性问题。这样可使学优生有练习的机会，中层学生、学困生这两层学生也有充分发展的余地，都能享受到成功的喜悦，因而提高学习的积极性。

二、时间安排

课堂是一个动态生成的过程，合理有效的课堂检测是贯穿课堂教学始终的，绝不仅仅是最后几分钟的事情，它应该对课堂教学的每一个环节进行全程检测，及时了解学生的学习状况，及时调整教学方法和策略。因此，教师在教学时，必须灵活掌握检测时间。首先，课堂检测这个环节不能拘泥于某个固定的时间进行。例如，语文课上要检测的内容会很多，包括读、写、感悟、练笔等多方面的内容，如果总把这个环节放在一节课结束时，检测难免会仓促，或者流于形式，起不到检测的目的。鉴于此，老师们将检测渗透到其他环节中进行，如读的检测，可以在预习检测环节中进行，课文理解感悟的检测可以放在交流解疑的环节中进行。其次，根据每节课的内容，会有不同的安排。新授课，如果这节课的内容不多，就安排前测和后测，前测有 1~2 个小题，都是重要的知识点，有些需要反复测。前测不过关的学生，当时就让学生巩固记忆，其他过关的学生做本节课学案。后测考察的是这节课的内容，有时会联系前面所学的知识，培养学生综合运用所学知识的能力。当时公布正确答案，学生按自己情况完善答案，并且加强记忆，老师个别抽查、辅导。单元复习课，讲完每一单元都进行单元复习，师生共同理清本单元的知识线索和重要知识点（一般需要 20 分钟的时间）留给学生 10 分钟时间进行巩固复习，解决疑难问题。可独学，可生生合作、小组合作、问老师，留够 10 分钟进行检测，然后统一收上来，老师批阅。问题比较大的学生课间个别找，个别辅导。

三、检测形式

检测形式应该是灵活多样的。①操作。同桌同组互批、教师出示答案学生交换互查、教师随堂判。当堂统计分数，并记录。每周公布测试结果，可以是总分、平均分，通过公示调动学生的积极性。②形式。口头上的检测有：题目品读，思维导读，角色背诵、理解体会等；笔头上的检测有：听写默写、仿真习题、批注摘录等；只要有自学就会有相应的检测出现。检测也可以同桌互相进行，也可以抽查一部分学生，也可以小组长进行检测，最好让学生按照题目的不同进行各种形式的回答或板演，但其核心是要让其他学生时刻准备回答问题。还可以有预习性检测，练习性检测和复习性检测。分层检测，根据学生的知识水平和学习能力的差异，实施分层考核办法，测验时试卷设计可分为必做题和选做题两卷。必做题属检测达标的基本要求，选做题则属较高要求，为加分题。这种设计方法可使学优生有更多的成功机会，进而增强其学习的积极性和自信心，同时也可使中层学生、学困生这两层学生不易满足，激发其求知欲。

四、要注意的问题

一要及时：当堂知识当堂检测；单元知识及时检测。不管采用哪种检测形式，必须要有及时的反馈矫正。反馈矫正既可以是体现师生互动的问答式、举手式、批阅式、板演式等，也可以是体现生生互动的互对式、批阅式、讨论探究式等。二要面向全体分层检测：要做到因材施教，因人而异，因异而求。检测内容要注意层次性。三要明确检测是要达到打造高效课堂的目的，教师要注意把学生的情绪调动起来，让学生紧张起来，做到环环相扣，提高课堂节奏，达到课堂高效的目的。

第六章

"问题引领、自主探究"的实践探索

任何一个优秀的教师，他必须是一个善于激起学生对自己课堂兴趣，确立自己课堂吸引力的教师。

——苏霍姆林斯基

As an excellent teacher, he must be a good teacer that is good at arousing the students' interest in his class and establishes his class attraction.

——Sukhomlinski

苏霍姆林斯基说过，任何一个优秀的教师，他必须是一个善于激起学生对自己课堂兴趣，确立自己课堂吸引力的教师。"问题引领、自主探究"教学模式是以点拨为教、探究为学的一种课堂教学模式。在学科教学中，"点拨"是指教师以问题设计理念为主线，创设问题情境，引领学生积极思考，激发学生主动参与，不断调节学生的学习行为，让学生在问题中探究，在探究中获取知识，在知识迁移中发展能力。

第一节　学科初探

在课堂教学中，各学科拿起"问题发现"这一利器，以模式打造为引子，以质量提高为根本，一方面"眼睛向外"，对国内外课堂教学模式进行校本化尝试研究；另一方面"眼睛向内"，"挖掘"本校教师特色，"提取"本校课堂"素材"，通过"组合"、"嫁接"、"打磨"，力争"培育"、"总结"、"提升"出自己的课堂教学样式。"把教师个体优势推广为集体行为，把优势学科举措提升为常规方法"，把一些"闪光点"、"创新点"、"小窍门"、"小绝招"加以强化、固化和提升，注重发挥教师个体和团体的创造性。以塑造课堂特色为教学改革的推手，形成适合本校校情的教学思想，实现课堂教学"高质量、高效益"的教学目标。

教学目标上求知增慧、修身养性（落实育人为本的教育理念，教学过程是建构知识、启迪思维、发展智慧、完善人格的过程）。教学策略上晓之以理，让学生思考接受；导之以行，让学生活动探究；动之以情，让学生有情感体验；传之以神，让学生参与合作交流。学习方式上有机融合"独立学习、合作学习、班级学习"课堂组织形式，利用"个体反思性学习、同伴互助性学习、教师引领性学习"等多种方式，指导学生进行"有意义学习"。

"味道是最说不清楚的，味道不能写只能闻，要你身临其境去闻才能明了。味道甚至是难于记忆的，只有你又闻到它你才能记起它的全部情感和意蕴。"（史铁生，《我与地坛》）课程改革重心在于学生"会学——问题解决"

能力的培养，即注重培养学生发现问题的能力、分析问题的能力、运用知识和技能的能力、筛选问题解决策略的能力、自我反思矫正的能力等。

一、语文，以生为本，浸润人文精神

语文学科教学树立"学生为本"的思想，让学生位于自我为主体的支点上"动口"、"动脑"，张扬学生的学习个性，建立师生民主学习的教学氛围。语文学科教研组注重培养学生的创造性思维，让学生能用自己的眼光去观察，用自己的头脑去判别，用自己的语言去表达。例如，有一位老师教学《狐狸和乌鸦》，在引导学生理解狐狸第三次说奉承话时，问学生："乌鸦的羽毛和麻雀的比起来，谁的更漂亮？"好几位学生都回答是麻雀的羽毛要比乌鸦的漂亮，但有一个男生说："我觉得乌鸦的羽毛更漂亮，因为我喜欢黑色。"那位教师，就没有简单地否定他，也没有急于去纠正孩子的看法，而是鼓励他、赞赏他的个人独特见解，又不失时机地把他的思维引向理解狐狸说乌鸦的羽毛漂亮是真心还是假意的问题上来。语文学科教师拥有开放的意识、民主的态度，允许学生对同一文章有不同的理解和看法，对同一事物有不同的描述和说明；对同一事物的观察有不同的方法和角度，对同一情境的刺激有不同的反映和表现。将语文的学习过程作为学生展现个性、表现个性、培养个性和塑造个性的过程。

1. 转变教师的教学观念，以生为本，以学定教

《义务教育阶段语文课程标准》指出："学生是语文学习的主人"，"语文课程必须根据学生身心发展和语文学习的特点，关注学生的个体差异和不同的学习需求"，"语文教学应在师生平等对话的过程中进行"，这就要求教师要摒弃"长幼有序"、"师道尊严"的传统宗法观念，尊重学生的独立人格，认同学生的主体地位，把自己置于与学生平等对话的地位。作为学生学习活动的引导者和组织者，教师首先能够创设民主、平等、宽松、和谐、友爱、合作的课堂教学氛围，全方位调动学生学习的兴趣和内在潜力，引导和鼓励学生带着自己的知识、经验、思考、灵感、兴致参与教学过程，参与知识获得的过程。其次要从以往的"标准划一，关注少数"转向"面向全体，关注个别化的学习需求"，能根据学生的个体差异和不同的学习需求来设定

和及时调整教学目标，关注每个学生的发展，在充分尊重个性的基础上实现因材施教，灵活组织课堂教学，因势利导；合理利用和开发课程资源，沟通课堂内外，拓宽语文学习的空间，增加语文实践的机会，"以满足不同学生学习和发展的需要"来实现"问题引领、自主探究"。使语文教学成为教师启发和激励学生充分发挥主体作用，积极主动掌握知识和发展智力、能力的活动过程。

2. 转变学生的学习方式，让学生"自主、合作、探究"的学习

《义务教育阶段语文课程标准》倡导"自主、合作、探究"的学习方式，就是要改变学生被动应付、机械训练、死记硬背的语文学习现状，从而确保学生学习主人的地位，把个性化教学落到实处。"自主"指学生有学习的主动权和选择权，学生可以根据自己的程度，按照自己的意愿去选择学习的内容，这在一定程度上可体现学生分层、目标分层、施教分层的个性化教学操作策略。比如，学习《林海》，学生可以自由选择"岭"、"林"、"花"任何一部分内容进行自主学习，细细品味其中的两三个词语或句子，无需按照教师的指令、划一的要求，面面俱到地通篇学习。"合作"是指学习的组织形式，在以班级授课制为主的教学组织形式下，采用小组合作学习的形式，可以改善传统的秧田式教学师生单向交流的方式，有助于构建全班教学、小组集体合作学习、学生个体学习的教学动态组织系统，通过师生、生生的多向互动交流，使每一个学生都有语言实践和自我表现的机会，既让每一个学生都发表自己的学习心得，也养成注意听取别人意见的良好习惯，促进学生之间的互相启迪，互相帮助，以解决学习中的各种问题，共同完成学习任务。学习《林海》一课，在个人自主学习阶段，学生们可以从各自最感兴趣的部分入手学习：甲生可以欣赏大兴安岭的"岭"之温柔；乙生可以领略大兴安岭的"林"之绿，丙生被大兴安岭盛开着的各种各样的野花的美景所吸引……然后在小组合作学习、全班交流汇报的过程中，学生们通过听取其他同学的学习汇报，从中吸收他人的精华，充实个体的经验，整合自己的认识，最终达到感悟全篇的效果。"探究"是指在实践中进行探究性的学习。学生的个性发展，只有通过学生的主动探求、实践参与才能完成。"标准"强调"在大量的语文实践中掌握运用语文的规律"，这就要求教师在课堂学习中，要借助课文的语言情景，创设主动、互动、生动的学习局面，在师生互动、生生合作的动态组合中，给各种类型的学生提供适合他们各自发展的听说读写的实践机会，让学生在听说读写议演等各种活动中学习语言，积淀语感，陶冶情操，培养个性。这样，师生在互教互学的过程中，达到共识、共享、共进，彼此形成一个真正的"学习共同体"，使语文课堂教学真正成为师生生命活动发展的天地。

如一位教师在教学《我的战友邱少云》一课时是这样做的。在讲完课文后，他突然提出了一个问题："邱少云和战友们都潜伏在浓密的草丛中，当大火蔓延时，为什么别的战士身上没有着火？"这一问，如同一颗炸弹，把同学们问得目瞪口呆，一时不知如何回答。老师趁机布置课下作业，让大家课下找资料解决这个问题。下课后，学生们分成小组，策划解决方案，纷纷行动，到处查询有关资料，功夫不负有心人，终于有一个小组找到了相关资料。在课堂上，发言的同学汇报说："一本介绍志愿军战斗英雄的书上说，当时战士们早就想到敌人会打燃烧弹，所以出发前都把衣服浇湿了，战士们是穿着湿衣服趴在草丛中的，所以身上没烧着。"老师问，"那么，邱少云为什么烧着了呢？"学生回答说："邱少云是通信兵，为了保护身上携带的文件资料，他没有把衣服浇湿，所以着火了。这反映了邱少云为了革命需要勇于献身的高贵品质。"这一席话赢得了阵阵掌声。学生通过自身的探索与研究，不仅找到了答案，更重要的是学会了解决问题的方法，学会了合作，学会了用自己的话来表达自己的思想和认识。

3. 转变评价体系，实现课堂评价的人性化

多元智能理论指出："每个孩子都是一个潜在的天才儿童，只是经常表现为不同的方式。对于一个孩子的发展，最重要、最有用的教育方法是帮助他寻找到一个他的才能可以尽情施展的地方。在那里他可以满意而能干。"这就要求教师在评价学生时，不可求全责备，有时还需要适度模糊，看优点用"凸透镜"，看不足用"凹透镜"。①正面表扬，促进发展。美国心理学家威廉·詹姆斯有句名言："人性最深刻的原则就是别人对自己加以赏析。"教育首先是一种保护，在课堂教学中，教师首先应和学生站在平等的位置上，用鼓励的目光，真挚的情感，朴实的语言振奋、感化他们。每一堂课

上，我们都会根据学生的表现评选"举手最积极"、"朗读最动听"、"写字最端正"、"声音最洪亮"……的孩子，让学生产生一种积极、自信、乐学的愿望。我们深信每一名学生身上都有亮点，我们的责任就是让每一个亮点都亮起来，让无数个亮点汇聚到一起，在每一堂课中发光、燃烧，让学生愉快地获得一次次的成功。②呵护心灵，重塑自我。心理学家伯利纳通过实践证明：受到鼓励的学生学习劲头十足，学习成绩不断提高；而缺乏激励的学生，学习没有劲头，学习成绩不断下滑。在课堂教学中，对学生的不足，教师的评价一定要讲究艺术和策略。每个学生都有不同的特点，有着各自的长处和不足，在学习语文方面有着不同的表现，他们有的朗读困难，有的记不住字词，有的表达能力欠缺等，由于学生本身的素质、特点具有差异性、层次性和复杂性，相同的教学条件和教学投入，不同的学生其教学效果也会有差别。所以在教学过程中应结合学生的不同特点因材施教，体现个性发展，呵护他们幼小的心灵。当教师给学生提供一根杠杆、一个支撑点和一份勇气，引导他们看到自己的能力和进步从而增强学习信心时，当课堂成为学生重塑自我的精神家园时，我们的教育才是真正的教育。

二、数学课堂，探究问题有空间

数学是人们对客观世界定性把握和定量刻画，逐渐抽象概括，形成方法和理论，并进行广泛应用的过程。20世纪中叶以来，数学自身发生了巨大的变化，特别是与计算机的结合，使得数学在研究领域、研究方式和应用范围等方面得到了空前的拓展。数学可以帮助人们更好地探求客观世界的规律，并对现代社会中大量纷繁复杂的信息作出恰当的选择与判断，同时为人们交流信息提供了一种有效、简捷的手段。数学作为一种普遍适用的技术，有助于人们收集、整理、描述信息，建立数学模型，进而解决问题，直接为社会创造价值。

义务教育阶段的数学课程，其基本出发点是促进学生全面、持续、和谐地发展。它不仅要考虑数学自身的特点，更应遵循学生学习数学的心理规律，强调从学生已有的生活经验出发，让学生亲身经历将实际问题抽象成数学模型并进行解释与应用的过程，进而使学生获得对数学理解的同时，在思维能力、情感态度与价值观等多方面得到进步和发展。

数学教学活动必须建立在学生的认知发展水平和已有的知识经验基础之上。教师应激发学生的学习积极性，向学生提供充分从事数学活动的机会，帮助他们在自主探索和合作交流的过程中真正理解和掌握基本的数学知识与技能、数学思想和方法，获得广泛的数学活动经验。学生是数学学习的主人，教师是数学学习的组织者、引导者与合作者。

遵循学生学习的本质规律，调动学生探究的本能意识，发掘学习内容的本意内涵，追寻解题思路的本源方法，通过互动交流的本色对话，促进学生的本真发展。在"解决问题"上，初步学会从数学的角度提出问题、理解问题，并能综合运用所学的知识和技能解决问题，发展应用意识。形成解决问题的一些基本策略，体验解决问题策略的多样性，发展实践能力与创新精神。学会与人合作，并能与他人交流思维的过程和结果。初步形成评价与反思的意识。在"情感与态度"上，能积极参与数学学习活动，对数学有好奇心与求知欲。在数学学习活动中获得成功的体验，锻炼克服困难的意志，建立自信心。初步认识数学与人类生活的密切联系以及对人类历史发展的作用，体验数学活动充满着探索与创造，感受数学的严谨性以及数学结论的确定性。形成实事求是的态度以及进行质疑和独立思考的习惯。

本质提升"问题引领、自主探究"的教学精华，强调"基本知识、基本能力、基本方法、基本应用、基本思想"等 5 项要求。在"数与代数"、"空间与图形"、"统计与概率"、"实践与综合应用" 4 个学习领域。课程内容的学习，强调学生的数学活动，发展学生的数感、符号感、空间观念、统计观念及应用意识与推理能力。

课堂变革抓手：特色化作业设计、教研化教师备课。例如在教学中，对低学段学生要引导学生联系自己身边具体、有趣的事物，通过观察、操作、解决问题等丰富的活动，感受数学的意义，体会数学用来表示和交流的作用，初步建立数学好感，尽量减少单纯的技能性训练，避免繁杂计算和程式化地叙述"算理"。对具有一定教学的第二学段学生，通过解决实际问题进一步培养学生的数学好感，增进学生对运算意义的理解，鼓励算法多样化，使学生经历从实际问题中抽象出数量关系，并运用所学知识解决问题的过

程，避免将运算与应用割裂开来，避免对应用题进行机械的程式化训练。对初中学生，注重让学生在实际背景中理解基本的数量关系和变化规律，注重使学生经历从实际问题中建立数学模型、估计、求解、验证解的正确性与合理性的过程，应加强方程、不等式、函数等内容的联系，介绍有关代数内容的几何背景；应避免繁琐的运算。

探究要有问题空间。不是什么事情，什么问题都需要探究的。问题空间有多大，探究的空间就有多大。如教师要求学生用手中的学具去发现平行四边形面积公式，这个问题不是学生一眼就能看明白，一下子就能想明白的，它需要认真观察、比较，脑子多转几个弯才能发现。因此，它为学生提供了较大的探究空间。又如教师让学生自己动手画圆，从中发现一种重要的规律和思想，这个问题的探究空间就更大了。由此可见，要想让学生真正地探究学习，问题设计是关键。问题从哪来，一方面是教师设计，另一方面是学生提出。这里我们只研究教师如何设计具有探究空间的问题。教师要想设计出具有一定的探究空间的问题必须从内容和形式两方面去努力。

第一，从内容上。教师设计的问题必须符合维果茨基的"最近发展区"理论。前苏联教育家维果茨基在谈到教学和发展的关系时，提出了"最近发展区"的理论。他认为，儿童有两种水平，一种是儿童现实中所具有的实际水平，叫现实水平；另一种是在教师引导下儿童所能达到的水平，叫潜在水平。在儿童的现实水平与潜在水平之间存在一定的空间，这个空间就是"最近发展区"。我们形象地把它称为是"跳一跳，摘桃子"。这个桃子不是伸手可得，需要跳起来才能摘到手；但又不是总那么跳也够不到。教师在设计问题时，一定要把问题落在学生的"最近发展区"，这样的问题是最具探究价值的，太难或太易都没有探究价值。

第二，从形式上。教师要从教学目标出发，更多地设计一些发散类问题和探索类问题。从问题涉及的内容看，数学课上，问题类型有 4 种：一是判别类问题，主要是对事物加以判定，代表性词语是"是不是"、"对不对"；二是描述类问题，主要是对客观事物加以陈述和说明，代表性词语是"是什么"、"怎么样"；三是探索类问题，主要是对事物的原因、规律、内在联系加以说明，代表性词语是"为什么"、"你从中能发现什么"；四是发散类问题，主要是从多角度、多方面、多领域去认识客观事物，代表性词是"除此之外，还有哪些方法"、"你从中体会到了什么"。这类问题最根本的特点是答案不唯一。

充分的自主学习时间。在课堂教学中，时间是最重要的学习资源。一个教师对时间如何分配，直接反映这个教师的教学观。探究的问题性、实践性、参与性和开放性决定了探究学习必须有充分的自主学习时间，否则就是一句空话。如前面那位教师在引导学生开展探究平行四边形面积公式的过程中，给学生提供了充分的自主学习时间。当学生独立探索到 4 分钟时，教师发现有几位学生没完成任务，便延长了 1 分钟时间，然后用 15 分钟让学生展示自己的探索结果并进行验证。这位教师先后给学生提供的自主学习时间达到 20 分针，占总时间的近 50%。苏霍姆林斯基曾说过："自由支配的时间是学生个性发展的必要条件。"苏霍姆林斯基曾所说的自由支配的时间，其实就是这种自主学习的时间，同样它也是探究的必要条件。

多维互动的交流的空间。儿童深层次的认知发展既需要独立思考，更需要合作交流。建构主义把协作交流作为学习的基本要求之一。因为，从理论上说学生之间都存在着个体差异，这种差异就是一种宝贵的学习资源，学生的思维彼此之间就是最近发展区。如果我们的课堂一直是"一言堂"、"满堂灌"还有什么探究可言。凡是涉及探究学习的，教师都是把个别学习与合作学习结合起来，从而为学生的探究提供了广阔的交流空间。

三、英语学科提升学生语言素养

作为房山区义务教育阶段唯一一所具有外教资质的学校，北潞园学校十分重视英语教学工作，坚持以打造高素质教师队伍和开展高效课堂教学为切入点，以提升学生语言综合素养为重点，国内英语教师与外教相互配合，课堂英语教学与课外英语活动相互补充，培养学生国际化交流能力，奠定学生终身发展的基础。

1. 校园环境体现双语

校园文化体现双语，门厅的电子屏，楼道走廊、楼梯的世界文化介绍，校园内、草坪中、食堂里的语言警示牌，都配以双语说明。课间的铃声也设

置为双语提示，创设"张开眼睛见英语，竖起耳朵听英语"的英语学习氛围，大大调动了学生学习英语的兴趣。

2. 英语活动亮点纷呈

丰富多彩的英语活动为校园文化增添了一道亮丽风景。在活动中学生们可以尽情展示自己的风采，多样的活动培养了学生的观察、思维、想象、表达和创新能力，同时也发展了学生的自主学习能力和合作精神。为培养有世界眼光、适应未来社会的新型人才奠定了基础。

英语小组旨在使每个学生"想说英语，敢说英语，会说英语"。在宽松开放的氛围中接受口语训练。学生拥有了展示自己的舞台，浓厚的兴趣得到了激发。

英语周活动把英语学习推向高潮，为学生搭建更为丰富的舞台。学生对英语由兴趣变为乐趣，进而升华为志趣。英语周系列活动包括歌曲表演，诗歌朗诵，故事表演和一班一国英语巡讲等。

定期举行英语单词竞赛、英语朗诵比赛和英语书法比赛，不断培养学生的竞争意识，进一步提高学生英语交流的能力，推动英语学习向深层次发展。

外教的参与，融汇了中西方文化，更增添了学生学习英语的活力。通过交流、上课、活动等，让学生更好地了解英语国家的文化，吸取外国文化精髓、先进的教学思想、教学理念，实现了跨文化交流。

四、理化学科的"探究发现课堂"

1. 探究发现课堂——探究发现式教学

探究发现式教学是指在有限的课堂时空条件下教师充分发挥主导作用，创造条件，让学生作为一个智慧的发现者，真正成为课堂教学活动的主体，主动地去探究人类无限的知识，在创造性的发现活动中达成教学目的的一种教学方法。

2. 教学策略——做中学，学中做

从学科领域或现实生活中选择和确定尝试探究主题，在教师引领下，通过学生发现问题、实验、操作、推理、调查、搜集与处理信息、表达与交流

等尝试探究活动，获得知识、技能、情感与态度的全面发展。

五、政史学科的"问题引领课堂"

1. 问题引领

把"问题"作为教学的出发点，把产生的新问题作为教学的结束点，把探究的触角延展到课外，让"问题"成为学生学习知识、习得能力的纽带。任务驱动——能以"知识·思维性"问题引发学生进行思考、理解、品析、探究，能把主目标细化为一项项"操作·活动性"任务指导学生有效开展学习活动。

2. 教学优点

第一，"问题引领"组织教学比教师直白式讲授，学生更易于理解、掌握；第二，围绕"问题"进行学习，有助于不同程度的学生做好完成任务的准备；第三，"问题引领"提供了一个共享的学习环境，有助于学习者相互合作、相互交流；第四，"问题引领"为互动反馈搭建了平台，利于学生从过程中获得更多的知识和理解。

六、地理、生物、科学学科的"尝试探究课堂"

1. 尝试探究课堂

把整个课堂活动设计成一个学生在教师的引导下不断自动学习的过程。教师经过精心设计问题情境，激发起学生的好奇心，引导学生积极地去探究问题，在"尝试"中学习，从而培养学生的创新思维能力、分析处理信息的能力及问题解决能力的教学方法。

2. 教学特色

在教学活动过程中，教师尽可能地准备一些材料（这些材料应该是能起主导作用的、能为课堂的中心内容服务的），给学生创设一个相对开放的思维空间，为学生进行探究发现式学习提供基础，并对材料进行处理，巧妙设疑（问题要切合学生的实际，要循序渐进，但又要给学生较充分地表达自己能力的机会），让学生发现、归纳出材料中的有效信息。

七、艺术学科校本培训注重课程系统化与个性化

结合教师实际，音乐、体育、美术等学科教师校本培训注重课程系统化与个性化。从专业知识、专业技能上，为完成音乐、体育、美术等学科教学任务应具备的相关知识和技能。专业知识、专业技能板块，以学习音乐、体育、美术等学科专业技能为中心，以知识更新、技能提高为主体，旨在丰富教师的专业知识，提高教师的技能、技法水平，使其具备合理的知识结构、音乐、体育、美术等学科施教能力，造就专业基本功扎实的教师群体。在课堂教学能力上，按照音乐、体育、美术等学科教学能力为中心，以总结和升华教育教学经验为主体，旨在音乐、体育、美术等学科教师掌握现代教育理念，提高教师教育教学的实践能力和研究能力，造就有创新意识、创新能力的教师群体。在现代教育技术方面，以现代教育技术和美术专业软件为主体，旨在帮助音乐、体育、美术等学科教师掌握现代教育技术的手段和方法及软件的应用能力。在理论研究与交流方面，加强对音乐、体育、美术等学科骨干教师开展理论研究与交流活动，使他们由经验型向科研型提升。

音乐、体育、美术等学科教师可以根据自己的实际情况与需求，"自助餐式"的自由选择校本培训内容，自主构建知识、能力体系，从而达到提高自身整体水平的目的。

第二节　学段实践

为了体现北潞园学校九年义务教育阶段学科课程的整体性，依照《全日制义务教育学科课程标准（实验稿）》的做法，通盘考虑九年义务教育课程，根据儿童发展的生理和心理特征，我们在实验中，也将九年的学习时间具体划分为3个学段：第一学段（1~3年级）、第二学段（4~6年级）和第三学段（7~9年级）。

一、第一学段（1～3年级）

自学校将问题上升为课题以来，低学段年级教师积极开展研究与实施，通过课堂教学实践、反思，积累经验，并且在教学中不断充实、完善。教师们能将学校教学模式、自身教学风格相结合，开展生动有趣的课堂教学，并取得了较好效果。学校的教学模式分为4个环节，结合低年级学生的实际特点和年龄水平，没有实施课前预习去发现问题，而是积极创设情境来凸显问题；通过合作探究解决问题；巩固应用内化问题；拓展延伸创新问题。

发展学生自主参与的教学策略和学习策略的研究。教师的教学策略的研究包括教育观念的转变、教学方法的选择、现代教育技术的运用、教学效果的评价等。学生学习策略的研究包括学习习惯和学习兴趣的培养、学习方法的渗透、学习能力和学习效率的提高等。

初步建立低学段学生"问题引领、自主探究"的教学模式。通过学习、实验、探讨、总结，把课堂教学建立在学生自主学习的基础上，使课堂教学结构和教学活动发生根本性的变革，从而真正落实学生在教学活动中的主体地位，最大限度地促进学生的发展。这一教学模式仍强调教师在课堂教学中的"主导"地位，只是教师的"导"必须真正建立在学生"学"的基础上，以"学"定"导"，为"学"而"导"，从而从根本上改变以"主导"代替"主体"的课堂教学现状。

让问题意识落实在每一节课当中。"问题"一方面是疑问，另一方面是内容，让学生在每一节的课堂教学中都有问题伴随，他们自己通过各种各样的情景或者信息发现问题，然后通过观察、自悟、倾听、与人合作等形式来探究问题，通过多渠道最终解决问题，这种问题意识要从小培养，从每一节课中培养，这也是一种研究性学习的能力，对学生的终身学习很有帮助，也是必不可少的一种素养。

发现问题之后，通过多种形式解决问题，再通过形式多样的练习，巩固知识，内化问题；最后让学生发现身边的事例，将知识从课堂内延伸到课堂外，从而延伸问题，创新问题。

所谓"自主探究"，是指学生在教师的科学指导下，通过能动的创造性

的学习活动，实现自主性发展。教师的科学指导是前提条件和主导，学生是教育的主体。自主参与强调培养学生的学习动机和浓厚的学习兴趣，从而进行能动的学习。变革以知识本位的教育观念，树立以学生的发展为目标的教育思想，着眼于全体学生整体素质的全面提高。以知识教学为载体，着重培养学生的主体意识和自主学习能力，合作精神和交往能力。

破除以教师为中心的教育观念，一改过去教师一统课堂、独占讲台、以教案控制教学、以标准答案卡住学生思维的局面。课堂教学要以激发学生的自主精神、培养学生的学习能力为宗旨，引导学生主动参与学习过程。让每个学生愿学、乐学、会学、善学，促使全体学生素质的全面提高和个性的健康发展。

在课题研究中发现的问题还是不少。一是在贯彻"自主"这一理念之后，一些老师在制订学习进度上，在具体操作上还存在偏颇。一些教师不能将教师的主导和学生的主体一体化。这就进一步要求老师们坚持继承与创新的统一，着眼于课堂教学的时代性。二是课堂教学中采用的自主—合作式探究学习中，使部分学生产生了依赖性，在合作的过程中，无论是小组还是大组合作，这些学生只做旁观者，抽取了自己的思考探究过程，从而形成了惰性。这一情况的出现，就更要求我们坚持他律与自律的统一，着眼于自主探究的针对性。三是由于时间、空间等方面因素的限制，自主教学活动大部分还局限在课堂、校内，特别是一些延伸活动，还未能从狭隘走向广阔。自主探究能力形成的复杂性要求我们既要立足课堂，又要广阔延伸，在教学中坚持各方面的统一，着眼于自主学习的系统性。四是新课程的许多崭新的理念，要落实在课堂教学活动中、实验改革过程中，许多教师还相对稚拙。

为此，在今后的实验过程中争取有所改善。一要进一步引领教师教学观念的转变，全面促使他们自觉地、创造性地投入到"问题引领、自主探究"的教学模式变革之中，并以此为统领，有效地将"三维目标"落实于课堂教学。二要立足"自主"，特别关注和培养学生良好的学习方式与情感态度，切实提高自主学习、自主获得的能力。三要不断变换"合作"方式，让学生学习得更有兴趣，让学生在学习中享受与人合作的快乐。四要积极调整"问题"策略，激活学生思维，努力达到让学生在质疑中探究，在探究中发现，在发现中生成的理想境界，培育出真正富有生命活力的课堂教学。五要引导学生在实践中自主体验，在实践中自主合作，在实践中自主探究，在实践中自主发展。最后是要坚持完善课堂质量评价标准，全面推进课程改革，使教学模式特色化建设更加卓有成效。

二、第二学段（4~6年级）

课程改革实施以来，课堂教学的传统模式被打破，取而代之的是各种充满教育新理念的创新模式，给沉闷的课堂注入了新的活力。为了打造"问题引领、自主探究"的本色课堂，北潞园学校有计划地组织本组教师开展了"引领与展示"——学后归来亮牌课；"成功与梦想"——骨干教师观摩课；"激情与成长"——青年教师汇报课；"挑战与分享"——全组教师评优课等一系列课堂教学研磨活动，有力地促进了全体教师教学能力和业务水平的提高。

好课示范，用实践诠释理念。一种新的教学理念的落实，新的课堂模式的构建不是一蹴而就的事，需要全体老师沉下心、沉住气反复实践不断总结才能完成，作为业务能手和学段负责人，更需要快人一拍、超前一步把握与领会，方可引领全体教师有效开展实践活动。为此，在赴山东杜郎口、河北天卉后，张秀新、李小玉、刘春艳、赵玉敏等几位老师深入学习研讨，带头上示范课、研究课，用自己的课堂教学生动地诠释了"问题引领、自主探究"的理念，为全组教师做了很好的引领与示范。

骨干观摩，用先进带动一片。"引领与展示"——学后归来亮牌课示范后，我们又组织教研组长、备课组长及骨干执教了观摩课，他们精彩的课堂教学有效激发和带动起一大批老师积极投身到"问题引领、自主探究"课堂的打磨之中。刘华、史亚飞等年轻老师主动邀请校领导听课指导，他们谦虚好学，积极上进之心由此可见。

教学汇报，确保人人过关。在"引领与展示"——学后归来亮牌课、"成功与梦想"——骨干教师观摩课示范后，我校还组织开展了全员参与的课堂教学过关汇报活动，即组织业务教干、骨干教师对照《高效课堂质量检测标准实施意见》逐个过堂，对课堂教学薄弱的教师制订跟踪辅导计划，安

排业务骨干，跟踪听课，强化训练，强行入轨，确保人人过关。

课堂比武，在竞争中历练提高。为了让全体教师进一步内化新课程理念，熟练掌握"问题引领、自主探究"课堂的教学艺术与操作要领，我校组织参加全校及全区教师开展课堂教学大比武活动，目的就是要通过比赛，了解课程改革理念的落实情况，了解课堂理念的实施现状，逼迫教师们"在游泳中学会游泳"，"在战争中学习战争"。通过比赛我们发现各位老师的课都在改变、都在进步，其中赵伶娟、马国华、吕言丽、任国英、张春梅、段慧颖、丁海生等多位老师在这次比赛中脱颖而出，被评为一等奖，活动的开展也有力促进了全体教师课堂教学能力的提高和"简明灵动"课堂理念的落实。掀起一股浓浓的教学研讨之风。

三、第三学段（7～9年级）

努力把常规工作做好，做实。保证初中教学质量：①增强"义务教育"观念，为高一级学校和年级段输送优秀生源，加强初中的管理和考试辅导；②初中教学主任要从初中课堂的教学组织、教学常规抓起，实施初中教与学的管理，建立年级主任教学质量责任制；③开齐课程，开足课时，针对某些弱科指导力度要加大；④对新课程标准条件下的中考做积极、深入地研究。

深化教学改革，更新教师观念，培养教师的教学技能，促进教师的成长。加强对学生的管理，狠抓常规、"双基"、培养学生的习惯，为学生的进一步发展打好基础。把教学质量作为生命线，创建和谐年级。

课堂质量是保证。瞄准课程改革导向，课堂监控要落实在3个"聚焦"上，从"教"的行为规范抓起，在"实练"中出成绩，在"实练"中见效益。按照"问题引领、自主探究"教学模式中提倡的"问题导入，求知和知识探究；自主合作，重点突出和难点突破；展示交流，综合能力强化；实践检验，知识反思与能力发展"激学程序。结合师德建设，正确实施课堂人本化管理和精细化管理。严格贯彻教学常规，严肃教师的备课、上课、备考等环节。强化教研组长、骨干教师的业务领导意识，为学科教学质量负责、为组内人员负责。

具体工作如下：①学期初分析学情，为深化教学做好准备；②做好常规工作，如课堂常规、课间操、室内外卫生、发型、服装；③开展团队工作；
④做好阶段性检测和改进教学措施；⑤开好家长会，实施三结合教育，加强
对学困生的教育；⑥完成好对学生的评价工作；⑦与主管部门结合，及时指
导年级整体工作，促进年级发展；⑧开展学科竞赛活动；⑨月末开好年级工
作会议；⑩及时完成好各部门交给的临时性任务。

初三毕业年级要瞄准中考，精心设计好每一节课、每一个专题、每一套
练习题，做到精讲精练。要处理好讲练关系，类型要多，方法要活，使学生
思路开阔、灵活，加强发散性思维的训练，使学生能力得到全面提高。

为此，要做到以下几点：①发扬备课组团队协作精神，统筹安排各班的
教学工作。各备课组要认真学习新课程标准，各学科要做到"统一要求、统
一备课、统一进度、统一考查"。②备课要求上，各位教师必须遵守工作纪
律，重点抓如何去"备学生"，如何去"备课堂"和怎样去"备教学方法"，
做到内容与形式的有机统一并形成相应的材料，戒形式主义。③上课要求，
严格遵循教学规律，向 45 分钟要质量。④教学中注重培养学生分析问题、
归纳问题的能力，特别要注意课后练习的思考题、讨论题的讲解、引导，要
教育学生关心时事和热点问题，以鼓励学生积极思考，敢于创新。这是中考
成绩提高的制胜点。⑤教学中注重训练学生的审题能力、解题能力和答题规
范能力。这是中考成绩提高的增长点。⑥教学中注意分层教学。⑦坚持章节
测试，提高学生的"应试能力"。要认识到考试训练对提高毕业班学生"应
试能力"的作用。对章节测试成绩进步较快的同学要及时表扬鼓励；对成绩
滑坡幅度较大的学生也要帮助他们分析原因及时补救。

第三节　预习变成综合性学习

在北潞园学校，预习是非常重要的一个环节。好的预习能提高学生独立
学习的能力，能使一堂课事半功倍。在北潞园学校，预习已经是一种"综合
性学习"，让学生带着问题进课堂，解决了曾经的预习走过场、无实效的

情况。

叶圣陶先生曾说过："不教学生预习，他们经历不到在学习上很有价值的几种心理过程。"这一句话说出了预习的重要性。以前学生们的预习状况，大多不尽如人意。

过去，老师为了让学生好好地预习，还专门让学生准备了一本预习本，每次预习都会布置好预习作业，还不厌其烦地批改、修正，可是却总是觉得收效甚微，有时觉得学生预习了和没预习一样。临到上课，有些学生连课本基本内容都读不流利，找个关键句子和概念还要半天；要是老师问到学生预习时对文字资料的印象，大多数的情况会发生冷场。

曾经，学生们诉苦："老师布置的预习作业千篇一律，简单的预习就是利用字典盯盯生字和词语，这对我们小学低年级倒还可以，对小学高年级和初中学生来说就太简单了，一点也不新鲜；难一点的就是让我们回答课后的问题了，这个又太难了，几乎没有人能做得对，真没趣；如果老师要我们读课文、背单词、记公式，我们又觉得太单调了。预习怎么会这么没意思啊！"

现在，在北潞园学校，按照"积极倡导自主、合作、探究的学习方式"的课程标准要求，综合性学习日益受到重视。综合性学习包含了学习方式的综合，即"是书本学习和实践活动的结合；是接受学习和探究学习的结合；既有课内的学习，又有课外的学习。在课本上学到的能力，也在实际运用中得到锻炼，课内的学习在课外得到延伸。"新课程理念下的预习应该是全面提高学生学科素养，全方位培养学生自主、合作、探究的学习方式的一个良好契机。

通览全局，预习从学期初开始。俗话说："良好的开端是成功的一半。"学期开始，学生拿到新书时，他们的心中都充满了对新知识的好奇和渴望，这正是组织学生进行第一次预习的好机会。学期初的预习应该定位于对整册教材的通览，让学生对本册教材做一个整体的学习准备，让他们先站在一定的高度上俯瞰一下整个学期我们应该学什么、怎么学。做到"胸中自有丘壑"。学生明确了这一点，学起来一定会觉得清楚许多，并且还能看到自己的长处与不足，给自己一个合理的评价。

"驻足流连"，预习按模块驻扎。若是做一个比喻，学期初预习是"走马观花",那么单元预习就好比"驻足流连"。相比之下,学生与教材的距离更近一些了,预习所得的感受就会更深入一些,这时的预习,可以让学生对教材的内容进行一些必要的初步理解了。叔本华曾说过:"不加思考地滥读或无休止地读书,所读过的东西无法刻骨铭心,其大部分终将消失殆尽。"成人世界快节奏的生活,影视媒体的信息垃圾,使现在的孩子少了一份沉静与细致,多了一份浮躁与不安,对所读的书不加思考、一目十行是现代孩子的一大通病。我们在课堂上会发现有些学生,脑子并不笨,生性也并不内向,却始终不能以良好的状态参与到教学中来,这往往正是因为他在预习时匆匆而过,没有用心去感悟体会。为了使学生摒除阅读弊端,养成良好的预习习惯,英语、语文老师们让学生将正在组织预习的这个单元的课文录音材料听一遍,然后静静地默读几遍,布置学生当晚在专用的预习本上把自己在预习中的所得、所想、所疑写下来,在天长日久的熏陶下,学生不再心浮气躁,学生由于没有受到他人言论的暗示,对于文章的理解和疑问才完全是自我的,是最原始最"干净"的。他们学会了用心去慢慢体会课文中的文字之美、语言之美、情感内涵之美。同时,学生学会了与自己的内心对话,学会了与阅读文章背后的美好思想对话,学会了如何将纸面上的文字积累成自己心灵的底蕴。

"主打阵地",教材预习为本。教材的预习是预习活动中最重要的,变预习作业为一系列学生喜闻乐见的预习活动,根据教材的不同内容和要求,选择进行系列活动,使学生真正参与到预习中来。但教材不是圣经,教师要在充分理解、把握课程标准的基础上,对教材进行适当地裁剪和加工,充分开发课程资源,克服随意性,不能偏离课程标准。

学生最厌乏味的说教、机械的抄写,他们喜欢一些生动活泼的学习形式来冲破单调,而从小与学生相伴成长的影视作品便是一种学生很乐于接受的知识传播形式,教师如能找来相关视听作品,根据需要播放全部或部分内容,教材就从抽象变得直观了,从远离学生生活变得真实可感,学生看得入神,预习的感受也就加深了。

海纳百川,有容乃大。预习,应该是能够包容不同学生学习能力、学习个性的汪洋大海。预习有着开放的环境,充分的时间;预习的方法更是多种

多样的，听说读写，交流感悟，每一个不同的孩子，都将在其中找到乐趣。当预习不再是学生沉重的负担，老师无奈的任务，那预习就必然会成为教学活动这个大"交响乐"中充满活力的快乐"序曲"。

第四节 备课，从文本课程走向理解课程

以前，教师对备课的认识存在两大误区：一方面，备课就是写教案；另一方面，备课是不得已要完成的任务。在某种程度上，备课已沦落为中小学教师工作中的一种形式、一种任务、一种负担，成为为了达到某种目的而不得不应付的差事。实质上，在北潞园学校，备课已被认为是教学过程的精心预设，包含着教师对课程教学内容的理解水平，也包含教师的创造性劳动，是知识的内化、具体化与课堂物化的预案，是对教学资源开发、整合与利用的过程，是对学生的研究与关注，备课是教师再学习的过程。

北潞园学校优秀教师教案，在"问题引领、自主探究"的结构要素上，呈现共性特征：①教学目的明确。优秀教案都有比较明确的教学目的，而且教学目的也比较全面，不但有掌握知识、发展智力、形成技能的目的，还有品德、情意方面的目的。已把教学目的转化为操作性的具体教学目标，教学目标理论在优秀教案中得以体现。②教学条件有准备。教案明确标示教学条件准备。教学手段的多样化，多媒体开始运用于教学中，这有利于激发学生的学习兴趣，提高教学质量。③重点难点有分析。重点难点明确，有利于实际教学中中心突出，层次分明，采取合适策略解决关键问题，以确保教学质量。教学程序设计明确。教案中的"教学过程"有小标题。教学过程设计明显表现出程序性、阶段性和可操作性的特点，即规划出了非常详细的教学步骤和教学行为，这可保证教学实践有序而扎实地进行。④有专门的板书设计。从板书设计中可以看出，教案中板书设计表达有两种方式：一是在教案中留出专门地方列示板书设计；二是在教学过程和教学内容显示中以加注方式表明为板书。

在北潞园学校，基本内容上，备课包括：①研究课程标准。明确课堂教学的目的要求。②研究教材。特别是认真钻研教科书，理清知识技能、过程方法、情感态度价值观等目标在教科书中的具体体现，准确理解重点、难点，确定教学的关键，制订切实可行的三维目标。③研究学生。深入了解不同层次学生的学习基础和思想状况，选准本课的起点和基点，使分层教学渗透到教学的每一个环节。④研究例题、习题，设计好检测手段与巩固强化内容。不仅有教学效果检测的基本方法与内容，而且有精心选择和设计的例题、随堂练习题等，确保教学的效果与覆盖面。例题、习题的题目紧扣课程标准、教科书和学生实际，还兼顾深度、广度，体现层次性，体现因材施教，分层教学。⑤研究教学的教育素材。要找出教学内容的教育渗透点，特别是要关注每名学生的积极参与，以及终生可持续发展能力与意识的培养。⑥研究教法和学法指导。教师能根据自身的优势和特长，学生现有的基础，选择恰当的教法，并指导学法。⑦制订教案。教案都有明确具体的三维目标要求、教学内容分析（即重点、难点、关键点）、教学过程（包括目标要求、重点、难点处理方法、教学手段、体现教育因素、教学小结等），保证一定数量和质量的练习作业、板书设计等。授课后及时反思自己的教学行为。尤其是针对课堂教学或学生作业中出现的问题进行具体剖析，以提高自己的教学能力。

从课程标准到备课，实现了老师们从文本课程走向理解课程。美国课程专家古德莱德认为，课程具有5个不同的层面：理想课程、文本课程、理解课程、实施的课程与经验课程。理想课程属于专家设想的、体现国家意志的课程，国家义务教育法、基础教育课程改革纲要体现的就是这个层面。而文本课程是理想课程的具体体现，课程标准就是其表现形式。教科书属于典型的理解课程层面，不同版本的教科书不仅须要达到课程标准的规定，而且要在自觉不自觉中比较清晰地反映出编者的教育理念、信仰和观点。要从理想课程转变成学生的经验课程，落实在学生真切的发展上，这首先取决于课程标准、教材是否编得好，其次取决于教师的素质是否够高，能否很好地领悟文本，再次取决于学校教学的条件以及教师怎么教，最后还取决于学生的素质，而学生的素质又取决于社会文明的发展程度，取决于家庭及所在社区的

文化水平。只有当老师们所有的教育追求和努力真正变成学生的生命经历和体验时，老师们良好的教育理想才不是"画饼"，因为从学生的需要出发，从学生已有的知识背景和经验背景出发，老师们的追求才有了一个正确的起点。

通过备课，实现了"问题引领、自主探究" 4 个方面的转化：首先，通过钻研课程标准并对照教科书，准确把握教学的三维目标要求和教学的侧重点，从而转化为教师的教学指导思想和课堂行为准则。其次，通过钻研教科书，把教科书中的内容转化为教师自己的知识、经验与案例。再次，通过研究教学的三维目标、教学内容和学生实际，找到使教学内容适应学生接受能力、促进学生全面发展的途径，从而转化为教师已明确在心的教学方法与教学途径。最后，通过备课，把人的全面发展观落实到课堂教学的各个教学环节之中，并通过课堂教学实施最终转化为教学行为，物化为学生的经验，让学生理解和掌握。

第五节　变教案为"导学案"

新课程标准的理念是关注每一位学生的发展，因此教师应根据这一理念，精心设计导学案、内容及练习，确实落实充分地尊重、关心每一位学生，使他们在课堂上都能生动活泼、健康发展。教材通过发现、探究及认知活动，使学生的学习过程更多地成为学生发现问题、提出问题、分析问题和解决问题的过程。

一、什么是导学案

所谓"导学案"，是指教师依据学生的认知水平，知识经验，在充分调查了解学情、教材内容的基础上，根据教材的特点和教学要求，从学习者的角度为学生设计的指导学生进行自主学习、主动建构知识的导学材料，是师生"教与学"同步操作的文本。变教案为"导学案"是对备课的一次革命。

以"学案"为载体，将"学案"与教材相结合，学生自主学习与教师指导相结合，落实学生的主体地位，使学生学会学习、学会创新。

布鲁纳认为，知识的获得是一主动的过程，学习者不应该是信息的被动接受者，而应该是知识获得过程的主动参与者。教师掌握了知识决不等于学生掌握了知识，"纸上得来终觉浅，绝知此事要躬行"，只有通过自己加工、自己制作、自己思考获得的知识才能留下深深的印迹，才能内化为自己的能力。学案式教学，教师以学案为依托，引导学生自学、讨论、深入训练，教师辅导、检测。环环紧扣，步步深入。学生以学案为导引，进行自学研究、合作探究，对学生的学习方式是一种改变。当堂训练，当堂检测，强化自学预习，强化合作讨论，实实在在解题得法，不留课后作业，减轻了师生负担。

导学案的设计应具备以下特点：①围绕教学目标，紧扣教材，从整体上体现教材的知识结构和知识间的内在联系，使知识能条理化、系统化和整体化，尽量一课时一个学案，以便控制学习总量，使学生明确目标，最大限度地提高课堂教学效益。②有启发性，对教材学生难以理解的内容有的应作适当的提示，配以一定数量的思考题，引导学生自主学习，在一个个问题的解决中培养学生的能力，激发学生的求知欲。③问题设计应有层次性、梯度性，应根据学生对问题的认识逐渐加深。做到循序渐进，使学生意识到，要解决教师设计问题不看书不行，看书不看详细也不行，光看书不思考不行，思考不深不透也不行。这样学生就能真正从教师设计的问题中找到解决问题的方法，学会看书，学会自学。④应满足不同层次学生的需求，要使优秀生从学案的设计中感到挑战，一般学生受到激励，学习困难的学生也能尝到成功的喜悦，让每个学生都学有所得，最大限度地调动学生的学习积极性，提高学生学习的自信心。

运用导学案进行教学，成败与否，一方面取决于教师对学案设计的科学性、艺术性，更重要的是取决于学生的主体作用是否发挥。要想达到这个目的，教师必须在吃透新课程标准、吃透教材、吃透学生的前提下，研究学生的思维训练方法，研究学习内容的特点，设计训练题目。学生在教师指导下充分预习，找出难点、疑点，通过做预习学案巩固知识，教师通过检查学生

的预习学案了解情况，通过师生互动、生生互动等方式解决自主学习中留下的疑难问题。这样的好处是使学习过程中的问题前置，先在自学中发现问题，随后解决问题。使学生在掌握知识的同时，提高解决问题的能力。刚开始，由于学习困难学生的学习心理品质、学习习惯、学习方法和学习能力等多方面的因素影响，"等"、"靠"思想比较严重，实施起来的确有一定的难度。目前遇到最大的困难就是学生不能很好地完成学案内容。而课堂教学目标的最低底线是必须完成这节课所到达的课程标准。所以，完成导学案必须注意以下几点：①由于每个学生的基础水平和心理存在差异，能让不同层次的学生都有所提高、发展，有所收获，采取的策略是根据学生的认识水平，思维状况，心理特点等实际，在主要学习板块（如学海导航、过程和体验、基础过关、拓展提升等）的形式、内容安排上体现层层递进，具有一定的梯度（可以在学案上有标记），让不同层次的学生有"不同程度"地完成学习任务，从而实现教学的分层递进。②教师要适时将学案收回，仔细审阅。对学案上反映出的个别问题在批改时写眉批，进行启发点拨；对于未解决的共性问题及时在课堂上安排讲解，总之对不同层次的学生进行及时反馈和沟通，采取的方式是集体和个别辅导相结合，比较适宜。③注意指导学生在完成学案时，正确使用双色笔。例如独立完成时用黑色或蓝色，用红色笔标注自己不会的、有疑问的部分，然后用红色笔规范改正学案。④发挥小组的探究作用。让小组内能完成知识初步构建，疑问筛选、和巩固落实功能。A层同学结合题目适当拓展提升，B层同学认真分析题目的方法规律，C层同学用心记熟基础知识。⑤关注小组学习状态。对自主学习、小组交流过程中出现的游离学生、学困生能及时指导小组长进行管理和帮助，充分发挥小组互助合作作用。⑥因为学案是作为家庭作业提前一到两天发给学生的，所以上课前学生对自己存在的问题就比较清楚，这样课堂一开始就可以让学生以小组为单位，在讨论中解决部分学习中出现的问题，对于预习过程中出现的疑点或新发现的问题可以由每组的一名代表整理提出，在教师组织和适当鼓励下由其他组成员共同探究解决，关键处再由老师进行点拨、引导、分析、讲解，此间尽可能地让学生回答，并及时对各个小组的表现进行评价，充分利用组与组之间的竞争，最大限度地调动每位学生主动参与的积极性，让课堂因互动而精彩。

二、"学案"编写的程序

1. 制订学习目标

树立"以学生为本"的新理念，针对本节的课程标准，依据数学课的特点，结合学生认知水平，实行课时"学案"教学，明确提出本课时学习应该达到的目标，如知道、理解、掌握、熟练掌握等，使学生在学习过程中有明确的方向。目标的制订要明确，具有可检测性，并与本节当堂达标题相对应。

2. 自学检测

对教材中的基本概念、基本性质、基本公式、基本图形和基本方法，凡是根据学生的认知水平能够自学掌握的，一律设计成填空题、问答题、计算题或做简单的归纳，使绝大多数学生通过看书自学都能顺利完成，通过自学检测，力争课前了解新课学习的主要内容。学生能够自学掌握的，教师可以不要过多重复讲解，让学生体会自学成功的喜悦。

3. 合作交流讨论

对于个别完成有困难的，可通过划分学习小组互帮互学完成。对书上的重要概念、重要定理、重要关系、关键性问题、突出性问题或学生容易混淆的问题、容易出错的问题、个别有难度的问题可以通过学习小组集体讨论解答。回答不够正确的问题或不够全面的问题，也可在上课由教师与学生一起参与讨论，在教师的启发引导下最后加以解决。问题讨论是上课的高潮，作为教师必须要有充分的准备。通过问题讨论，要使学生学会思考、学会解决问题的思想方法，同时学会提问，创新思维得到发展。

4. 基础训练与能力训练的课堂展示

结合课前自学和自学检测，可设计一组少而精的能反映本单元基本概念、基本运算和基本技能的练习题，在基础训练的基础上，设计一组能力训练题，使不同程度的学生都能找到适合自己完成的题目，也有一部分题目是教师与学生共同讨论完成的或者是教师作为示范性题目重点向学生分析并示范解题过程和解题方法的。在这一环节上让不同类学生展示，供学生及时验

证自学效果、及时巩固自学成果，使不同层次的学生体验到成功的喜悦。

5. 学习小结

学习小结的设计，不是教师直接进行小结，而是通过设计引导学生自己去小结。小结应体现在理解知识之间的内在联系，使知识系统化、概括化和简约化，系统进行小结的过程，也是发展学生思维能力的过程。通过这个环节，学生也可从中逐渐学会总结、学会学习，学习素质将明显提高。

6. 课堂检测

设计一组与本节课学习内容相关的检测题，分基本知识、基本技能、能力提高3个层次，大概安排5分钟左右的时间，这样便于了解学生本节课所掌握的情况。

三、导学案使用中存在的问题

第一，虽然一再强调要通过看书完成导学案，但还是有相当一部分人把导学案当做练习题，拿来就做，根本不管什么是新知识什么是旧知识，一律按自己感觉填写，针对这种做法我们采取的办法是增加一项检查预习的工作，即上课先让学生说出自己通过预习都掌握了哪些知识，有什么疑惑，能回答上来的证明预习效果较好，不能回答的要受到相应的处罚。时间长了，学生就学会该如何使用学案了。这种方法也能有效杜绝抄作业的现象。

第二，为了让学生能够认真预习学案，多余的练习留得较少，造成学生对知识缺少巩固的过程，知识掌握不牢固。针对这个问题我们利用课间时间给学生布置相应的任务，对当天的知识及时巩固。

第三，在课堂教学中经常发现一些为活动而活动的现象，学生在课堂上忙忙碌碌，教室里乱哄哄，活动中动手与动脑相脱节，活动无体验和反思，也毫无意义。

四、问题解决

从本质上讲，课堂中创设实践活动，就是设置一种教学情境，便于学生主动探究和深刻理解知识发生与发展过程。创设有价值活动的关键是所设置情境即活动能引出恰当的问题，从而促使学生自觉、主动地探究。①明确提要求，加大检查力度。首先完成学案时做到：自觉、主动、独立。其次所有学生必须要解决导学案中基础部分，然后可以作提高题，对难度较大的问题要做好标记（双色笔），便于第二天与同学交流并在课堂小组合作环节解决。为加大检查力度，在上课前抽批部分学案，从而了解学生完成情况，既起到督促完成作用，又利于老师针对学生出现问题再次进行课前备课。上完课后教师还要将改过的学案收上来进行检查，对学案完成不认真的学生要进行批评督促。②指导使用与错误处理。课堂学习时要适当在学案上做些方法、规律等方面的笔记（使用双色笔）以便今后复习。学完一个单元后，要在导学案的空白处写上学后记。每周将学案进行整理，装订成复习资料。对学案中错误进行分类：如粗心错误，用红笔标注，提高关注度；知识类错误，用蓝色笔标注，提醒自己及时解决。已经改好的用黄色笔加以注明等。③发挥学习小组的作用。学习小组相互激励、相互支持、共同进步。发挥优秀学生的作用，采用师带徒制度，兵教兵的战略，更快更有效解决学生学案中部分的问题。④评价性鼓励。以个人行为为表现，小组的互助行为为效果，任务达标程度为加分标准。如一人未完成，按小组人次扣除小组 1 分，有修改、落实高质量完成则按小组人次奖励小组 1 分。

第
七
章

学科教学的关键性突破

课堂是艺术的天堂，这一园地应该百花齐放。一个教师，要紧的不是忙着用这种教法否定那种教法，不是证明多种教法的没道理，更不是糊里糊涂地照搬某种教法到自己的课堂上，不加任何改变就用。他应当像蜜蜂一样，在教法的百花园中到处采集有用的花粉，回来以后酿造自己课堂教学的"蜜"。

——魏书生

Class is the paradise of art where all flowers bloom together. A teacher should not be busy denying that teaching method with this teaching method and should not provea variety of teaching methods to be unreasonable or just copy some teaching methods to their own class brainlessly without any change. He should be like a bee，collect useful pollen in the garden of teaching and make the "honey" of his class teaching.

—— Wei Shusheng

第一节　语文课堂，自主为先

　　传统教育模式下的学生只是一个"容器"，老师讲多少就装多少；现代教育下的学生应是"挖掘机"，主动地去开采。"问题引领、自主探究"的学习在教学过程中的应用不但为学生创设了更多的交往和竞争的机会，也培养了学生的社会适应性和参与意识、合作精神，自主为先，让学生飞翔。

一、自主学习让学生飞翔

　　苏霍姆林斯基曾说过："教给学生借助已有的知识去获取知识，这是最高的教学技巧所在。"因此，培养学生自主学习的能力，让学生学会学习，做学习的主人，这才是教师教给学生的有用法宝。但无论学生在自由广阔的天地中飞多远，始终应有一根线掌握在教师的手中，帮之引路、指路，而不是漫无目的地让学生飞翔。

　　《义务教育阶段语文课程标准》指出："学生是学习和发展的主体。语文课程必须根据学生身心发展和语文学习的特点，关注学生的个体差异和不同的学习需求，爱护学生的好奇心、求知欲，充分激发学生的主动意识和进取精神，倡导自主、合作、探究的学习方式。"因此，要使学生真正成为学习的主人，就应该在语文教学中注重学生自主学习精神的培养，养成自主探究的习惯，培养学生具有自主学习、主动参与、竞争意识和创造精神的意识。

1. 激发学生的学习兴趣，培养自主学习能力

　　自主学习就是要求学生学会学习，在学习中发挥学生的主体能动性，积极主动地去掌握知识。这就要求教师要转变角色，要把课堂教学中教学生知识的过程转变成引导学生在探索中、在研究中去发现问题、掌握知识的过程，这样培养学生自主学习的能力在学生掌握知识的环节中就显得更为重要了。

　　苏霍姆林斯基曾说过："兴趣是最好的老师。"一位出色的老师能让学生

对自己所教的学科感兴趣，需要老师具有渊博的知识、幽默的教学语言、丰富的表情等。在实际教学中，教师要用情感去感染学生，用心灵去打动学生，用知识去吸引学生。教师要欣赏自己的学生，在教学中多鼓励学生，肯定学生在学习中的一点儿进步，让学生对学习充满兴趣，对知识充满渴望，对自己充满自信，这样才能积极主动的学习知识，体验到学习的成功，进而激发学习兴趣，培养自主学习能力。

兴趣是创造性地学好语文的重要心理品质之一。实践证明，学生有了兴趣，才会自觉地花时间、下工夫、动脑筋，积极地学习；有了兴趣，才能产生强烈的求知欲，主动地进行学习，并做到"学有所乐"，达到"学有所获"，进而"学有所能"。

那么怎样才能激发学生学习兴趣呢？赵凤海老师[1]认为教师精心设计的多媒体课件在教学中的运用，可以更好地创设学习情境，营造学习氛围，突出细节内容，对刺激学生的兴奋点，激发其学习热情，收到了较好的效果，同时开辟了教学感受与教学方式多样化的广阔空间，可以大大丰富教学资源，提高学生的学习兴趣，使之全身心参与教学活动，无疑是大有裨益的。例如在讲授《散步》一课时，赵凤海老师对优美的自然环境和散步的情景做了多媒体课件，使学生对文章有了更加深入地感性认识，从而激发了学生的学习兴趣。

2. 明确学习目标、任务，提高自主学习的效果

在教学过程中，有的老师简单给学生布置任务，让学生自己去研究、去探讨，教师没有及时帮助学生解决在学习中遇到的困难，这样的自主学习实际是让学生自己"休息"。学生学习目标不明确、任务不清楚，漫无目的地讨论一些与教学任务无关的内容，达不到学习知识与掌握知识的目的。教师在布置任务时应根据学生的学习能力提出合适的目标，既不能目标过低，造成学生浪费时间，无所事事；又不能目标过高，让学生觉得无能为力，以至于放弃学习。语文教研组根据学科的特点制订了表格式导学模板。导学模板

---

[1] 赵凤海，《自主学习让学生飞翔》论文收录在张文革主编的《心动历程——北潞园学校教育教学成果集》，九州出版社，2010年。

的具体内容如表 7 - 1 所示：

表 7 - 1 语文预习——现代文问题导学模板

1. 作者简介	11. 课后练习（自己的答案）
2. 时代背景	12. 练习的正确率
3. 生字（音形义）	13. 新学的基础知识
4. 书下注释	14. 学习的重点
5. 初读文章所用时间	15. 反思掌握程度
6. 阅读速度	16. 难点
7. 文章大意（自己概括）	17. 用到的旧知识
8. 中心句	18. 学会的新思路、新方法
9. 写作特点	19. 预习用时
10. 名句分析	20. 预习效果

这样学生就有据可循了。时间久了就养成了良好的学习习惯，在潜移默化中提升学习语文的能力。

图 7 - 1 校长参加语文课堂研究讨论会

自主学习并不是放任自流的让学生自己学习，而是让学生明确学习任务，使学生在教学活动中进行有意学习。"像蜜蜂一样，吸取了百花的甜汁酿造成自己的蜜，诗人，吸取生活的原料，用自己的手法创造出新鲜的诗句来吧。"（臧克家，《新诗常谈》）实践表明，有意学习与无意学习的效果存在极大的差异。如果学生明确了学习任务，积极地参与学习，保持良好的情绪状态，就能取得较好的学习效果。例如，教师要引导学生认同教学目标，以激发强烈的学习动机和浓厚的学习兴趣。

在平时的教学中，赵凤海老师每节课都对学生的自主学习进行指导，如看书的范围、思考的内容，用多少时间，要达到什么目标等，同时还指导学生的自主学习方法，学生在充分自主学习的前提下进行讨论，交流学习体会，同时选定交流发言人，最后进行师生交流，以达到共同提高的目的。例如在讲北京版七年级语文教材，单元综合学习（7）中的文言字、词的语义，整理通假字时，设计了自主学习题，快速找出本单元中的通假字，比一比谁3分钟后能发表自己的看法，谁的收获最大。然后小组交流，并选出一名代表班内交流。通过自主学习题，学生明确了学习任务，同时教师在学生自学的同时给予恰当的指导，生生之间、师生之间进行了充分的交流，提高了学习的主动性，达到了最佳的学习效果，培养了学生自主学习的能力。

3. 利用学习小组，开展合作、探究学习，培养自主学习能力

小组合作学习就是以 3~5 人为一组，将同一班的学生按学习成绩、能力等方面的差异组建成若干最优化的合作学习小组，各小组总体水平基本一致，每个小组都应是全班的缩影或截面。在课上、课下以小组为单位，将小组合作学习与班级教学、个别指导有机结合，以小组成绩为评价标准，充分发挥学生的学习主动性，这样既能发挥每个学生的优势，有利于组内成员取长补短，共同提高，又便于开展组间竞赛、公平竞争，发掘小组群体智慧，以达到大面积提高教学质量的目的。

小组合作学习增加了教师与学生、学生与学生之间的交流和互动的频率及密度，小组成员之间可以互相交流，彼此争论，互教互学，共同提高，既充满温情和友爱，又像课外活动那样充满互助与竞赛。同学之间通过提供帮助而满足了自己的需要，同时，又通过互相关心而满足了归属的需要。而且在小组合作中，每个人都有大量的机会发表自己的观点与看法，倾听他人的意见，使学生有机会形成良好的品质，当学生们在一起合作融洽时，他们学到的就会更多，学得也就更加愉快，由此可以实现知识与技能、过程与方法、情感态度与价值观"三维目标"的均衡达成。

二、自主阅读，引导学生将知识拓展开❶

古人云："熟读唐诗三百首，不会吟诗也会吟。"如今，《义务教育阶段语文新课程标准》提出语文课程应致力于学生语文素养的形成与发展，而阅读能力的培养是全面提高语文素养的关键。课程标准中十分重视语言积累，并对学生的课外阅读进行了量化，明确了目标，即"学会运用多种阅读方法。能初步理解、鉴赏文学作品，受到高尚情操与趣味的熏陶，发展个性，丰富自己的精神世界。九年课外阅读总量应在 400 万字以上"。那么，如何在教学中实施阅读指导，引导学生将知识拓展开去呢？

1. 深钻教材，把握课堂教学知识点，将文本知识拓展开

第一，找准兴趣点，在读中将想象展开。兴趣是鼓舞和推动学生阅读的巨大动力。俄国教育家乌申斯基指出："没有任何兴趣，被迫进行的学习会扼杀学生掌握知识的意愿。"学生有了兴趣，才能从内心深处对阅读产生主动需要。因此，教师在设计教学方法与过程时应注意深挖教材中学生的兴趣点，由此展开。

例如，在教学古诗《画》时，教师是这样设计的：通过课题猜一猜。教师：猜什么？读读就知道了。从而自然地引导学生兴致勃勃地进入阅读状态。在默读、评读之后，在学生对古诗有了一定了解的基础上，教师问：你们猜出来了吗？是怎么猜出来的？学生一：我是从"近听水无声"这句猜出来的，因为画里的水是没有声音的；学生二：我是从"人来鸟不惊"这句猜出来的，因为画里的鸟是不怕人的；学生三：我是从"春去花还在"这句猜出来的，因为画是不会变化的，画里的春天永远都在。学生在表达个人意见的同时也加深了对古诗的理解，在要求边想象边背诵之后，学生在优美的视觉效果下再一次美美地背诵，进而促进了想象力的进一步拓展。

再如，在教学《锡林郭勒大草原》这篇课文中，引导学生想象、感受草

---

❶ 资料来源：张亚丽（北潞园学校语文教师），《探课改之路，求教学实效——在教学中引导学生将知识拓展开》，2007 年度"现代教育理论与实践论坛"征文评比一等奖。

原的"广阔美丽"时，学生找到了描写"湖水"的一句话——"高低不平的草滩上，嵌着一洼洼清亮的湖水，水面映出了太阳的七彩光芒，就像神话故事里的宝镜一样。"学生说："这湖水真美！"教师顺势利导：请你想象一下，在这清清的湖水中，能看到什么？学生们的兴趣来了，有的说可以看到水中自由自在的小鱼；有的说可以看到绿色的水草；有的说可以看到河边吃草的牛羊的影子；有的说还可以看到蓝天白云的影子……教师：这样清亮的湖水里可以看到这么多的你能想到的事物，再在阳光的照耀下，反射出"美丽的光芒"，真像"宝镜"一样，简直美极了！就是在学生自由想象的过程中，潜移默化地完成了教学任务。同时，学生结合想象用"可以……可以……还可以……"说话，既锻炼了丰富的想象又培养了语言表述能力。长此以往，有利于学生语文素养的提高。

挖掘生字的特点，从音、形、义拓展开。《小学语文新课程标准》中要求小学阶段学会汉语拼音，能说普通话，认识3500个左右常用汉字。识字教学是阅读教学的基础，所以说，在注重文本内容的同时，字词中的阅读知识也不容忽视。以古诗《画》为例说一说：

（1）由"春"字拓展到有关"春"的古诗。

学生一：我用字谜的方法记住了"春"，"三人日出去看花。"

学生二：我是按笔画记住"春"的。

学生三：我来用"春"组词，春雨、春风、春晓。

教师抓住时机立刻问：谁会背诵《春晓》这首古诗？

学生熟练背诵后，教师接着问：谁还会背诵跟春有关的诗？

学生背了《村居》。

背诵其他古诗这个环节看上去似乎有些跑题，但静想一下却有他的道理。他不仅使学生积累了有关"春"的古诗，而且在不同的古诗中更全面地理解了"春"的内涵。如借《春晓》了解到春的脚步是无声无息的；借《村居》了解到春风和煦，正是放风筝的大好时节。而就是在这个过程中学生的知识面得到了很好的拓展。

（2）由"远"字拓展到近义词。

学生一：我用记部件的方法记住了"远"，"走之旁"里面是元、角、

分的"元"。

教师及时鼓励说：他多细心呀！能在生活中注意学习。你知道吗，在生字里有一个与"远"相反的字，是哪一个？

学生二：是"近"字，我记住了它，"走之旁"里面是一个"斤"字。

教师：某1和某2谁离老师近？谁离老师远？（学生答对了——某1近，教师不放弃，接着问）某1和某3谁离老师近？谁离老师远？（学生又答对了——某3近）。

在教师巧妙的引导下，既加深了学生对"远"、"近"这两个字的认知，又渗透了相对论的思想，更重要的是这种识字方法会被部分学生所掌握，从而使学生学习（尤其是自学）的方法、思路得到拓展。

要想适应现代教育理念的要求，教师必须深挖教材，并以此为依据善于抓住切入口引领学生学会学习、学会探索，努力将有限的课本知识延伸到广阔的课外。

2. 推广阅读渠道，培养良好的阅读习惯，将课外知识拓展开

前苏联教育家苏霍姆林斯基说："把每一个学生都领进书籍的世界，培养起对书的酷爱，使书籍成为智力生活中的指路明星。"《教学大纲》也要求六年制小学生课外阅读不少于150万字的分量，无疑是我们要注意阅读的广度，在尊重学生个性的基础上，只有广泛地阅读，才能补课堂教学的不足、课本阅读的不足，更大程度地丰富学生的知识面。由课内向课外延伸。古人云："世间洞明皆学问，人情练达即文章。"确实在社会上处处有语文，人人时时学语文、用语文。如今，社会生活高度开放，社会经济快速发展，小学语文教学不能局限在课堂、课本里，而应该构建开放的教学模式，拓宽学习的内容、形式和渠道。在语文教学中引导学生去感受中国语言文字的美，让学生知道中国五千年的深厚历史文化，从而去影响学生的精神世界。各种阅读材料，特别是范围广泛的课外阅读，更是给学生提供了一个没有边界的感受空间。学生接触了各种类型的文章，在老师的引领下，文字带他们进入了时空的穿梭，领略了各种风情，遨游了艺术殿堂，充分感受了祖国文字的奇妙与伟大。同时，也激起了孩子对各种阅读材料的兴趣，促使他们自己通过读报、看书去获取知识、信息，懂得用文字表达自己的情感。指导学生从课外读物中吸取营养，学会积累。

常言道："得法于课内，得益于课外"的道理就是如此。中国古代学习论认为"积渐成学"是读书之规律，如孔子主张"博学于文"；荀子论述"不积跬步，无以至千里；不积细流，无以成江海"。近现代的学习理论研究揭示，心智技能的学习与形成有赖于积累，美国教育心理学家加涅就认为："学习的过程是逐渐积累的过程。"因此，我们要创造一切条件，帮助学生多读书，读好书，激发其读书兴趣，积累尽可能多的典范性的语言材料，积淀尽可能多的语感经验，不断丰富学生的"心理词典"。笔者认为应该注意如下几点：

（1）以课堂教学为基奠，引导学生到丰富的生活中去。新课程改革教材设计了大量的背诵、默写、造句、摘录、词语搭配、修改病句等多种练习，还要培养学生善于抓重点词句的能力，了解句与句之间的关系，读懂自然段的内容及体会表达上的顺序。在此基础上，教师要善于发现和抓住课内外结合的知识点进行有效的课外阅读指导。例如，在讲授叶圣陶老先生的作品《爬山虎的脚》一文时，课前要求学生在做好预习的基础上，了解作者。教学进行前，由学生介绍，使学生初步认识到叶圣陶老先生一生著作颇丰，有《叶圣陶文集》和《叶圣陶语文教育论集》，是个了不起的作家。课上，教师导问："这样一个了不起的作家会怎样描写'爬山虎'这种司空见惯的植物呢？"（进入精读学习）这对于学习本文，并体会作者思想，使学生产生仔细观察事物的兴趣起到了潜移默化的作用。（课文接近尾声时）教师小结："我们也要做一个生活中的有心人，乐于观察，善于思考。今天，我们去生活中寻找一种植物，细心观察，两周后完成一篇习作。比较一下谁的观察最细！"

（2）培养读书的积极态度，引导学生到广阔的文学天地。在课堂教学中学生体会到了阅读的乐趣，学到了阅读方法，有利于激发学生课外延伸阅读的兴趣和有效性。古人说得好："未见意趣，必不乐学。"苏霍姆林斯基也认为教师应在学生心灵中激起求知欲望和点燃热爱知识的火花。这"欲望"与"火花"就是学习兴趣与动机的激发。首先我们根据儿童的年龄特点和兴趣爱好，以讲故事的形式向学生介绍一些贴近生活的读物。如"童话寓言故事"、"少儿科普知识"、"名人小时候趣事"等，激发学生对课外读物产生兴趣；其次，指导学生选择课外读物，推荐适合学生年龄特点的读物，了解书籍、报刊的分类，帮助学生选择书报；此外，我们还为学生创设阅读条件，学生图书馆定时开放，激发学生利用课外时间到校图书馆、阅览室看书、读报或借书；班级设立了图书角，图书来源主要发动学生捐赠，通过借书、传阅、相互交流等方法，激发学生课外阅读的动机。有时候，借助主题班队会开展读书演讲、故事会、化妆表演等多种学生喜闻乐见的活动形式，使学生在课外阅读中充分地调动自己的观察力、注意力、记忆力、想象力、创造力，留下深刻的印象，才会变成自己的东西。但是，小学生的自制能力和自学能力还比较薄弱，需要教师精心指导并在适当的时候给予帮助。

（3）学会做笔记。课外阅读只停留在看、说、讲的层面上是远远不能满足现代教学要求的。古人云："不动笔墨不读书。"课外阅读还要"养成读书记笔记的习惯"。读到好文章，摘录好词佳句，记下心得体会，日积月累，潜移默化，这就是阅读的收获。课外阅读是我们人类的一个新的生活领域，是人类发展的一种重要的精神资源，是适应课程改革不容忽视的重要环节。

总而言之，在信息高速发展的今天，每一位教育者多应以信息化带动教育的现代化，实现教育的跨越式发展，冲破"课本"与"课堂"的约束和限制，适当扩大阅读容量，使之与课文教学有机整合，并充分利用现实生活中的语文教学资源，优化语文学习环境，逐步形成优势互补，课内外有机结合的语文教学新体系，给语文教学带来了无限的生机和活力。

第二节　数学课堂，把学习的主动权还给学生

《义务教育阶段数学课程标准》中明确指出："学生是数学学习的主人，教师是数学学习的组织者、引导者和合作者。"作为一名数学教师，吴桂芳

老师认为，老师们就要以先进的教育理念组织课堂教学，以精湛的教学艺术设计课堂教学，引导学生积极主动的探索数学知识，和他们共同体验学习的过程，共同分享学习的快乐。"要重视学生潜能的开发和挖掘，在课堂上要舍得让学生在'自主探索、合作交流'上花时间，只有学生拥有了主动权，才能更好地发挥他们的主体作用，使 40 分钟的课堂时时迸发出智慧的火花……"❶

一、设计具有探索性、开放性的学习内容，给足学生的探索时间

教师要为学生创设宽松的环境去探索知识，为学生提供充足的时间去探究发现。如北京版数学教材第七册第 39 页的第六题，如图 7-2 所示。

6. 带3000元买16台同样的计算器，可以有几种购买方案？

135元/个   157元/个   198元/个

图 7-2 练习示范

吴桂芳老师是这样设计的：学生明确题意后，先是独立思考，然后把自己的购买方案记下来在小组里交流。学生们都积极投入到浓浓的探索氛围之中。各组汇报如下：

方法一（精确计算）：

（1）135 × 16 = 2160（元）2160 元 < 3000 元

（2）157 × 16 = 2512（元）2512 元 < 3000 元

（3）198 × 16 = 3168（元）3168 元 > 3000 元

答：3000 元可以买 16 个 135 元一个的计算器；也可以买 16 个 157 元一个的计算器。

方法二（估算——上估）：

❶ 资料来源：吴桂芳，《把学习的主动权还给学生》，2008 年度北京市房山区教育学会论文评选一等奖。

（1） $135 \times 16 = 2160$ （元）

$\downarrow$

$150 \times 16 = 2400$ （元） 2400 元 ＜ 3000 元

（2） $157 \times 16 = 2512$ （元）

$\downarrow$

$160 \times 16 = 2560$ （元） 2560 元 ＜ 3000 元

（3） $198 \times 16 = 3168$ （元）

$\downarrow$

$200 \times 16 = 3200$ （元） $3200 - （200 - 198） \times 16$ 元 ＞ 3000 元

答：（略）

方法三（参照平均数）：

（1） $3000 \div 16 = 187.5$ （元）

（2） 187.5 元 ＞ 157 元 ＞ 135 元 187.5 元 ＜ 198 元

答：（略）

方法四（借鉴比较法）：

（1） $198 \times 16 = 3168$ （元） 3168 元 ＞ 3000 元

（2） $157 \times 16 = 2512$ （元） 2512 元 ＜ 3000 元

（3） $135 \times 16 ＜ 157 \times 16$

答：（略）

"20 分钟过去了，虽然刚刚解决完这一道练习题，但是看到每个孩子都静下心来，全神贯注地去思考、去探究，甚至为了解释清楚一种方法急得提高了嗓门，与同伴争得面红耳赤……我觉得值，因为一节好课并不是取决于例题个数，而是取决于思维含量的多少。"吴桂芳老师深深感到，给足学生独立思考、自主探索的时间，是把学习的主动权还给学生的基本保证。

二、提供个性表达机会，充分展示思维过程

个性化的方法和策略是开展教学活动的最有价值的教学资源。为此教师应该为学生提供机会，鼓励他们积极地、大胆地把自己的思维过程展示出来。在吴桂芳老师的课上，她让学生用简便方法计算"$32.7 - 9.8$"这道题，

学生通过交流展示了不同算法。

(1) $32.7 - 9.8$

$= 32.7 - 10 + 0.2$

$= 22.7 + 0.2$

$= 22.9$

(2) $32.7 - 9.8$

$= 32.7 - 2.7 - 7.1$

$= 30 - 7.1$

$= 22.9$

(3) $32.7 - 9.8$

$= 32.7 - 9.7 - 0.1$

$= 23 - 0.1$

$= 22.9$

究竟哪种方法最好呢？"我认为对于学生个体而言，适合自己的方法就是最好的"，吴桂芳老师说，"在交流中，学生有机会展示自我，敢于把自己的不同见解与大家交流、分享。同时引发了学生对解题灵活性，与算法多样化的思考"。

三、调动学生积极参与，亲身体验数学乐趣

新教育理念的核心是使学生获得未来社会生活和进一步发展所必需的重要数学知识、基本的数学思想方法和必要的应用技能的同时，更关注他们在情感、态度、价值观和一般能力方面的全面发展。因此，要把主动权还给学生，课堂上就应该让孩子们多一些自由的体验。如北京版教材第七册第二单元，学习了乘法分配律以后，看似简单的定律孩子们要想灵活的应用可真不容易，怎么办呢？为此，吴桂芳老师设计了这样的练习：

A 组：$(100 + 1) \times 99$ $47 \times 29 + 47 \times 71$

$= 100 \times 99 + 1 \times 99$ $= 47 \times (29 + 71)$

$= 9900 + 99$ $= 47 \times 100$

$= 9999$ $= 4700$

B 组：92×99＋92　　　　　　　57＋57×99

$\quad$ ＝92×99＋92×1　　　　　＝57×1＋57×99

$\quad$ ＝（99＋1）×92　　　　　＝57×（1＋99）

$\quad$ ＝100×92　　　　　　　　＝57×100

$\quad$ ＝9200　　　　　　　　　　＝5700

C 组：287×99　　　　　　　　38×102

$\quad$ ＝287×（100－1）　　　　＝38×（100＋2）

$\quad$ ＝287×100－287　　　　　＝38×100＋38×2

$\quad$ ＝28700－287　　　　　　　＝3800＋76

$\quad$ ＝28413　　　　　　　　　　＝3876

　　学生做完后，吴老师统计了一下，仍有一半学生有错误，"这使我陷入了深思……于是接下来我引导学生观察各组算式的特点及所运用的简便方法，让孩子们给每组算式取了最具算式特点的名字"。学生们经过一番思考，给 3 类算式是这样命名的：A 组是"健全型"，方法是直接运用乘法分配律简算；B 组是"残缺型"，具体方法是残缺的部分先乘 1，还原成"健全型"，再运用乘法分配律简算；C 组是"变身型"，先把接近 100 的数转化成 100 加几（或减几）成为"健全型"，再运用乘法分配律……接下来的练习变得顺利了许多，学生们看到算式就能立刻判断类型，再运用转化的数学思想和方法进行简算，提高了简算的正确率，使一直困扰孩子们的问题迎刃而解。虽然这些命名不够确切，但是它富有孩子们的童趣，也是孩子们对数学的理解。通过亲身体验，学生享受到了学习数学的快乐。

　　总之，新课程改革下的教师不能再照本宣科，而是要积极探索有利于学生个性发展的新路子。我们要真正地把主动权还给学生，以学生发展为本，努力为不同潜能的学生创造适合他们发展的空间，使每一个学生都能体验成功的愉悦！

第三节 英语课堂，创设和谐的课堂环境

新课程理念强调学生是学习的主动者，是知识的主人，是认知的主体。活泼好动的青少年，求知欲较强，善于表现自己，因此教师在课堂中应根据学生的特点，给学生提供充分发表见解、张扬个性的空间，鼓励、帮助、引导学生参与课堂探究、讨论、合作与交流活动，锻炼学生提出问题、分析问题、解决问题的能力，激活学生的思维，在发挥教师的主导作用的前提下，要积极创造各种条件让学生充当教学活动的"主角"，老师做学生学习活动的参与者、合作者、促进者和引导者，引导学生主动、积极、自觉地掌握知识。

"学案导学"是新课程改革的体现之一，它是以学案为载体、以导学为方法的教学活动，是培养学生自主学习能力，注重学法指导，提高课堂教学效益的教学策略。

一、编写英语导学案，必须重视的六个环节

1. 深刻解读新课程标准

新课程标准是编写导学案的依据。新课程标准初中英语课标明确规定：初中英语教学要从语言技能、语言知识、情感态度、学习策略和文化意识5个方面去培养学生的能力，使学生在这5个方面获得全面发展。因此我认为，我们在编写学案时要围绕以下5个方面去设计题型，选择学习材料：①语言技能目标包括听、说、读、写4个方面的能力。②语言知识目标包括语音、词汇、语法、功能、话题5个方面的知识。③情感态度目标的表述中指出，强烈学习动机和浓厚的学习兴趣有利于学生提高英语学习效果，因此我们的学案必须最大限度地激发学生强烈的学习动机和提高学生学习兴趣。④学习策略目标的表述中指出，学习策略是对学习方法的选择和使用。这就告诉我们，英语教学不只是老师向学生输出语言信息，让他们记忆背诵，还要教会学生如何去学习语言。⑤文化意识目标的表述中指出，语言与文化密不可分，语言有丰富的文化内涵，英语学习中有许多跨文化交际的因素，它包

括了一个国家或民族的历史、地理、风土人情、传统习俗、生活方式、文学艺术、行为规范、思维方式和价值观念等内容。

2. 充分挖掘教材

学案设计要与教学内容相结合。英语教材所选材料思想健康、积极向上，有利于学生树立正确的人生观、价值观和培养社会责任感。在任务设计方面注意满足不同学习者的需求，努力激发和培养学生的合作探究精神和创新思维意识；通过让学生反思和评估自己的学习行为，使其学会自我调控，促进健康人格的发展，为其终身可持续发展奠定坚实的语言文化素质基础。全面详实地解读教材的内容，使编写的学案没有知识点的遗漏。读懂教材的重点难点，使编写的学案在课堂导练的设计中做到突出重点、突破难点。合理组合教材，适当调整课时内容，根据自身课堂时间和学生情况，对教材进行适当取舍增添，这样才会使我们编写的学案与课时内容对口，增强学案与教材的结合度。通读使用的配套教材，读懂教材课时与课时之间，单元与单元之间，册与册之间的必然联系，这样才会使我们编写的学案具有系统性和连续性，避免不必要地重复。

3. 认真研究学生

学生是学习的主体，我们编写的学案应该是适合学生的。如果编写学案时，只依据新课程标准和教材，不考虑自己教学的学生对象，那就等于"闭门造车"，这样写出的学案，要么太简单，达不到训练目的，要么太难，打击学生学习积极性，师生用起来都很难操作。针对学生的心理特点，我们设计了小组合作、角色表演等多元互动的学习模式。学案设计的难度也考虑到不同班级的不同学生进行适当的取舍。在编写过程中，我们站在学生的角度，考虑知识接受、形成和发展的过程，以此为教案的思路，设计由浅到深，由易到难的问题，使学生在思考问题、解决问题中学到知识，在与同学的共同探讨中取得进步。我们从两个层面去研究学生：①从学生个体对英语学习的基础能力上研究学生，就存在基础好的学生和基础弱的学生，能力强的学生、能力一般的学生和能力差的学生。因此我们在编写学案时就应针对不同学习基础和学习能力的学生设计适应不同学生的题目，使好、中、差的学生都有收获，都有成就感，从而增强他们学习英语的自信心。②从不同教学时段去研究学生，熟悉学生已知知识和未知知识，这样就会使我们在编写学案时，避免设计的题要么过易，要么过难的两种极端。

4. 准确定位学习目标

在解读了新课程标准，挖掘了教材，了解了学情之后，对学习目标的确定就容易做好了。学习目标的设立既能激发学生的学习要求，明确学习意向，使学生产生一种期盼，增加一份责任，又能够为学生的自主学习、探究提供一个明确而有效的自我评价，同时也为学生课后的复习小结提供一张知识地图，因此，准确定位学习目标是编好英语导学案的关键。我们在设立学习目标时应注意以下问题：①课时目标要全面，不要有遗漏；②目标解读语言要明确详细，具体地说明这些解读语言；③会听、说、读、写单词；④记住短语、句子；⑤能复述短篇，会仿写短篇；⑥会用交际语进行类型对话，与人交流沟通。

5. 精心筛选各类参考资料

在编写学案时，如果每一个题都依靠我们自己临时去编，从时间和精力上讲，是不可行的，同时有些已经编好的资料很优秀，有很大的借鉴价值，因此我们完全可以采取"扬弃"的态度来对待他山之石，做到"洋为中用"、"古为今用"、"他为我用"。参考资料的选择应符合以下条件：①与小学知识相衔接，做到词汇量适中，再现率充分，语言点分布均衡，口语与书面语比例得当。编排顺序体现了由易到难、有简单到复杂的循序渐进原则；语言地道，语境真实自然；教学安排遵循"听说领先、读写跟上"的原则，有助于学生听、说、读、写能力的均衡发展；任务的设计既注意知识系统的构建，又符合运用语言能力的培养。②内容兼顾知识性和趣味性，贴近学生生活，具有时代感，有助于激发学生的学习兴趣。选材为地道原文，包含自然、人文、社会科学知识等。③练习和语言活动的设计给学生提供了大量合作探究和自主学习的实践机会，有助于不同水平、不同学习需求的学生在教师的指导下，通过运用语言完成不同任务，活跃思维，感受成功。

6. 设计好与课时相吻合的笔头训练题

同时由于英语学科与其他学科不一样，英语导学案的使用更多地作为课堂、课后的笔头训练题使用，因此设计好与课时吻合的训练题是编好英语导

学案的重点。

二、英语学科导学案使用体会

1. 英语学科教学中体会深刻

（1）保证先学后教。学案编写及时，课前及时发放到学生手中，使学生明确学习目标，带着问题对教材进行预习。

（2）面向全体学生，对所有的学生应一视同仁，切忌讽刺、挖苦差生，为所有的学生创设一个表现自己才能的舞台，以帮学生理清文脉为主，难度适中，让每一个学生都能得到发展，如果学案的题型设计得过难、过细，那学生就怕了，见了学案不敢下手了。久而久之，对学案产生厌烦情绪。

（3）学案编写的类型适合学生。题型要多样，让学生有兴趣。做到"教与学"的和谐发展，把教师的"导"和学生的"学"贯穿于整个教学的始终，切忌顾此失彼，把整个课堂变成教师的一言堂。或把教师的放任自流变成"放羊式"的教学。

（4）保证定时批阅学案，在了解学生掌握程度的前提下，重点讲评。

（5）充分体现教师的主导作用和学生的主体作用。教师主要做学生学习的组织者、支持者和评价者，引导学生积极思维，培养学生的创新思维和创新能力。

（6）勤检查、勤改错。及时督促学生基础知识的落实，定时全批改错本。

（7）根据学科特点，发挥多媒体的辅助作用。

2. 英语导学案的使用过程中发现的一些问题

（1）编写过程中，对题目的筛选分离还不够细致，缺少对题目深层次的挖掘，当堂针对性巩固练习偏少。

（2）在预习、课堂学习两方面的结合上，在知识呈现的系统性、重点难点内容的突出两方面的结合上，处理得不够到位。

（3）从学生角度，学生的自学主动性不强，出现不预习、不自学的现象，即便有自学的学生，自学的质量也不高，根本没有达到预想效果。

在以后的学案编写和使用中要发扬学案中的优点，弥补不足，既要使学生畅所欲言，又不能浪费时间，偏离主体，做到活而不乱、难易适中，高质量地完成教学任务。

第四节　理化学科，科学减负的"金钥匙"

物理、化学、小学科学等是以实验为基础的学科。新课程标准和新教材已注意从知识的引入到新原理的提出和巩固训练都是围绕问题解决而设计。问题解决也开始成为中考的内容之一。理化学科教师更要依据新课程标准，有意识地开发、收集和创造一些实际情境来为教学服务，使学生有机会应用学过的知识去解决简单的实际问题。即使是一些需要学生记忆的知识，也要用问题解决的思路来处理。

主要环节分为知识连接、学习内容、学习小结、课堂检测、布置作业等方面。"知识链接"环节的目的在于激发调动学生学习新知识的兴趣和积极性，为新知识做好准备和铺垫。"学习内容"环节分4步走：①自学完成（独立完成，会的题目用黑色笔作答，不会的用红色笔标记，看一看谁完成的好）；②合作完成（组内先一对一交流，有疑问小组讨论，完成后到报到处签到，比一比哪组完成最快）；③课堂展示（由课代表对各组进行评价。评价标准有：参与人数、声音语言、讲解情况等）；④教师点拨（在小组合作、学生展示过程中教师适时对重点难点进行分析讲解）。"学习小结"环节的处理：组织引导学生交流（谈谈你的收获例如"我学会了"、"我知道了"、"我收获很大，因为……我很开心，因为……我觉得学习物理……"等）。"课堂检测"环节中的检测题目要有针对性，要少而精。"布置作业"环节，练习册上的题目精心挑选，分层布置。每个层次的学生都有必做题和选做题。

导学案在课堂教学实践中遇到了一些问题。一些课的内容不适合学生自学。导学案也就失去了价值。自学时还是比较被动，不能做到独立思考。小组讨论时，一部分学生不能真正参与进来。

所以，在教学过程中主要以学生为主体，让其自主学习、自主探究、自我发现、自我解决，学会学习、学会合作、学会生存、学会发展，最终培养学生具有创新精神和实践能力，使其成为适应新世纪发展的新型创造型人才。

良好的新课导入是激活学习动机的"催化剂"。在教学过程中，我们的新课导入法采用了以下几种：①设疑导入法，学案中第一部分的预习习题。这种方法可根据学习目标提出几个问题让学生思考，通过分析问题，造成悬念，刺激学生的求知欲，使学生的主动性充分发挥；②趣味导入法，通过趣味故事、趣味游戏、趣味实验来引发学生的学习兴趣，这种方法能较强的刺激学习兴趣，使学生在趣味中获得知识；③实验导入法，可分教师演示和学生实验，通过直观现象唤起学生的注意力，具有启发性和趣味性，能让学生认真思考，增强求知欲望；④复习导入法，通过复习已学过的旧知识，导入新学的内容，一般是所学新内容与旧知识有一定联系，便于新旧知识系统化。只要我们认真钻研教材，就会找到丰富多彩的、恰到好处的新课导入法，活跃课堂，激发学生的学习热情。

科学的导学方法是学生获得新知识和减负的"金钥匙"。北潞园学校在实行"学案导学"模式教学的尝试，同时物理、化学科学组的各位老师也在尝试新方法。

以语言为主的谈话、讨论、讲授的导学方法。这种方法是教师根据学习目标，首先向学生提出一些问题，然后在教师的指导下为解决这些问题而让学生进行讨论、辩论，最后由教师和学生共同总结，教师再对问题进行"画龙点睛"，让学生在讨论中明辨是非，在对话中获得新知识，使学生的思维更敏捷，语言表达能力更强。例如物理老师：在上"燃料及其燃烧值"这一节课时就采用这种导学方法，首先依据教学目标提出这样一些思考题：①燃料有什么特点？②燃料燃烧时是怎样转化的？③不同燃料燃烧时有什么不同？④煮饭时是用煤好还是用柴火好？⑤什么是燃料的燃烧值？⑥影响燃料有效利用的因素有哪些？⑦如何提高炉子的效率？学生根据这些问题自行预习课文内容，然后同学间进行讨论、辩解这些问题，有很多问题学生自行解决了，在讨论的同时学生还相应提出了一些问题，在讨论中不能解决的问题，教师再点拨，化解难度，引导学生共同解决，最终使学生掌握本节内容。

以指导读书为主的导学方法，这种方法是在教师的指导下阅读教科书、参考书及其他的参考资料，自行解答课本中的疑难问题，若有难解答的问题最后由全班讨论，教师再点拨。在应用这种方法时，要给学生提出明确的目的、要求和思考题，在读书过程中进行辅导，在讨论时还可交流读书心得，这种导学方法不仅让学生掌握了知识，还掌握了读书方法，提高了自学能力，学会了学习。例如在上"摩擦起电的原因、原子结构"一节时采用了上述导学方法。由于这节内容涉及物质的原子结构，化学课上也学习了一些相应知识，所以让学生自己先准备参考资料，然后结合课本内容自行阅读完成本节内容。学生在自己阅读时，教师加以指导，提出一些问题。如①物质的原子结构是怎样的？②原子内存在一些什么电荷，它们之间的关系怎样？③摩擦起电的实质是什么？④由不同物质组成的两个物体相互摩擦时，都能带电吗？⑤橡胶无论与什么物质摩擦都带负电吗？等学生自己阅读完了，并解决了自己的疑难后，再让学生相互交流，相互取长补短，这样不仅更加完整地掌握本节内容，并且也学会学习的方法。

直观感知为主的演示实验、学生实验的导学方法。通过展示实物、直观教具，或直接进行实验，使学生从直观感知到间接认识，再到理解知识，直到获得新知识，这种方法可使学生主动、积极、自觉地投入观察、思考、积极动手、开阔学生的眼界，激活学生的思维，激发学生的求知欲，使学生自觉地进行学习、获得新知识。例如：讲述声音的产生时就直接用音叉、锣、鼓来发声，让学生观察直接得出结论。在讲述各种电学仪表时将仪表分发给学生，让学生自己观察结构，练习读数，然后教师只作小结，让学生自己学习掌握仪表的用法。在研究电流与电压、电阻的关系时，将这节内容改为学生实验，自己对照条件研究电流与电压、电阻的关系，教师巡回指导，最后作小结。

目标检测是教学信息反馈的"主渠道"。判断一节课的教学任务是否完成，学生是否学得新内容和掌握新知识，都要通过解答一定的练习题，才能及时反馈学生的状况。充分暴露学生在理解、掌握知识应用解决实际问题时所存在的问题，使教师及时捕捉教学信息，准确找到学生中问题的症结，才能对症下药，及时采取有效措施进行补救，从而更加整合教学过程，真正完

成教学任务，使学生不仅学得新知识，更重要的是使学生掌握了新知识，还提高了分析问题、解决问题的实际能力。物理、化学组几位老师对目标检测这一环节不敢怠慢，课上、课下一起抓，一抓到底。但对个别生有时没有抓住，还需努力。

"课堂是艺术的天堂，这一园地应该百花齐放。一个教师，要紧的不是忙着用这种教法否定那种教法，不是证明多种教法的没道理，更不是糊里糊涂地照搬某种教法到自己的课堂上，不加任何改变就用"，正如魏书生所说，教师的教法不是一成不变的，也不是唯一的教学模式，要根据当时的教学要求，学生的现状，教学条件，因材、因时进行组织教学，只要教师在认真研究教学，在教坛上定会百花齐放，获得喜人的硕果，它应当像蜜蜂一样，在教法的百花园中到处采集有用的花粉，回来以后酿造自己课堂教学的"蜜"。

第五节　史地品生，塑造学生美好的心灵

历史、地理、思想品德、生物（以下简称史地品生）学科是老师在塑造学生美好的心灵，特别是在义务教育阶段，上史地品生课的老师要教育、启发、帮助学生树立正确的人生观、价值观。为此，就要求老师必须具备较高而灵活的教育教学技巧。史地品生课的改革与素质教育的实施，要求对教学方法进行探索与创新，努力构建和谐的史地品生课堂，激发学生的学习兴趣，提高课堂教学的实效性。

史地品生课主要任务是：使学生学会做人、学会做事、学会合作、学会学习，全面提高认识社会、适应社会，分析问题、解决问题的能力。那么如何激发学生学习史地品生课的兴趣，使教学内容与学生生活实际结合达到教学目的。

随着新一轮基础教育课程改革的到来，"为了每一位学生的全面发展"新理念是许多教师的教学观念和教学行为逐渐发生了变化，体现在史地品生课堂上，教师曾经忙的是如何让学生记住某一知识点，而忽视了学生的情

感、态度、价值观。学生普遍对史地政课缺乏兴趣，背记只是为了应付考试，学生的知识、能力、觉悟三者无法统一。布鲁姆说过："有效的教学始于准确地知道希望达到的目标是什么"。因此在新课程改革过程中，作为史地品生学科的教师，在学案设计和授课活动中，我们立足教学改革的前沿，解放思想，更新教学观念，坚持新课程改革所倡导的"以学生为本"的理念；在课堂教学中做到尊重学生的个性与自由、价值与尊严；重视学生的关注与需求、交流与合作，让他们体验到学习的幸福与快乐；注重培养学生的创新精神、实践能力及社会责任意识，努力构建符合学生身心发展特点的人文性课堂，以促进学生健康、全面的发展。

利用学案，明确目标。下发学案后，可运用导语、演示实验，运用现代教育技术手段，创设情境，让学生明确学习目标，了解重点难点，激发学生的学习动机。

定向自学，尝试解疑。①学生以学案为依据，以学习目标、学习重点难点为主攻方向，主动查阅教材、工具书，思考问题、解决问题，在尝试中获取知识，发展能力。②对于学生不能解决的问题，引导学生在对子组内交流、小组内交流。通过同学商量、小组讨论、全班辩证等多种讨论形式，并充分发挥优秀学生的带头作用，多角度、多层次的辨析，尽可能的相互启发，消化个体疑点，迅速准确地发现学生中普遍存在的疑点和难点。

精讲点拨，归纳总结。①学生普遍有疑点和难点的地方，可采用两种方式处理：一是点拨，让疑点不同的几个小组进行讨论，教师参与其中，适时点拨；也可以采用"学生教学生"的办法，让已经解决问题的小组的学生当老师，面向全班进行讲解，教师适时点拨。二是精讲，教师要抓住问题的要害，一语道破天机，收到"教"与"学"的高效率。②教师要引导学生自己归纳出新旧知识之间的联系，建构知识网络，从而提高学生的能力。这些学科比较重视知识网络的构建，所以引导学生归纳本节课的知识点是很重要的。老师给出知识线索图，让学生自己整理知识点，也可以让学生写出本节课的收获。

当堂达标，迁移训练。①达标练习要限时限量，独立完成。教师巡视，收集学生答题信息，出示答案，学生提出问题，针对学生出现的问题，重点

讲解。②布置适量有梯度的作业，开放性的习题。

回扣目标，课堂小结。重点内容，概括归纳，梳理成线，加深学生印象；易疏忽的知识薄弱点，引起学生足够的重视。学生的当堂表现，起导向作用。

特点归纳。①学案当堂完成，不给学生增加课下的负担。②课堂检测独立完成，当时讲解，即使解决疑惑，不把问题留到课下。③下课之前检查学案的完成情况，进行评价。

困惑与改进。①即使在课堂上完成学案，仍有个别同学不能完成。②由于时间的关系，有时不能保证课堂检测的完成，只能放到课下。为此，我们尝试做了一些改进和完善：①学案当堂下发，让学生明确学习目标，并把重点难点用红色笔划下来。学生自主、独立完成学案。对子组交流，小组内交流，统一答案，用红色笔改正。②难题解析。学案中有分歧的题让学生提出来，分给各组任务，小组展示，老师评价。让不展示的同学，认真听讲，完善学案，并提出质疑。③总结提升。带领学生再次看学案，重要的知识点让学生用红色笔划下来，同时学生再次复习了本节课的内容。④及时巩固。尽量不出选择题，以填空题或简答题的形式出题，检查学生是否真的掌握，同时检查学生的字是否能写对。⑤学案当堂上交，及时批阅，及时下发，学生改正后给老师看。⑥及时做好课堂评价。每节课评选出3个优秀小组，3名表现最积极的学生，成绩累积，期中或期末给予一定奖励。多表扬，少批评，看到学生的每一点进步，相信他会朝着你所希望的样子发展下去（表7-2）。

表7-2 小组评价表

班级_____   时间_____

小组	课前准备2	学案完成3	课堂展示5	加分	总分
1					
2					
3					
4					
⋮					

第六节 音体美学，翱翔在情景教育艺术之中

学校艺术教育要以全面推进素质教育为目标，以深化课程改革为核心，更新教育思想和教育观念，大力改革教育内容和教育方法，使学生在学习艺术基础知识和基础技能的同时，注重培养爱国主义精神和集体主义精神。培养创新精神和实践能力，提高审美能力和文化素养，开发自身的潜能，促进学生全面和谐发展。

一、律动参与，给学生"动"的空间和时间，让学生在"动"中增强对音乐的表现力

从知识面的联想上，中小学生虽然还不够丰富，但在音乐欣赏中对音乐情绪的直接感受能力并不差，而且自我表现欲望很强。他们常常会情不自禁地跟着音乐手舞足蹈起来。所以音乐欣赏课要给学生"动"的空间和时间，让学生在"动"中加深对歌曲的联想，从而增强对音乐的表现力。张艳红老师[1]通过对律动参与音乐教学的方法与形式进行尝试研究。实践证明，律动参与音乐教学极大地激发了学生的上课欲望和对音乐知识的渴求，提高了学生理解、感悟、鉴赏音乐的能力。

律动教学就是要使学生一开始接触音乐，就习惯于同时从身心两方面去感受音乐，不仅心理上对音乐有所感受，而且生理上整个肌体也能感受到音乐的节奏、音乐的呼吸和情绪起伏的律动，这样就能使学生达到感受音乐和理解音乐。所以身体的动作绝不是机械的动作，而是充满生命力的。

音乐教育强调的是以孩子为教学中心。而音乐教育中的律动教学形式，不仅能调动课堂气氛，引发学生兴趣，更适合小学生爱动的特点，是唱、动、表演等多门艺术的综合教学。在音乐教学中凡参与律动的孩子，对律动

---

[1] 张艳红（北潞园学校音乐教师），北京市房山区音乐骨干教师。在第二届全国课堂教学大赛教学论文评比中，论文《律动参与的音乐教学》获二等奖。

无不怀有浓厚的兴趣，然而这种兴趣又夹杂着孩子生性好动、好玩、好奇的特点。从学生的实际和需求出发，根据学生的身心特点来进行教学，才能让学生获得美的体验，使学生在终身的工作和学习中变得更富有情趣、更富有创造性。

1. 利用多种形式的"走"进行律动

学生们对走非常熟悉，简单。因此律动教学就先从走开始，这是一种能力，可以从一年级刚入学就开始在教学中进行渗透。开始学习时，要求只跟音乐一拍一下原地走等。

例如《闪烁的小星》刚开始训练时，就可以一拍一下左右脚交替原地踏步走，双手自然下垂，摆动：

一 闪 一 闪 亮 晶 晶， 满 天 都 是 小 星 星

走步 x x x x x x x x x x x x x x

一拍一下的训练熟练以后，稍加难度跟音乐一拍一下分乐句向前向后走。

例如欣赏《我们都是好朋友》律动时可以一乐句向前，一乐句向后：

我 们 都 是 好 朋 友， 我 们 都 是 好 朋 友

向前：x x x x x x x x x，向后：x x x x x x x x

总是这样走步学生会厌倦失去兴趣，那么就利用教室仅有的空间设计一下更有吸引的律动吧！教室的四周有些空间让学生围成一圈顺时针或逆时针走，还可以加上晃头、拍手等辅助动作。

例如《这是什么》这一课可设计成，全体学生围教室一圈，顺时针随音乐走步，单小节走步，双小节拍手。这既训练了听力又使学生掌握小节这个概念：

嘀嗒嘀嗒 当当当 嘀嗒嘀嗒 当当当

走步 x x x x x x x x

拍手 x x x - x x x -

每一个学生都非常认真的聆听音乐，分辨着小节，一丝不苟中带有自信的神情。可爱的面孔，优美的身影呈现在教室中，音乐也随之升华。

走还可以变换多种形式：如快速、慢速；小步、大步；用前脚掌，后脚

跟走;弯着膝蹲下来走,促直膝或抬高膝行走,强有力地行走或轻轻地行走等。

例如在学唱《动物说话》时,歌曲中唱到了小鸡和小鸭,请同学们选择一下分别用哪一种走的形式来表现小鸡和小鸭:小朋友的快走,老爷爷老奶奶的慢走,叔叔阿姨的中速走。请同学们跟音乐走一走,试一试。那么通过实践大家便会得出小鸡可以用小朋友似的快走,小鸭像绅士选择叔叔阿姨的中速走。第二遍律动的时候听到小鸡说话同学们便会有节奏的随音乐快走,活泼可爱;听到小鸭说话立刻就像绅士一样放慢脚步随音乐中速走,落落大方。在创编歌词的时候就可以启发学生:老爷爷老奶奶的慢走我们会想到哪种动物?"老鼠,老鼠把猫抓住,慢慢地走。"激起了孩子们浓厚的兴趣,愉快地走着、听着、唱着,全身心投入到音乐中。

2. 利用人体乐器进行律动

每个学生都有能自然灵活地表达节奏的"乐器"——双手、双脚、双肩,通过拍手、拍腹、拍肚、拍腿、跺脚、拍肩、捻指等不同动作可发出不同音响,即独具特色的"声势"训练,可以单独做一种声势,也可2~3种动作结合起来。

(1)声势训练。根据不同的特点,可以创编一些声势训练,目的是提高他们对音乐课的兴趣。在声势训练中,学生非常感兴趣,课堂气氛就会非常活跃,学生的情绪一下子就会高起来,并从中学到很多知识和道理。

例如《国旗国旗真美丽》这一课,在熟练地演唱歌曲之后,我出示了自己创编的一条声势训练卡片:

国旗 国旗 真美丽,金星 金星 照大地

捻指		x		x		x		x
拍手		x		x		x
跺脚	x x		x x		x x		x x

我 愿 变朵 小白云,飞上蓝天,亲亲你

捻指		x	x	x
拍手		x	x	x -
拍腹	x x x	x

拍肚　　　xx　　　　　xx

拍腿　　xx　　　　　xx

　　前两个乐句主要是左右跺脚与拍手捻指的配合较简单，三四乐句双脚休息加上了拍腿拍肚 16 分节奏的运用，这就锻炼了学生双手的灵活性和与歌曲的律动配合。在做练习的时候可以放慢速度，让学生有个思考的过程，熟练之后更应注意强弱规律。

　　（2）卡式练习。可以根据自己练习的需要将学生分成若干组，第一组进入至一定地方时第二组进入形成若干个声部的交错。

　　例如在讲力度标记渐强的时候会用到这一律动方式。让学生可只拍节奏，还可边走边拍节奏。自己选一个节奏："‖: x　x | xx　x : ‖"。开始练的时候把全班学生按人数分为三大组每组相隔一小节进入，边拍节奏边原地走步；第二遍把学生分为 6 组，做体会渐强的效果更明显。

　　3. 模仿各种动作进行律动

　　将生活中、劳动中及动物的一些动作组合起来，在音乐的伴奏下进行有规律的模仿。如穿衣、洗脸、刷牙；跳绳、拍球、打羽毛球、踢毽子；洗手绢、洗衣，拾麦穗、挖土、摘苹果、采茶；大象、小兔的动作等。要求学生既要将动作做得优美、生动，又要将动作结合好，反映出对音乐分句及连续断音的感受。因此要特别注意伴奏音乐的选择，结合各种动作的特点，选用与其相适应的乐曲、民歌或具有民歌特点的歌曲来伴奏。伴奏中注意采用变换力度、速度等手段训练学生的反应力。

　　例如欣赏课《在钟表店里》学生对钟表十分的熟悉，首先让学生说说自己钟表的款式和铃声的特点，然后再通过多媒体展示，让学生能够认识到更多的钟表以及特殊的铃声。接着让学生以小组形式讨论自己心中的钟表和报时的时候会出现哪些情况？为下一环节的律动做好准备。在自由律动时，就可以发现学生们表现的钟表是什么款式的。小动物类别的有：猴子表，狮子表，小狗表等；人物类的有：白雪公主和 7 个小矮人，喜洋洋与灰太狼，机器人等；植物类的有：大树，小草，花朵等。他们都在随音乐舞动着具有自身特点的动作。报时的时候还会有惊喜的动作出现，太有想象力了。音乐会使孩子们陶醉，律动会使孩子们忘我。

4. 利用音乐游戏进行律动

高尔基曾说过："游戏是儿童认识世界的途径。"首先，在游戏中，儿童的运动器官能得到很好地发展，由于他要担任某一角色的任务，必须努力去完成，他的动作就更富有目的性和积极性，而身体器官就会得到很好的发展。其次，在游戏中，儿童视觉、听觉敏感度、记忆力及感知、注意、思维等心理过程能更快、更好地发展起来。再者，游戏中能更好地培养儿童的个性品质，由于游戏一般都是集体活动，能使他们学会遵守游戏的规则，同时在担任各种不同角色，完成角色的任务中，也培养了儿童的性格和品质。音乐游戏，则更突出音乐特点，使儿童的音乐感受力、音乐素质在游戏过程中不知不觉地得到提高。

例如欣赏曲《春来了》可以让学生扮演春天里的角色：美丽的春姑娘，微风中摇曳的柳树，开花的桃树、梨树、杏树，融化的河水，河水里自由自在的小鱼等。抓住各种角色的特点随着音乐进行摇摆身体的游戏。

音乐教学中坚持律动教学使学生育教于乐，对学生的身心发展起着催化作用。它不仅陶冶情操，培养良好心灵，增强体质，树立正确人生观，而且还可以提高学生素质，有不可替代的作用。

二、根据不同阶段的儿童特点，利用光色绚丽的投影，激发学生的兴趣

兴趣，是人们做好任何一件事情的前提条件，对少年儿童尤是如此。兴趣的作用在美术教学中尤为突出，要使学生喜爱美术课，必须把提高学生对美术的兴趣放在首位。

怎样才能让学生对美术产生兴趣呢？刘娜❶老师认为，由于传统的教学模式比较的僵化，对于现在的素质教育来说，已经不能提高学生的学习兴

---

❶　资料来源：刘娜（北潞园学校美术教师），论文《浅谈提高学生学习美术的兴趣》、《在美术教学中培养学生的创新能力》等收录于张文革主编的《心动历程——北潞园学校教育教学成果集》九州出版社，2010 年。

趣，学生感到乏味，不能活跃学生的思维，缺少启发性，教师应多选用新的教学方法，让学生乐于接近你，喜欢你，愿意上你的课，进而提高学生的学习兴趣。

首先，在认真备课的基础上先了解少年儿童的心理特征、活动规律，根据不同阶段的儿童特点，结合不同的教学方法，激发学生学习美术的兴趣，也就是说要想上课吸引学生，让他们喜欢你，喜欢上你的课，对你的课感兴趣，就应该投其所好。不能以自己的主观愿望为依据，否则不恰当的教学方式、方法，都会损伤孩子的积极性，使他们失去兴趣。尤其是低年级的小学生，他们认识、了解事物比较笼统，往往只注意一些比较简单的、孤立的现象，看不出事物之间的练习和特点，他们对空间、时间观念比较模糊，在他们眼里，天地万物，无论花、木、鱼、虫、小猫、小狗，都是有思想、有感情、通语言、知人意的，所以，在这一时期更加注意经常采用新鲜的、有刺激的、有趣的事物来吸引他们的注意力，并且结合多种教学方法，运用到教学当中。

如一年级学生学画《小蜗牛》一课，由于是低年级的学生，认识、了解事物，把握事物的能力比较薄弱，刘娜老师在讲新课之前先请同学们听了一首歌，歌曲的名字是《蜗牛与黄鹂鸟》，并在放录音之前提出一个问题，歌中是如何形容小蜗牛的？请同学们用自己的话来回答：

学生听音乐——

"……

门前有棵葡萄树，啊哩嫩绿呀刚发芽！

……

它就背着那重重的壳呀！一步一步地往上爬，

……"

听完后，老师请学生们谈论回答"谁能用自己的语言来说一说你头脑中的小蜗牛是什么样子的？"

学生们回答："小蜗牛背着一个很重很重的壳子，走起路来很缓慢。"

"小蜗牛背后背的壳子，是小蜗牛的'家'。它走到哪里背到哪里。"

"小蜗牛很坚强，不怕困难，不怕嘲笑。"

"小蜗牛意志坚强，我们小朋友也要向它学习。"

可以说通过听歌曲，激发了学生的兴趣，让学生通过歌曲来总结小蜗牛的特征，也同时调动了学生的积极性。由于放录音激发了学生的情绪，所以课堂气氛非常的活跃。这样使学生感到上美术课非常好玩、有意思，学生们也爱上了美术课。

其次，利用光色绚丽的投影，激发学生对美术的兴趣。在美术教学中，为了使学生能够置身于教学的情境中，拨动学生心灵的琴弦，激发学生的求知欲望，刘娜老师常采用投影的手段，将有关的知识通过光、色、形的运用，把审美教育所需要的再现于学生面前，由于学生很难把注意力集中于某一事物上，充分利用投影片，尤其在美术课中，这样可把学生头脑中形成的表象，具体的形象，展现于他们的面前，而且利用投影片，可以解决教学中的重点难点。如在给学生上《我最亲近的人》一课中，难点是创作一幅亲人的肖像画，为了解决这一难点运用了投影片，并且分为4个步骤，利用投影影片以层层覆盖的原理，把它们按顺序一层一层的叠加起来，简洁、明了地把人物肖像的步骤表现出来。讲解时先说明了人物肖像画的4个步骤：①先构思，明确所画人物的面貌特征、性格等；②构图；③刻画人物的面貌特征、性格；④添背景，并且将这几步展示给学生观看。展示的第一层投影片（第一步），构思：确定所要描绘的人，展示的是一个小时候的伙伴，她的特征是留着长发、圆圆的小脸，大大的眼睛，高高的鼻梁，红红的嘴巴，活泼好动；展示的第二层（第二步），构图："结合你手里的照片（课前准备的）确定出你今天是画头像、胸像、半身像还是全身像，用铅笔在纸上定下大致的位置、动态"；展示第三层（第三步），刻画人物：把人物的五官、表情、动态刻画出来；展示第四层（第四步），添背景：选择能突出人物性格特征的有关景物，衬托人物的性格特征，为了使学生明白加上适当的背景可以明确的表现人物的身份、性格，所以，给这张肖像加了两张背景，背景一画了一个书架，说明她是在家里，显得她很文静；另一张是加了高山白云，突出她的活泼、可爱。这两张背景分别加在肖像画上可以表现出不同的人物意境，可以充分让学生明白如何添加背景。这样既节省了上课的时间，又清楚准确地解决了人物肖像作画的步骤这一难点。摆脱了以往一支粉笔一本书的传统的教学模式，增强了学生的新奇感，使学生对人物肖像画的步骤一目了然，也有助于学生准确掌握教学中的难点，也正是由于新奇事物的出现，可以引起学生的不随意注意，使他们身临其境、触景生情，进一步产生联想，活跃思维，并使画面化静为动，使课堂气氛活跃起来，从而使学生对美术课产生兴趣。

三、诱发学生体育兴趣，让体育教学魅力四射，培养学生体育热情和创造性思维能力

依据《义务教育阶段新课程标准》，创设"故事"情景，"练习"情景，"问题"情景，"游戏"情景，诱发学生体育兴趣，让体育教学魅力四射，培养学生体育热情和创造性思维能力，既提高学生的学习积极性更陶冶了情操，最终保证体育教学目标的实现。❶

1. 创设"故事"情景，诱发体育魅力

现在的初一学生活泼好动，喜欢在一起做游戏。为此，教师根据学生的年龄特征和心理特征，在游戏活动中诱发体育魅力，培养学生的创造力，将玩与乐、乐与学融为一体。如将"障碍接力游戏"改编为"王小二送情报"这一情景主题，将游戏内容故事化。"王小二"将克服各种困难，依次跳过"小河"—爬过"山坡"—绕过"小树林"—钻过"山洞"，最后快速奔跑将情报及时、迅速地送到"目的地"。在练习中，学生置身于故事情景之中，犹如身临其境，兴致非常高涨，引发出无穷的乐趣。在练习几次之后，还可让学生自己重新设计"各种障碍"的路线，如跳过"小河"—钻过"山洞"—爬过"山坡"—绕过"小树林"，最后快速奔跑将情报及时、迅速地送到"目的地"等。这样的情景教学，既充分发挥学生自主学习的积极性，又使学生学会了动作，增强了体质，增添了乐趣。"春雨润物细无声"，此时，体育课诱人的魅力在"和风细雨中"慢慢地滋润着每一个学生的心。

---

❶ 资料来源：韩春永，《情景教学让学生分享快乐》，2011 年度北京市教育学会"十二五"教育科研课题"情景教学——基于学习者视角还原课堂教学的本质"课题第三届征文一等奖。

2. 创设"练习"情境，激发体育魅力

美国著名教育心理学家布鲁纳曾说过："对学生的最好刺激，乃是对所学教材的兴趣。"教学中，要增强学生的身体素质，就要提高学生上课的兴趣，以激发学生主动地、积极地参加活动，故此，课堂上应根据体育课的特点和学生好动、好奇、好胜的特点，通过创设练习情景，把新知识寓于游戏之中，最大限度地发挥学生的身心潜能，让学生在游戏练习中学到知识，锻炼身体，增强体质。例如在锻炼学生的身体协调能力和提高平衡能力时，可结合学生平时喜欢玩的游戏"跳橡皮筋"，引导学生发散思维，展开想象，创设别具一格、富有个性的花样跳。话音未落，好强、好胜的同学已摩拳擦掌，迫不及待地跳起来。霎时，操场上，人声鼎沸。这边时而展翅腾飞，时而俯冲而下……犹如乳燕在春风中穿梭；那边犹如花丛中的彩蝶在翩翩起舞，流连忘返……片刻间，五花八门，想象奇特，富有个性的花样跳层出不穷，欢声笑语此起彼伏，银铃般的童声响彻着操场上的每一角落。又如在立定跳远的教学中，让学生将"蛙跳"与"兔跳"结合起来进行练习。如此另类的练习，迎合了学生的心理爱好，学生在欢快的气氛中顺利完成"任务"，并在乐趣中掌握了运动技能，愉悦了身心和锻炼了身体，逐渐养成终身参加体育锻炼的志向和习惯。与此同时，体育的魅力已不知不觉地扎根在学生的心田里。

3. 创设"问题"情境，展现体育魅力

兴趣是学生最好的老师，是开启知识大门的金钥匙。而打开一切科学的钥匙毫无异议的是学生在学习过程中提出的各种问题。教师恰当的设"障"布"疑"，让学生在困难中运用已知知识技能，从多种角度思考，并在教师的帮助下通过自己的能力攻克难关，获取新知。如在学习前滚翻时，教师给每组提供一张大垫子，然后让各组同学讨论，交流如何"滚"才能更好、更快地"滚"过去。在教师的主导下，同学们各抒己见。就这样，在一问一答的轻松环境下，个个过关，教学质量收到了事半功倍的效果。又如在练习五十米加速跑时，我先提问"什么叫加速跑，请各组带着问题先练一练，然后大家一起讨论交流……"实践证明，如此的情景教学，不但能让学生在轻松愉快的气氛下练习，还能激发学生的好胜、好学之心，激发创造力，使体育

的魅力展现无遗。同时，体育之花在温暖的春风中，灿烂的阳光下慢慢绽开。

4. 创设"游戏"情景，分享体育魅力

在体育课教学中，能充分发挥学生的主体作用，培养和提高学生实践能力和创新精神最直接、最有效的途径是游戏活动。在活动中，教师放手让学生尝试自导自编游戏内容。如在"快找同伴"游戏中，教师让学生自愿结合五人一组，找到同伴后进行立体造型大比拼游戏创编，创编出自己喜欢的、富有个性的、现代气息的造型。游戏前，教师鼓励学生积极创新，不要照搬曾经摆过的造型，要求创造出更加新颖的、富有个性的、现代气息的立体造型。经过学生们的思考，讨论，演练，令人捧腹大笑的，"酷毙"的立体图形展现在面前："猴子观海"、"猴子捞月"、"童子拜观音"、"神龙摆尾"、"千手观音"……哇！好一派百花齐放，百家争鸣的醉人情景。在这个活动中，充分地让学生自行活动，发挥了学生自主练习的积极性，激发学习的热情，培养了创造性思维能力，提高了学生学习的积极性。让学生在"玩耍"中陶冶了情操，分享了体育独特的魅力。而此时此刻，魅力之果已累累，醇香之情四处飘。

总之，只要老师潜心发现学生的特点，运用行之有效的教学方法就能把教学搞好。利用音乐优化美术课堂、体育情景等教学方法对于全面培养学生能力，发展学生智力是大有好处的。音乐与美术二者相辅相成，相得益彰，使学生全面发展得到体现。只要科学地、灵活地、合理地创设情景，定能让体育的魅力四处溢香，也只有创设情景，在情景教学中培养学生的运动兴趣，才能保证体育教学目标的实现，最终促进学生全面发展，健康成长。

第八章

评价，标准，质量的保证

　　不同的评价方式对学生的影响是不同的，对学生而言，评价可以是"雪中送炭"，或是"锦上添花"，也可能是"雪上加霜"、"六月飞雪"，所以，研究教育评价，掌握教育评价方法，正确且有效地进行教育教学评价十分重要。

——单志艳

　　Different ways of evaluation have different influences to the students. For students, evaluation can be "fuel delivered in the snow" or "brilliance adds to present splendor", it also might be "insult adds to injury" or "snow in June". So it is very important to study educational evaluation, grasp educational evaluation methods and carry out educational evaluation correctly and effectively.

——Shan Zhiyan

人的任何一种行动都有明确的目的，无目的的行动是不存在的。所谓目的，就是人们想要达到的境地或想要得到的结果。教育评价，也有明确的目的，那就是，为了质量的保证。

教育评价是调控教育过程不可缺少的途径和手段，建立正确的教学评价导向机制有利于全面推进素质教育，切实提高教育教学质量。为使评价制度向全面评价、纵向评价、动态评价、分层评价等方向过渡，在教委业务部门的指导下，2008年，北潞园学校成为全区课堂教学试点评价实验校，2009年，又成为全区课堂教学全程评价实验校，率先探索建立有利于促进教师、学生发展的教育评价体系。

几年来，在保证教学质量稳步上升的前提下，在教学管理中建立起了有效的质量控制机制。学校质量控制机制的建立做到了责任到人，质量指标分解到人，区校两级的质量控制围绕着"确立科学、恰当、具体、明确的质量指标"、"有计划地组织质量检查"、"进行有说服力和指导性的质量分析"、"实施有效的质量技术统计和控制"这4个重点上，使课堂教学质量有了有力的保障。

在这期间，学校行政部门与学校科研、教研室目标一致，方向统一，分别从各自工作性质的不同角度加强对教学工作的管理和指导，确保教学工作连年能上新台阶。行政科室、教研组共同开展"教学质量视导检查"活动，深入课堂，对教学工作进行调研、探索和改良。有针对性地开展课堂教学指导评比活动，为推动学校教学改革，提高教学质量奠定了良好的基础。

第一节　目标达成，质量的保证

随着新课程的全面推进，新的教学模式和新的教学手段不断涌现，北潞园学校课堂的变化是很明显的，打破了原来教师一言堂的习惯。强调目标的达成与发展，促成课堂高效，成为北潞园学校的追求。

强调目标的达成与发展。目标的达成与发展就是教师在课前精心研究学科"指导意见"和课程标准，得出科学合理的学习目标，在课堂开始时就明确告诉学生本节课的学习目标，让学生做到目标在心中，让学生明确本节课的学习任务，教师根据学习目标设计科学合理的问题引导学生自己完成学习目标，最后教师对学习目标进行最简单明了的归纳，同时对学生是否掌握学习目标进行及时检查。

在北潞园学校，"问题引领、自主探究"的教学模式是被不断认识、不断推崇出来的，在最初的各级各类公开课上，有关目标的达成与发展，一些年轻教师的课显得有些稚嫩：课堂不乏新颖的课堂设计，也不缺时新的材料，学生参与也比较到位，但课堂上没有把学生该掌握的学习目标告诉清楚，整节课上学生都是被教师牵着鼻子走，学生不知道目的地在哪里，到最后教师又未对本堂课的学习目标进行有目的的归纳和及时反馈练习，所以学生一节课下来掌握的是非常零散的知识，也不知道哪些是重点，更有甚者根本不知道一节课学了哪些内容，教师也不知道学生对本节课内容掌握的情况如何，所以课堂效率明显不高。

课堂的主人是学生，目标要让学生清楚。《基础教育课程改革纲要（试行）》中明确指出："教师在教学时，必须明确自己的角色定位，按照新课程的要求，帮助学生制定适当的学习目标，并确认和协调达到目标的最佳途径；指导学生形成良好的学习习惯，掌握学习策略……"课堂的主人是学生，课堂上的任何环节都应以学生为主，因此在上课之前就应该让学生明白这一堂课解决的问题。2009 年 3 月 13 日《中国教育报》基础教育版面有这样一段编者按："教学目标对每一位教师来说并不陌生，但是每一节课的教学目标制订得是否精当，关系到这节课的实效，也就是学生是否真正有所收获。"教师在制订学习目标时要紧扣学科指导意见，紧扣课程标准，同时学习目标一定要让学生清楚。

目标对于人生的重要性。1952 年，34 岁的美国女游泳爱好者费罗伦丝·查德威克，立志要创横渡大西洋的纪录，在一个叫卡达林纳岛上向加利福尼亚海岸游去，由于当天的雾很大，在距离终点还有 800 米时，因为看不到目标，她再也坚持不住了，感到手脚都僵硬了，便对护卫船呼救，决定放弃了，她的母亲在船上反复鼓励她，仍无济于事，她带着仅仅 800 米的遗憾结束了航

程，之后她后悔不已。两个月后，她又登航程，吸取前次教训，相信目标就在前面，这次她成功了。为什么能在人没变、距离没变的情况下，一次成功，一次失败呢？就是失败时失去了目标，而成功时找到了目标。学生的学习更是如此，如果每堂课上的学习目标都非常明确，每堂课的目标都能完成，这个学生最终的学习目标也一定能够实现。正所谓"不积跬步，无以至千里"。

苏霍姆林斯基在《给教师的建议》里写道："希望你们警惕，在课堂上不要总是教师在讲……让学生通过自己的努力去理解的东西才能成为自己的东西，才是他真正地掌握的东西。"因此，课堂上教师的作用是引导学生自己去获得知识，而不是灌输知识。

学习目标的制订。有目标才有动力，有动力才有效率。教学的主要阵地是课堂，课堂的作用是在于帮助学生获得知识，同时达到对学生素质的培养。教师服务的对象是学生，教师始终要明确教师在课堂上的作用是引领学生获得学科知识。每一堂课只有学生自己明确了学习任务，才有学习的方向，才有学习的动力。因此教师必须精制学习目标，在课堂上第一件事就是明确该堂课的学习目标，让学生做到心中有目标。让学生带着目标去学习，去思考。在课堂小结时把学习目标进行最科学的归纳，同时选择相应的题目对学生是否掌握学习目标进行检测，如果学生对学习目标掌握的较好，课外就不需要再做作业进行巩固，如果还有较大的问题，就让学生在课外做适当作业对学习目标进行有效地巩固。总之让学生在每堂课上都能有效地完成当堂课的学习任务。一堂课成功与否关键就是看学生有没有完成学习目标。

问题的设计。课堂不是教师表演的舞台，而是师生之间交往、互动的平台。课堂不只是传授知识的场所，更应该是探究的场所。教师不应该是课堂的主人，而应该是学生的引路人。为了激发学生对获取知识的兴趣，就需要教师精心备课，精心挑选材料。正如苏霍姆林斯基在《给教师建议》里写道："怎样才能引导学生产生疑问呢？要做到这一点，就必须知道：哪些东西要讲而哪些东西则留着不要讲完。"这就要求教师在备课时领会教学目标，根据教学目标精心查找一些相应的情景材料，精心设计一些学生感兴趣的问题，当然问题的设计必须是围绕学习目标的，而且是学生通过阅读教材思考或者是团队合作能够完成的。

目标的达成与发展，势必要求教师加强团队合作，为了让学习目标制订的更加科学合理，为了让学习目标的完成更加符合学生的需要，在教学资料丰富性、问题设计灵活性上都要求教师加强团队合作，增强集体备课的功能，从而提高备课的效率。

第二节　课堂教学质量评价

为推动课堂教学质量和效益的全面提高，深入开展课堂教学质量评价工作，促进师生共同发展，根据房山区教委 2009 年 8 月出台的《房山区教育委员会关于课堂教学质量全程评价的指导意见》，学校建立以张文革校长为组长的领导小组，负责学校实施"课堂教学全程质量评价实施方案"的统一领导，建立以田立新、韩非非两位副校长为组长的课堂教学全程质量评价工作小组，负责学校"课堂教学全程质量评价实施方案"的统一部署、执行与评价。评价坚持过程性评价与终结评价相结合的原则，坚持多层面、多角度、多主体评价，采用定量评价与定性评价相结合、他评与自评相结合方式方法进行。

作为课堂质量全程评价项目实验学校，为使教师感受生命的精彩。北潞园学校不断完善评价体系，拓展多元评价，初步形成学校科学化、人性化的评价体系。坚持过程性评价和终结性评价相结合、定量评价和定性评价相结合、诊断性评价和激励性评价相结合，既注重统一的评价标准的落实，更关注教师的个体差异，既注重评价的考核作用，更注重评价的激励作用，通过有效的评价，最大限度地激发教师的工作热情，让更多老师展现个性、感受生命的精彩。

北潞园学校将评价解构为教学常规评价（20 分）；课堂教学质量时点评价（30 分）；课后要素评价（20 分）；教学业绩（20 分）；教学态度测评（10 分）。

1. 课堂教学质量时点评价（30 分）

在课堂教学质量时点评价中，以一学年为一个评价周期。第一学期：9～10 月完成诊断性评价；11～12 月完成性成性评价。第二学期：3～4 月完

成终结性评价；5～6月完成展示与总结工作。

（1）诊断性评价听推门课，以评价组为主，自我评价为辅，汇总教师个人诊断性意见与评价组诊断意见，是以达成教学目标、改进教学工作、提高教学质量为目的的评价形成性评价听准备课，由评价组、被评教师、同行、学生评价相结合，按照学校课堂教学评价方案操作，记录评价成绩。

（2）终结性评价在第二学期进行，教研组长以说课形式开展，骨干教师以展示课开展，其他教师听推门课，重点结合诊断性评价与形成性评价存在的问题，结合教师教学基本功开展量化记录评价成绩。

（3）在"听评课"上要求：①准备课按照"问题引领、自主探究"课堂教学模式由被听者说课—评价组听课—评价组评课的形式进行。②课堂评价按照"问题引领、自主探究"课堂教学模式听评课，突出"四看"即：一看课堂教学问题意识是否明确、具体、科学，学科德育渗透有意识；二看学生自主学习状态是否积极主动，是否开展自主学习；三看教师授课内容的密度与层次性；四看教师是否注重当堂教学检测与反馈，当堂检测、检查教学效果。

（4）时点课堂教学质量量化考核办法：依据"房山区课堂教学质量评价标准"工作方案。①评价小组评价。评价小组每学期听所有教师的推门课和准备课各一节，根据《房山区中小学课堂教学评价标准》，确定每一位教师的课堂教学等级，期末汇总两次评价结果，确定教师课堂教学综合评价等级。其中评价小组评价权重占15分。②教研组长评价。教研组长每学期听本组所有教师的课，根据《房山区中小学课堂教学评价标准》，确定任课教师的课堂教学等级。其中教研组长评价权重占5分。③教师互评。教师每学期要听本学科（或本组）所有教师的课，学期期末根据《房山区中小学课堂教学评价标准》，对组内教师的课堂教学评出等级。其中教师互评权重占3分。④自我评价。学期末每位教师根据《房山区中小学课堂教学评价标准》进行评价，评出A、B、C、D等级，自我评价权重占2分。⑤学生评价。学期末学校组织学生对教师课堂教学情况进行评价，由学校制订评价表，评出A、B、C、D等级，同学评价权重占5分。

（5）评价成绩确定。学校按照第一学期期末和第二学期期末两次由评价小组、教研组长、同行、被评教师、学生课堂教学评价得分（取平均值），按照各项所占权重汇总得出学年时点课总成绩。

2. 教学业绩（20 分）

教学成绩考核分为中学参加全区第一学期末检测的科目，小学语文、小学数学参加全区期中、期末检测的科目，中学非统考科目，小学除语文、数学外考试科目及非考试科目的教师成绩考核等。

（1）中学参加全区第一学期期末检测的科目。①及格率（10 分）：按照第一学期期末检测在全区 20 所直属校的平均排名，1～5 名得 10 分；6～10 名得 8 分；11～15 名得 6 分；15 名以后得 4 分。②优秀率（10 分）：按照第一学期期末检测在全区 20 所直属校的平均排名，1～5 名得 10 分；6～10 名得 8 分；11～15 名得 6 分；15 名以后得 4 分。

（2）小学语文、小学数学参加全区期中、期末检测的科目。①及格率（6 分）：按照第一学期期末检测在学校 3 个平行班比较，按照名次依次按 6 分、5 分、4 分计。②优秀率（7 分）：按照第一学期期末检测在学校 3 个平行班比较，按照名次依次按 7 分、6 分、5 分计。③平均分（7 分）：按照第一学期期末检测在学校 3 个平行班比较，按照名次依次按 7 分、6 分、5 分计。

（3）中学非统考科目，小学除语文、数学外考试科目及非考试科目的教师成绩考核。①课堂教学情况（10 分）。考核要素：每节课是否认真按照教材大纲组织教学；课堂教学组织并然有序；没有乱堂，学生睡觉的现象；注重学科德育渗透；注重学生自主学习、合作探究共 5 项每项计 2 分。②学生课外兴趣小组（10 分）。考核要素：按照"1161"方案，有计划、有总结、有展示、开展扎实有效共 4 项每项计 2.5 分。

3. 教学态度和教学常规考核

（1）教学态度考核（10 分）。①热爱教育事业，服从学校工作安排。注意培养学生良好的思想品德。②工作尽职尽责，不敷衍，认真备课上课，认真批改作业，认真完成教学任务。③对学生严格要求，耐心教导，不讽刺、挖苦学生，公正、公平对待每位学生。④严谨治学，树立优良学风，刻苦钻研业务，不断学习新知识。⑤探索教育教学规律，改进教育教学方法，提高教育、教学和科研水平。⑥谦虚谨慎、尊重同志，相互学习、相互帮助，维

护其他教师在学生中的威信。⑦关心集体，维护学校荣誉，共创文明校风。⑧尊重家长，主动与学生家长联系，认真听取意见和建议，取得支持与配合；积极宣传科学的教育思想和方法。⑨为人师表，模范遵守社会公德，衣着整洁得体，语言规范健康，举止文明礼貌，坚守高尚情操。⑩严于律己，作风正派，以身作则，注重身教，不以教谋私。教学态度考核每项计1分，干部评价占50%（教务占20%、政教占20%、其他占10%）、组长占10%；教师互评占10%，自评占10%，学生占15%，家长占5%。

（2）教学常规评价（20分）。①备课（8分）。教案中，教学目标：可操作性强。教学内容：正确理解、把握、处理教材，根据学科和内容特点确定实施德育的重点。教学重点：定位准确，根据学生实际确定教学难点。教学方法：体现"问题引领、自主探究"的教学模式。教学过程：环节清晰、环环相扣，教学设计意图明确。师生活动紧凑有效。教学重点突出，教学难点突破有过程、有方法。板书：设计合理，突出重点，有利于学生加深记忆和归纳总结。检测：练习的设计有利于知识的掌握和能力的提高，还要体现练习的坡度。按教学进度备课，并备好压周课。②作业（6分）。作业检查按教务处制订的评价表的要求进行评价。③上交材料（4分）。教学工作计划、教学进度及工作总结；月考、期中、期末成绩及试卷分析；听课记录等。④其他（2分）。上课不守时不严谨（迟到、早退、拖堂、中途离堂）。擅自不参加教研活动或学校教务处组织的各项活动。按照教务处不定期的常规检查与每学期末检查相结合，依据检查记录。

第三节　学生全程质量评价

　　"在教育教学实践中，我逐步认识到对学生进行全程的评价既关注过程又关注结果的评价，是对影响一个学生多种因素共同作用的一个综合性的评价。我和学生共同制作了'我们的努力目标及评价成绩'评价表，每天大屏幕展示，评价贯穿在每一个教育教学环节，都在多次唤醒学生鞭策自己。细化评价标准、与各位科任教师协同作战，这样对于学生的评价更加全面，更加利于对学生综合的评价"❶，王英华老师作为多年的班主任，做过不少的尝试，"在评价中进行小组捆绑式评价，为学生养成合作意识和团队合作精神起到了很好的导向作用。全程评价促进了学生的进步。教师也在不断丰富自己的有关经验"。

作为实验学校，北潞园学校认真贯彻落实房山区教委"1123"工作思路和以各年度工作目标为重点，加强质量监控为手段，牢固树立"育人为本，和谐发展"的理念，通过科学、客观评价，促进教育事业不断发展，为政府和教育行政部门做出各学段以高标准、高质量为追求目标的改革和发展决策提供依据，为学校实施素质教育、贯彻新课程标准、改进教学方法、促进全区义务教育阶段教育教学质量稳步提高服务，实现"向德育要教学质量，向课堂要德育实效"的新突破。依据《房山区中小学阶段素质教育培养目标》和《房山区中小学生质量综合评价标准》，将学生德、智、体、美、劳五育分解到各学段、各年级、各学科，制订出以各学段、各年级、各学科为主要评价内容的学生阶段性质量评价标准，达到既评价学生个体质量，又评价班级质量，进而达到评价教师教育教学工作的目的。

根据学生的表现，评价标准或评价要素分为优秀、良好、及格和不及格4个等级。每个等级的评价标准界定为：优秀为对评价要素所规定的诸方面内容都做得好或在某些方面有突出表现；良好为学生基本达到评价要素所规定的内容；及格为学生基本达到评价要素所规定的大部分内容，或虽有错误，但已改正；不及格评价要素所规定的学生为大部分未达到内容，或在某些方面有严重错误，或有违法和轻微犯罪行为，且不接受教育，无改正表现。

北潞园学校认为，落实《房山区普通中小学生阶段性质量评价标准（试行）》，更有利于引导学校干部教师树立正确的教育观念，提高学校的管理效能和教育教学质量；更有利于促使教师进一步了解、研究、评价学生，形成

❶ 资料来源：王英华，《搞好全程评价 开发学生潜能》，2009 年度房山区教育学会年会教育评价类参评案例。选自张文革主编《心动历程——北潞园学校教育教学成果集》，九州出版社，2010 年。

尊重学生、关注学生个体差异的良好氛围，建立相互激励、教学相长的新型师生关系；有利于促进学生全面、主动、多样地发展。

北潞园学校强调，学生阶段性质量评价工作是一项系统工程，干部教师必须高度重视，认真学习，理解内涵，掌握实质，在实验中创造性地使用《房山区普通中小学阶段素质教育培养目标》和《房山区普通中小学生质量综合评价标准》，研究评价方法，制订出简单、易行、有效的操作办法。学校做到有布置、有指导、有检查，并把学生质量评价结果存入档案，同时作为评选三好学生（优秀学生）和优秀班集体的重要内容之一，对于成绩优秀的班集体也可以作为教师评优的参考内容。

实施普通中小学生阶段性质量评价，北潞园学校建立以任课教师为主，由其他教师和学生代表参加的评价组织机构，以保证评价工作的质量。如思想品德评价既包括小学品德课（中学政治课）的评价，又包括学生的实际表现，因此必须建立一个以小学品德课（中学政治课）教师为主，有德育干部、共青团干部（少先队辅导员）、班主任教师及学生代表参加的思想品德评价小组，按照评价标准定时对学生个体进行评价。在评价过程中，要充分发挥评价的导向、激励、反馈、调控功能，防止突击评价。评价采取第一学期初评，占40%，第二学期总评，占60%，学年末将学生质量评价结果纳入学生质量综合评价（手册）之中，并以评语的形式直接反馈给学生和家长，便于学生和家长了解长处和存在问题。房山区教委中小学教育科还把各校学生阶段性质量评价落实情况列入教育教学视导内容，同时把检查结果纳入房山区教委素质教育综合评价之中。

在北潞园学校，对《房山区初中阶段素质教育培养目标（试行）》和《房山区普通高中素质教育培养目标（试行）》又分别提出具体要求。按照"伟人的胸怀，渊博的知识，世界的眼光"高素质学生发展的要求，初中阶段教育目标基于小学教育的基础上，进一步提高学生的思想道德、文化科学、劳动技能、审美情操和身心素质，培养学生的探究和创新精神，促进学生个性品德的健康发展，养成高尚的情操和奋发向上的精神。培养学生的兴趣和爱好，培养学生的实践能力，为终身学习和适应社会生活打下基础，为社会和高一级学校培养合格的初中毕业生（表8-1、表8-2）。

　　"评价的过程，在于让学生能及时地、自觉地审视自己的行为，从而逐步形成良好的行为习惯和方法，达到自己的目标。"王英华老师和学生们共同设置了与日常行为习惯联系比较紧密的评价项目：课堂作业、家庭作业、课堂提问、课堂纪律、课间纪律、卫生等。每天早晨，由班长打开多媒体，"我们的努力目标及评价成绩"评价表就展现在同学们的眼前。一天的评价活动就开始了！各项的评价都贯穿在每一个教育教学环节，都在多次唤醒学生鞭策自己，提高积极性。"看吧！今天×××家庭作业得到了1分，笑得那个甜美！×××的作业没有完成没有得分，还在暗暗责怪自己为什么不够认真；×××课间大声喧哗被纪律委员扣分虽然表面上好像不太在意，其实从他的表现可以看出心里早在后悔不已……"王老师这样描述着评价的过程性价值。

　　评价过程中，老师们发现：除去固定的评价内容以外，还有许多临时性的评价项目。比如学校组织活动积极参加与否，班级板报活动收集资料与否，参加各项比赛获奖与否……这些也代表着学生的综合素质表现情况，也应列入综合评价内容范围。为此，王老师又添加了"各项加分、各项检测"等项目，细化了评价标准，弥补了前面评价项目的不足。

　　在学校教科研领导的建议下，老师们在评比项目上又加上了一项"互帮互助"，而且在评价中进行小组捆绑式评价，此项的设立为学生养成合作意识和团队合作精神起到了很好的导向作用。在小组中，组长实行轮换制，只有上个月综合评价成绩居于首位的同学大家才会推选你做组长。作为组长，不仅自己要以身作则，各项评比不甘落后，还要带动全组成员团结一心，在各项评比中取得好成绩。表8-1是某月某班的综合评价表，表8-2是每月小标兵情况统计表。从表中可以明显看出既有个人的评价成绩，又有小组各项的评价成绩和小组加分，体现了小组合作的成果。

表8-1　综合评价成绩（×月）

姓名	假期作业	评价手册	课堂作业	家庭作业	课堂提问	课堂纪律	课间纪律	卫生	互帮互助	各项加分	各项检测
1组	1+1-2										
					98	2	+10+1	-1-5		+1+1+1+7	5+10
×××	0	5		1+3			-10			20	123

续表

姓名	假期作业	评价手册	课堂作业	家庭作业	课堂提问	课堂纪律	课间纪律	卫生	互帮互助	各项加分	各项检测
×××	26	10		3	1					5+20	191
×××	13	5		3					+5	5+5 +20	168
×××	30	0	10	+10+3	6	1			+5	5+20 +10	197
2组 +1 +5 −5											
					87		−15			+1+1	5
×××	13	5	10	1		−5	−1 −1			20	180.5
×××	8	0							+1	20	141
×××	15	10	10			−5			+5	+5+20	158
×××	28	5		1	1+1	−5	−1		+1	5+20	195.5
3组 1 −2											
					71+10	2	+10	1	+1	5+10	
×××	20	10			5					20	181.5
×××	23	10	10		+1					20+10	199
×××	13	0		1						20	160
×××	15	10	10	1	1					20	183
4组 1 +1 −2 +10											
					104+10 +10	2	+10+1	1	+1+1 +4	5+10	
×××	27	0	10	1	1					20	190
×××	0	5	10	1		−5				+7+20	146.5
×××		10	10		5	1				20	181.5
×××	19	5	10	1				−5		20+10	192
5组 +5 +2 −2 +10											
					86	4	+10+1	1	+1	5+10	
×××	15	10	2	1+3	5					5+20	181.5
×××	10	0	2	1+3			−1			20	143.5
×××	18	5	2	3						5+5 +20	174
×××	21	10	2	3	+6				1	20+10	193.5

续表

姓名	假期作业	评价手册	课堂作业	家庭作业	课堂提问	课堂纪律	课间纪律	卫生	互帮互助	各项加分	各项检测
6组	1＋10										
				106	4	+10＋1	1		+1＋6 -2	+10	
×××	11	0	10	1	5				+1	+5＋20	157.5
×××		10			6	-5				20	183.5
×××	28	10			+1				+5	+5＋20 +10	193
×××	27	10						-5	+5	20	184
7组	1＋2										
				90	4	1	1		+1＋1 +5	+10	
×××	19	0		1＋3	1	-5			+5	5＋1 +20	173
×××	0	0		3	6					5＋20	132.5
×××				3						+20	188.5
×××				3	5					+20 +10	196

表 8－2 每月小标兵情况统计表

九月			十月			十一月			十二月		
学习	纪律	卫生	学习	纪律	卫生	学习	纪律	卫生	学习	纪律	卫生
综合前十名：			综合前十名：			综合前十名			综合前十名：		

　　只有评价，没有总结评价的效果不是很好，要想承前启后，使学生综合评价不降温，就要及时小结。"先由班干部负责在每周小结成绩，每月全班进行阶段总结，评比出各项个人标兵、综合成绩前十名和优秀小组，给予奖励"，王英华老师介绍说，"评价的过程对于学生也是一个教育的过程，全班同学一起计算评价分数，一起推选出优秀者。其间少不了个人与个人、小组

与小组的计较,但是事实俱在,谁也无可辩驳。只能怪自己还是努力不够。正所谓'山外有山,楼外有楼'!每次评比后发奖时,获奖学生拿到奖状,无比自豪。而没有拿到奖状的呢,很是羡慕,也在暗暗下决心下次争取获得荣耀。小组成员更是聚在一起,查找落后原因,确定下一步的努力方向。这也就促进了又一次的综合评价,每次评价都是一个催化剂"。

为了让学生随时感受到自己的点滴进步,王英华老师让学生每人自己准备"成长记录袋",把自己的奖状、优秀作品等装进去,也包括平时能表现自己进步的其他内容。为的是记录学生成长的过程中所经历的成功体验,从而使学生产生继续上进的动力,激励学生全面发展。她还充分利用学校的网络资源,利用飞信、班级公共邮箱等和家长及时取得联系,把学生的点滴进步传给家长,让学生得到家长的又一份鼓励;把学生存在的问题及时与家长交换意见,达成一致,共同促进孩子进步。在"飞鸽传书"中,不仅促进了学生的综合素质的提高,又增进了"家校"和谐!

从宗旨上说,综合评价的过程,在于充分激发学生的自主合作意识,培养学生的自主合作能力,利于他们的终生学习和可持续发展;利于进一步开发学生潜能,充分利用有效资源,全面提高教育教学质量。说到底,评价不是最终的目的,而是更好地提高教学质量,促进学生健康发展的手段。

学生的全程评价促进了学生的进步。而在对学生进行评价的过程中,教师也在不断丰富自己的有关经验,逐步提高自己面向全体学生,激发学生自主管理学习和生活的能力,提高自主管理学习和生活的兴趣。这些对于提高教育教学效率,对于学生的终身发展都起到了良好的促进作用。

第四节 教师发展质量规格与能力标准

课程改革伴随教师成长,首先是将教学变成了研究。颠覆了"旧式分工"中教师不做研究的权力和机会,最直接的是颠覆契机是将教学变成对学生的研究。学生在学习中探究创造、产生自己思想的过程,就是教师研究、理解学生的过程，同时也是达成教学目标的过程。只有到了将学生研究、学生理解、渗透于学科探究与生活探究的时候，教师才能确立起自身的专业独特性和专业尊严。教师在倾听、理解学生的基础上，通过对话与学生合作创造知识、生活，这才是教学。其次是将教学变成生活。任何时候，只要教学与生活分力、割裂，它就必然丧失意义，走向异化。教学不仅植根于生活，而且本身就是一种生活。当学校、家庭乃至整个社会联手制造以强制社会分层的"应试教育"价值观及相应体制，中小教师设计、参与、威逼孩子们疯狂训练应试技能、占有外部知识，原有自然、健康、幸福的学习生活便被牺牲了，教师本身的生活品味也就降低了。当教学充满生活的精神与乐趣，尊重学生生活的特点，创造条件让他们自由生活，把生活变成课程，让孩子们在体验、行动与反思中学会选择，创造生活，热爱生活。这样的教育价值就会在孩子们人生道路上伴随的更远，对恩师的念想也会长久。

一、教师专业标准

2011 年 12 月 12 日，教育部公布《幼儿园教师专业标准（试行）》（征求意见稿）、《小学教师专业标准（试行）》（征求意见稿）和《中学教师专业标准（试行）》（征求意见稿），并在全国范围内公开征求意见。一时间，什么样的老师才是"好"老师，引起全社会的广泛关注。

教师专业标准框架由基本理念、基本内容与实施建议三大部分构成。基本理念提出教师要以学生为本，师德为先，能力为重，终身学习。基本内容由维度、领域和基本要求组成，分别对幼儿园、小学、中学教师的专业理念与师德、专业知识和专业能力提出 60 余条具体要求。实施建议分别对教育行政部门、教师教育机构和幼儿园、中小学及所属各级单位的教师提出了相关要求。

教育部师范教育司负责人表示，随着我国经济社会发展，教育改革的深入，中小学教师队伍建设总体上还有些不适应。此次制订教师专业标准，主要包括 4 个特点：一是突出师德要求，要求教师要履行职业道德规范，增强教书育人的责任感和使命感，践行社会主义核心价值体系；二是强调学生主体地位，要求教师要尊重学生，关爱学生，充分发挥学生的主动性，为学生

提供适宜的教育，促进每个学生主动、生动、活泼地发展；三是强调实践能力，要求教师要把学科知识、教育理论与教育实践相结合，不断研究，改善教育教学工作，提升专业能力；四是体现时代特点，要求教师要主动适应经济社会和教育发展的要求，不断优化知识结构，不断提高文化修养，做终身学习的典范。

教师专业标准大致可分为通用标准和专业标准。所谓通用标准，就是国家对中小学和幼儿园教师统一规定的标准，即政策性标准；所谓专业标准，是指为教师制订的具体专业发展标准，包括教师专业伦理标准、教师专业知识标准、教师专业能力标准等内容，即业务性标准。

制订教师专业标准，是教师专业化的迫切呼唤，是城乡教育均衡化的客观需要，是一切以学生为本的必然要求，是国际教师教育发展趋势的必然结果，更是贯彻落实《国家中长期教育改革和发展规划纲要（2010—2020年）》的现实需要❶。

第一，教师专业标准是提高教师队伍整体素质的重要保障。教师是一种特殊的职业，是一种专业化的工作。严格来说不是任何人都可以从事教师职业的。教师职业有自身的严格要求。那么这些要求是什么？具备什么样素质的人才能从事教师职业？这就必须通过教师的专业标准来规范和要求。只有达到教师专业标准的人才能进入教师队伍的行列，才能从事教师职业。多年来，我国由于没有出台教师专业标准，导致教师队伍鱼目混珠，影响了教师队伍的整体素质。有了教师专业标准，在教师的招聘、任用过程中，就可以严把入口关，选拔符合专业标准的人员进入教师队伍行列。这对于加强教师队伍的管理、提高教师队伍的整体素质、保障教育事业科学发展具有重要意义❷。

第二，教师专业标准是教师教育教学活动科学有效的重要指导。教育教学既是科学又是艺术，既有方法又无定法。尽管教育教学理论早已提出了一

---

❶ 资料来源：周洪宇，《制定教师专业标准加快教师队伍建设步伐》，http：//news. xiuhuanet. com/edu/2011－12/14/C、122418318. htm。

❷ 资料来源：王嘉毅，《教师专业标准的意义与作用》，http：//teacher. eol. cn。

系列基本原则、策略，但是从教师的角度或者对于每位教师来说，在教育教学活动中应该具备怎样的观念、行为和态度，还需要具体的规范。教师专业标准对教师的观念、知识、行为等提出明确的要求，教师按照这些要求，不仅能保证教育教学活动的科学性，也能保证教育教学活动的有效性。同时，对于教师教育教学活动的评价也有了具体的标准。这对提高教育教学质量、保障教育教学的规范性、更好地促进学生的发展意义重大。

二、教师教学技能

心理学把技能定义为：通过训练而获得的，确保某种活动得以顺利进行的合乎法则的操作活动方式。根据其性质和表现形式，通常把技能分为操作技能和心智技能。由此，可以把教学技能定义为：通过培训获得的确保课堂教学得以顺利进行的合乎法则的教学活动方式，既包括教学操作技能，也包括教学心智技能，如同医生、演员等的技能一样，它是教师必备的职业技能，也是教师培训的一个重要方面。下面主要从小学语文教师、小学数学教师、小学英语教师和中学语文教师应具备的教学技能介绍。

在小学语文教师的技能上，一是学科素养。学科素养包括对学科内容教育价值的认识、学科文化内涵的领悟等。针对语文学科素养现状，重点是对教材的理解和把握能力，提高文本分析和文本鉴赏能力，针对不同类型的文本的鉴别和认知能力等。同时要研究、关注学情和学法，要使基于文本解读基础上的教学内容更符合学生的学情和学法，更有针对性和实效性。二是教学基本功。小学语文教学注重规范和训练，因此对教师的基本功要求格外高。语文教师的言传身教作用要求教师必须有扎实、过硬的教学基本功。

在小学数学教师的技能上，也主要包括两大基本技能：教学设计的基本技能和教学实施的基本技能。教学设计的4项基本技能包括：教学内容及其教育价值分析技能（"教学内容"不等于学科知识本身，而是基于学生发展价值而选择和设计的课堂上实际呈现的学科内容）、学生及学习任务分析技能（包括基础、困难、学习路线等）、教学目标的确定与表述技能（这里主要指的是课时目标）和教学活动的设计与表述技能。教学实施的8项基本技能包括：口头表达技能、倾听技能、板书技能、强化技能、

对差异关注和利用的技能、互动的组织与调控技能、评价与检测技能、实证性反思技能。

小学英语教师教学技能包括三大领域：①学科技能，即从事该学科教学所必须具备的专业技能。落实到英语学科，教师自身要有较强的听、说、读、写4项技能，尤其是口语交际技能。口语交际技能指的是教师能够基本准确地（语音、语调及语法）、流畅地、得体地组织课堂教学并与学生及时互动。听、读、写3项技能均可围绕口语交际技能进行，以教材话题和生活话题为线索组织教学材料和教学内容。②教学设计的5项基本技能：教学内容分析、学情分析、教学目标的确定与表述、教学过程的设计、板书设计。③教学实施的5项基本技能：多向互动的组织与监控、随机生成教学内容、对个体的关注与指导、评价与检测、实证反思。

中学语文教师教学技能包括3个维度：①学科技能，即从事该学科教学所必须具备的个人技能。语文教学要求教师本人具有较强的阅读技能、口语表达技能、写作技能（这3项合称"言语技能"。"言语技能"不同于"语言技能"，此处不再解释）。语文教师言语技能的水平和具体内涵，不同于其他学科教师的一般性要求。比如，阅读技能，不仅是阅读实用文章时准确快速地提取和加工信息的技能，还要系统掌握阅读不同类别材料所需要的不同的方法和技能，特别重要的是还必须有文学作品鉴赏的技能。又如，写作技能，必须高于一般教师写作应用文的水平，必须会写记叙文、散文和议论性杂文，会给学生示范下水文。再如口语表达技能，语文教师的教学语言不仅要做到一般教师的准确、清晰、简洁、流畅，而且要特别生动、有感染力，富有文学色彩。这些技能要求，是语文教学的本质特点决定的：学生语文能力和语文素养的提高，很大程度上直接依赖教师的语文水平，语文教学的"身教"与"言教"同等重要。②教学设计的5项基本技能：教学内容分析（即"学科知识逻辑与教学内容所承载的学生发展价值分析"，为简洁起见称为"教学内容分析"；"教学内容"不等于学科知识本身，而是基于学生发展价值而选择和创生的课堂上实际呈现的学科内容）、学生分析（包括学习需要、基础、兴趣等）、教学目标的确定与表述（包括单元目标、课时目标）、教学过程的设计（包括板书设计、多媒体课件的设计、教学策略的制订等）、评价方案的设计（包括教学目标达成度的检测手段的设计、练习题与试卷的设计及分析技能等）。"教案书写"所要求的规范和完整，就是上述教学设计各个环节的集中体现。③教学实施的 5 项基本技能：师生互动、生生互动（包括小组讨论与合作学习的组织技能）、及时强化、课堂时间与节奏的掌控、随机生成教学内容、对个体的关注（个别指导的技能；"口头表达"技能，放在"学科技能"领域里）。

第五节 教师教学质量全程评价

为了贯彻教委关于课堂教学质量评价工作意见，深化课堂教学改革，全面推进新课程全面实施，大力提高教学质量，实现教师专业化发展，结合教委提出的教师全程评价，北潞园学校实行了教师发展性绩效评价。在坚持每学期一次的过程性听课、评课的基础上，学校集中一段时间，利用每天的第八节课，开展了集中听课、评课活动，干部教师全员参与，将"问题引领、自主探究"课堂教学模式进一步深化，推出了典型，烘托了互学、互评、互促的课程改革氛围，促进了全体教师的专业化发展。

一、机构设置

1. 领导机构

成立张文革校长任组长的领导小组，负责教师教学全程评价工作的领导工作。田立新、宁晓月、晋海柱及学科教研组组长为主要成员，负责教师教学全程评价工作的具体组织实施工作。

2. 工作小组

工作小组分为理科组和文科组。理科组由田立新、李庶、高海侠、侯红霞、王明星、李树亮等负责数学、物理、化学、历史、心理、生物、地理、体育学科；文科组由宁晓月、晋海柱、武素娟、王秀琴、李瑞芳等负责语文、英语、音乐、美术、劳技、思品、信息等学科。

二、评价内容

评价内容包括工作态度、课堂教学、教学业绩等。

1. 工作态度

认真执行《中小学教师职业道德规范》，依法履行教师职责和义务，塑造良好师德形象。其主要包括：①关爱每一名学生，选择正确的方式、方法关心帮助每一位学生；②增强主动发展的意识，积极参加各种研究学习活动；③认真备课，做好课前准备，上好每一节课；④认真批改作业，无漏判、错判；⑤遵循因材施教原则，做好分层辅导工作。

2. 课堂教学

课堂教学应具备扎实的学科教学素养，全面系统把握新课程思想和目标方法体系，全面准确把握教材知识体系，合理制订教学计划和课时教案。以《房山区中小学课堂教学质量评价标准》为依据，通过诊断性、形成性和总结性3段评价，考察教师课堂教学改革过程中的实施情况与效果。

3. 教学业绩

坚持以学评教的原则，以学生的学习方法、生活习惯和学业成绩等为主要评价要素，全面考查学生综合素质提高状况，把学生学业成绩作为教师教学质量的重要参数之一。

三、实施办法

教师教学质量全程评价以一学年为一个评价周期，以课堂教学时点性评价为载体，坚持多主体参与的评价制度，促进教师专业化发展。

1. 诊断性评价

评价初期，通过领导评价与教师自评方式，帮助教师分析教学现状，找准发展起点，明确发展目标，制订改进计划，开展教学研究。①评价组评价内容：听常态课，检查教案，根据上学期成绩，分析教师个人的优势与不足，制订学年发展目标和具体策略；②教师自我评价内容：结合课堂教学现状，依据课堂教学质量评价标准，反思自身的课堂教学行为，发现问题，改进教学。

2. 形成性评价

以自我评价为主、他评为辅，研磨教学，改进教学工作、提高教学质量。①自我评价：在日常教学过程中，针对诊断阶段问题，对照标准，开展研究，改进教学方式，提高教学实效性；②评价组评价：查阅课前准备的材料，听教师的自荐课，结合学生日常检测成绩，指导教师开展教学研究，实现学年目标；③同行（或教研组）评价：通过听课，明确评价对象的优点与不足，相互交流，取长补短，共同提高。

3. 总结性评价

在学年末，以评价组评价为主，以教师自评、他评、生评为辅，综合教学成绩，确定教师教学质量全程评价等级。课评成绩作为教师绩效考核考评内容，并以书面形式反馈改进建议，做好下一学年评价准备。

四、评价项目（总分100分）

1. 工作态度（20分）

解决教师全面育人的问题，由教务处、德育处（或年级组）组织检查评价，按学期统计，定期向教师反馈。依据学校教师实际情况，评价细目可做调整（表8-3）。

表8-3　教师工作态度表

评价项目 评价实施	学案编写 （6分）	校本教研 （3分）	指导学生 （3分）	作业批阅 （6分）	发展规划 （6分）
实施细则	（1）科学编写学案； （2）及时批阅学案； （3）学案导学效果突出	（1）按时参加教研活动； （2）高质量完成教研任务； （3）出色完成本人承担教研工作	（1）深入了解学情，师生关系融洽； （2）思想、心理辅导深入有效； （3）学业辅导及时有效	（1）分层布置，形式多样，数量适当； （2）有发必收，有收必批； （3）有批必返，有返必评	（1）自我发展计划具体可行，总结翔实、具体； （2）试卷分析按要求，准确仔细； （3）完成校本规定听课节数； （4）积极参加进修学习

评价项目 / 评价实施	学案编写 (6分)	校本教研 (3分)	指导学生 (3分)	作业批阅 (6分)	发展规划 (6分)
负责部门	教学处	教研组	年级组	教学处	教学处、教科室
评价办法	各负责部门根据检查结果按优秀30%，良好50%，不合格20%的比例，进行项目评价；优秀满分，良好降1~2分，不合格降满分分值一半以下				
成绩评定					

2. 课堂质量评价（40分）

根据《房山区中小学课堂教学评价标准》，按学校评价细则，结合教师自身实际，侧重教师课堂发展变化趋势，旨在促进教师改进课堂教学。第一学期第1~第10周，开展诊断性评价，根据评价结果，评价组与教师个人研究制订个人学年改进计划。第一学期第10周以后至第二学期第十周，开展形成性评价，教师个人根据改进意见开展教学研究，改进工作方法，提高工作，评价组对教师表现进行评定。第二学期第12~第18周，开展总结性评价。评价方法：课堂要素评价占70%；教学效果评价占30%。其中，当堂检测题设置：基本知识10分，达标率达90%及以上计10分，每降低1个人次，减1分；基本技能15分，达标率达85%及以上计10分，每降低1个人次，减1分；综合运用达标率达40%及以上计5分，每降低1人，减1分。课堂检测用时5分钟，适用于评价组、同行、个人评价。综合评价组、同行、个人、学生评价按权重作出学年总结性评价等级（表8-4）。

表8-4 教师课堂质量评价

评价实施 \ 评价项目		评课小组评价	教研（或备课）组长评价	同行评价	自我评价
评价细目权重		0.4	0.2	0.1	0.3
评价标准或实施细则（分值或权重）	诊断性评价	0.1	0.05	0.02	0.05
	形成性评价	0.1	0.05	0.02	0.05
	总结性评价	0.2	0.1	0.06	0.2
总评成绩					

3. 教学业绩（40分）

（1）学生成绩：建立学生成绩档案，利用教育测量的方法，追踪每个学生学业成绩发展变化的数据，为教学的"加工能力"作出定量、科学的评价。

（2）学生综合发展：记录历次重要活动中学生个人或班级指标的数据，依据学生综合素质评价实施办法，定性记录学生个人和团体指标的变化，促进学生全面发展（表8-5）。

表8-5　教师教学业绩表

评价项目　　评价实施	学生成绩	学生综合发展
评价细目权重	0.2	0.2
实施细则(含权重)	(1)学业成绩提高水平(5分)； (2)学科成绩区位排名，第一名满分，每降一名递减0.5分(15分)	(1)学生学习表现及成绩(5分)； (2)综合实践课表现及成绩(5分)； (3)学科竞赛表现及成绩(5分)； (4)社会性工作表现及成绩(5分)
负责部门（负责人）	教学处	德育处
成绩评定	各负责部门根据检查结果按优秀30%，良好50%，不合格20%的比例，进行项目评价优秀满分，良好降1~2分，不合格降至满分分值一半以下	
总评成绩		

五、教师发展趋势评价

依据教师教学质量全程评价的主要内容和实施办法，科学确定教师教学质量全程评价等级，综合分析教师的发展变化趋势，明确教师的优点与不足，提出改进与提高的建议（表8-6）。

表8-6　教师发展趋势评价

项目　　姓名	上学年评价成绩	优点	不足	改进措施	学年评价成绩	优点	不足	改进措施
×××								
⋮								

六、教师教学全程评价作用

（1）通过教师教学全程评价工作，诊断问题，研究措施，改进方法，促进教师专业化发展。

（2）评价结果作为教师评优、晋级、选先的重要依据。

第
九
章

课堂改革伴随教师成长

人生就是不断地妥协，这个"妥协"，不是一味消极地屈服，而是不断地调整和适应。害怕和埋怨是没有用的，改变不了什么。也许我们行走的道路偏离了原来的目标，但只要行走在路上，不断地调整方向，每一条都会有不同的风景，甚至可能比我们原来设计的道路上的风景更美丽。

——林菁

Life is to compromise constantly. The "compromise" is not to yield negatively, but to adjust and adapt constantly. Fear and blame is useless and can change nothing. Maybe we walk on the road deviated from the original target, but as long as we walk on the road and adjust the direction constantly. Each road will have different views or may even be more beautiful than the views on the designed road.

—— Lin Jing

教师是一种专门化的职业,它有自己的理想追求、有自身的理论武装、有自觉的职业规范和高度成熟的技能技巧,具有不可替代的独立特性。教师不仅是知识的传递者,而且是道德的引导者,是思想的启迪者,是心灵世界的开拓者,是情感、意志、信念的塑造师;教师不仅需要知道传授什么知识,而且需要知道怎样传授知识,知道针对不同的学生采取不同的教学策略。教师职业的专门化不仅是一种认识,更是一个奋斗的过程;不仅是一种职业资格的认定,更是一种终身学习、不断更新的自觉追求。

这样的课堂改革之路本身也就变成了有意义的创造,摒弃"工具性",发扬贯穿精神,课堂改革与教师专业化成长也就真正走在了一起。

"我身为一线教师,不甘落后,积极主动地投身于课程改革大潮中,我对新课程充满期待,倾注了全部热情。为了真正地做到教书育人,为学生营造宽松自由的学习氛围,在教学中我尝试着从多方面进行改革,摸着石头过河,边学习、边实践",房山区骨干教师纪金铃老师深有体会,"教学中,我注重转换角色,改变已有的教学行为,对孩子充满激励、充满赏识、充满尊重、充满期待,学生变'要我学'为'我要学',享受到了学习的乐趣。我创造性地使用教材,关注学生学习的过程,我要引领学生攀登知识的高峰。"

"教师的压力大多来源于工作的压力。教师的专业化发展,要求教师把握时代发展的脉搏,关注教育改革动态,跟上教育改革的步伐",张文革校长说,"学校首先要成为学习、研究的基地,要树立科研为先的观念,建立以校为本的教研制度与教学管理制度。一方面作为管理者要时时给每一位教师'家'的感觉;处处让教师有工作的成就感。而教师的这种感觉并不仅仅是与绩效挂钩的个人加薪或奖励,更重要的是领导给予的及时、具体、真诚的认可和赞赏。另一方面加大教师发展质量规格与能力标准的贯彻和理解。领导带头,组织和推动教师的理论学习,以课堂教学为中心,开展形式多样、生动活泼的教学研讨活动,促进教师教育教学理念和教育教学方法创新,使课程实施过程成为教师专业成长的过程,促使教师苦练内功、积聚内功、完善自我、超越自我,使他们适应甚至引领教育发展的方向,感受成功的喜悦。"

第一节 职业生涯规划

生涯是指从事某种活动或职业的生活。中国古代的说法："吾生也有涯，而知也无涯"（庄子，《庄子·养生主》）；"生计抛来诗是业，家园忘却酒是乡"（白居易，《送萧处士游黔南》）"料钱随月用，生计逐日营"（白居易，《首夏》）；"杜门成白首，湖上寄生涯"（刘长卿，《过湖南羊处士别业》）。

生涯（Career）的英文含义：在大英辞典里解释为道路（road，path，way）之意；引申为人或事物所经历的途径，或指个人一生的发展过程。

以学习型学校建设为依托，坚持创造性完成岗位职责与终身可持续发展相统一、教职工内在自主发展与外化的队伍建设相统一、促进学生发展与推动教师专业发展相统一的原则，实施全员参与的职业生涯规划，制订职业生涯规划手册，聘请市级专家进行专题辅导，进一步引导教职工追求自我价值的实现，激发自主发展的动力。

2010 年 1 月 23 日至 5 月 26 日，在这短短的 4 个月里，富士康科技集团先后有 12 名员工选择以跳楼的方式来表达对现实的无奈与怨恨，以亲人朋友的哭泣作为生命谢幕的悲曲，方式之极端、频率之紧凑、时间跨度之长不得不令社会震惊。"富士康之跳"是企业管理粗放、缺乏人文关怀之弊？还是政府在企业管理和社会功能上的缺位所致？

2011 年 3 月 14 日下午，福建浦城三中高中一年级学生张志鹏自四楼跃下……福建浦城三中死亡事件的直接原因是学生的母亲陪孩子受到老师苏××数落，苏老师用食指指着学生让其滚……苏老师是从乡村中学考进县三中的，职业落差很大：乡下孩子朴实、勤奋、不娇气；这里这么好的条件，为什么城里孩子就是不好好学习？

一、生涯的概念

生涯的意义：生涯是指一个人终其一生，统合个人一生中各种职业和生

活的角色，由此表现出个人独特的自我发展组型，它也是人生自青春期以迄退休之后，一连串有酬或无酬职位的综合，除了职位之外，尚包括任何和工作有关的角色，甚至也包含了副业、家庭和公民的角色。

生涯的特质：①终生性，生涯概括个人一生中所拥有的各种职位、角色，因此，生涯不是某一时段特有，而是终生的；②独特性，生涯是个人依据其人生理想，为实现自我而逐渐开展的一种独特生命历程，不同个体的生涯，在形态上或具类似之处，但其实质可能完全不同；③发展性，生涯是一个动态的发展历程，个人在不同的生命阶段中会有不同的企求，因此这些企求不断地蜕变和成长；④整合性，生涯并不是个人在某一时段所拥有的职位、角色，而是个人在其一生中所拥有的所有职位、角色的总和，这个总和不仅限于个人或职位，应该涵盖人生整体发展的各个层面。

生涯发展：生涯发展（Career Development）是指个人准备或选择某一行业，决定进入此行业，适应行业中的种种规定或要求，以及在此行业中扮演和学习各种角色，逐渐由较低层次升迁发展，成长进步到较高地位的历程。

生涯发展由时间、范围与深度等3个层面构成。生涯发展的历程（阶段）包括成长期（出生至14岁，相当于儿童期）、探索期（14~25岁，相当于青春期）、建立期（25~45岁，相当于成人前期）、维持期（45~62岁，相当于中年期）、衰退期（62岁以后，相当老年期）5个阶段。

生涯发展的范围与深度：生涯发展的范围（角色）有子女、学生、公民、工作者、退休者、眷属、父母等；生涯发展的深度为扮演不同角色所投入的程度。个人在组织内生涯发展表现为起（入行阶段）、承（表现阶段）、转（中年生涯阶段）、合（交棒阶段）4个阶段。这几个阶段均有其独特的需求与必须完成的任务，同时强调各个阶段间的关联性，前一阶段为后一阶段的准备或先决条件，后一阶段则有回顾、检讨前一阶段的作用。生涯发展并非直线进行，虽然大部分的研究都按年龄顺序排列，但事实上各期之间仍有许多循环、转折之处，亦有统整的作用。

二、教师生涯的特点

教师生涯是一种无生涯的工作。教师的职业没有职位高低之别，不像校长、主任、组长有行政性晋升，教师身份始终如一。

教师工作是一种孤寂的专业工作。该工作主要是教学，协作、合作、连片式教学教研机会毕竟不多，大部分的时间里，还是必须自己去面对、去完成，解读教材、批改作业、评量学生，都必须自己去策划、执行、考核。

教师工作对象的同质性大于异质性。教师面对的对象都是年龄相近的学生，这些对象的认知发展、人格资质、价值观等，从发展心理学的角度，大都可以预期，而且大部分在同一个阶段的特征中，因此可以说同质性较大；一般行业的对象，年龄的分布较杂，其特质虽可预测，可毕竟范围较广，因此异质性较大。

教师与工作对象的年龄差距逐渐增大。教师生涯中所面对的学生大都处于相当固定的年龄，如小学 6～12 岁，初中 12～15（16）岁，高中 16～18（19）岁等。初任教师时为"大哥大姐"型，之后成为"阿爸阿妈"型，再之后成为"阿公阿婆"型。

影响教师生涯发展的因素：遗传因素及特殊能力（性别、智力、肌肉协调、特殊才能），环境与特殊事件（就学、训练、社会变迁、社区背景、家庭等非个人所能控制的因素），学习经验（教育或职业技能、个人生涯计划、个人偏好），工作取向技能（技术、价值观、工作习惯、认知历程及心向）等几个方面。

（1）教师生涯发展的困境或危机：①生命旋律中固有的困难和危机。其中包括家庭因素，例如家庭生活史。②教师生涯社会化过程中的困境与危机。一是工作环境不适应。教师的工作环境包括物理环境和心理环境。物理环境——学校离家太远，每天上下班要花很长的时间，让教师觉得不值得；设备不理想。心理环境——学校的组织气氛充满敌意、行政人员的领导方式过于专制、家长的要求背离教育理念等。二是工作压力太大。教师自我期许愈大，心理压力愈大；无法发挥所学专业，难以施展抱负；缺乏适当督导，自认无法增强教学能力，尤其是女教师和年轻教师；年长教师的婚姻家庭、经济状况；另外已婚与未婚、城市与乡村、小学与中学等也都成为造成工作压力的主要构成因素。Hunter 认为教师的职业是最具潜在压力的 3 种职业之一，最具潜在压力的 3 种职业分别为航管人员、外科医生和教师。郭玉生认

为教师工作难题来自 6 个方面，即：①学校和行政人员的关系；②学生的学习方面；③角色方面；④工作负荷；⑤学生的不良行为；⑥教师专业发展等。

（2）教师生涯发展的调试与突破：①为自己规划完美的教师生涯。评估生涯发展的时空情境因素；搜集生涯发展相关的信息资料；设定生涯发展具体的目标；发展达成具体目标的策略或计划；促成生涯发展目标与计划的实现；达成生涯发展的确实完成。②肯定自己拥有的能力与技巧。③具备成为教师生涯赢家的信念与态度。随时检视自己的教学信念；设定适当的目标，知道自己要往哪里去；勇于接受不断地挑战；掌握教育的资讯，延伸自己的触角；合理的时间管理，掌控自己的时间轨道，提高时间的边际效应；运用有效的沟通技巧；面对工作的压力要觉察来源及其程度，善于应对，调适生活。

第二节　减缓教师压力

现代社会，至少一半以上的疾病与精神压力有关。在美国，与压力有关的产品年销售额已达 94 亿美元。在这个数字背后，有购买者难以言状的痛苦和焦虑，有亲人和家庭无所适从的担心，也有企业无法估量的损失。当前的中国正处在大变革时期，许多变化对社会整体而言是积极而有效的。但是这些变化带来的不确定性使员工面临着巨大的挑战。

同样中国的教育也面临深刻的变革，例如管理重心从外控管理到校本管理；价值取向从一元走向多元，由单纯的服务于国家到教育要促进人的身心发展；社会要求从能不能受教育到能不能享受优质教育。凡此种种，教育理论也随之层出不穷，应接不暇，这些归根结底都要由教师接受并附诸于教育实践，教师的压力可想而知。

一、教师的压力来源

据有关调查显示，教师的压力主要来源于以下几方面：

一是来自社会的压力。例如，教育改革带来的新的价值观念、复杂的人际关系、个人和家庭的地位等。这些压力都是与改革开放伴生的，带有明显的"不确定性"，是近年来我国社会环境中独特的压力源。

二是来自学校的压力。例如，学校的保障机制、学校工作岗位的竞争、学校对高质量的要求等。随着人事制度改革的深入，岗位聘任的实施，教师面临下岗分流、待岗培训等。这种压力不仅涉及教师低层次的物质需求，而且触及到他们的自尊和归属的需求。

三是来自于本职工作的压力。例如，片面追求升学率、上线率给教师带来的加班加点的补课，几乎使他们"放弃"了自我，造成工作负担过重；教师的工作又是复杂且富于创造性的，每天都做着不同于昨天的工作。再加上目前独生子女、离异家庭子女的增多，这就要求教师不断地调整自我，寻求适合于每个孩子的教育，教师的这种责任感便又造成了另一方面的压力。

四是来源于家庭的压力。教师行业注定他的责任意识，重视父母与子女之间终身的责任和义务，面对当前经济的高速膨胀，大多数教师感觉家庭经济负担过重，因经济问题所造成的家庭矛盾也日渐明显，这使绝大多数中年教师的生活极具压力。

由此可见，教师的压力是多元的、方方面面的，既然有欧美国家的前车之鉴，我们就不能等到压力在我国肆虐成患、个人幸福和社会财富遭到重创之后才来缓解它。那么如何缓解教师压力，使我们的教育改革更快更好地稳步发展，这成为我们每个教育工作者亟待解决的问题。

二、缓解教师压力

1. 建立科学的制度体系

什么是教育制度？李江源认为："教育制度就是由一系列内在相关的教育规划或教育规范构成的系统。"教育制度包括：教学反思制度、首席教师制度、骨干教师制度、青年教师培养制度、教育评选制度、对有突出贡献的个人进行奖励的制度、学生评教制度、学校领导听课制度、教学督导制度、教学事故责任追究制度等。

学校制度的健全和完善是减轻教师压力的保障，制度的公正性是一个减

压的重要因素，尤其是绩效测评和奖酬制度的公平公正性。在一个较为公开和公平的制度下，教师即使从事相对紧张复杂的工作，心理压力也可得到一定的缓解。有研究表明，不满意的教师会把不满意告诉 22 个人，而满意的教师只将满意告诉 8 个人，由此看出制度的公平、公开对学校发展的重要性。因此，学校制度制订的过程应当是全体教职员工明确规范的过程、深入理解学校价值追求的过程。为此，学校要尽力避免就制度谈制度、只是少数几位负责人关起门来定制度的做法，而要把制订的过程作为学校校园文化建设的过程。

2. 加强对教师的人文关怀

一个充满人文精神的校园环境，会使教师轻松愉快地投入到工作中，也就更好地促使他们向专业化方向发展。为了达到这个目的，学校要经常关心教师的工作、学习、科研和生活情况，充分体现学校对教师的人文关怀，让教师时刻感受到学校不但关注自己的本职工作，而且还关注自己的衣食住行。例如，学校在教师遇到困难时，及时伸出援助关爱之手，把教师的事当做学校的事，想教师所想、急教师所急，让教师时刻感受到学校这个"家"的温暖和关怀。这种人文关怀能有效地帮助教师度过突发的危机，从而产生一种积极、向上的原动力，这样可有效地减轻教师的心理压力。

3. 进行教师工作的再设计

工作再设计包括工作内容的丰富和工作时间及场所的弹性设计。过于复杂的和无兴趣的工作使人深感压力。教育是艺术，艺术需要创新，特别在当今新课程下，由单一的教育教学方式转向多元的教育教学方式，教育改革的步伐使一部分教师难以适应。有些教师感到茫然无所适从，产生巨大的心理压力。学校就要为教师发展搭建平台，要采取多种形式启迪教师智慧，鼓励教师开展积极的竞争。允许教师出问题，勇于听取不同的意见，创设教师释放、发泄不满的机会。另外，作为领导者要知人善任，敢于用人、勇于授权、善于超脱，给教师充分发挥特长的空间，增加其成功感，使教师深感自己从事的工作是有意义的事，是实现人生追求的工作。

4. 进行必要的教师心理辅导

教师的心理压力，特别是基础教育阶段的教师心理压力过大已是社会普遍关注的问题。提到心理辅导，我们首先想到的往往是学生的心理健康，而教师的心理辅导问题却没有适宜的渠道，不能得到有效的解决。殊不知，一个心理不健康的教师又怎能培养出心理健康的学生。因此，加强教师心理健康研究，利用多种渠道对教师进行心理健康教育关系到学生的健康成长、关系到教育事业的成败。对教师进行必要的心理辅导，可以减轻教师心理压力，使教师心情愉快地投入工作、学习和生活，使学生受到健康的教育。

5. 重视对教师的业务培训

"要么学习，要么死亡"，置身于知识经济时代，要生存下去，就要不断学习。学习是"生存"与"发展"的有力保证。教师的压力大多来源于工作的压力。教师的专业化发展，要求教师把握时代发展的脉搏，关注教育改革动态，跟上教育改革的步伐。学校首先要成为学习、研究的基地，要树立科研为先的观念，建立以校为本的教研制度与教学管理制度。领导带头，组织和推动教师的理论学习，以课堂教学为中心，开展形式多样、生动活泼的教学研讨活动，促进教师教育教学理念和教育教学方法创新，使课程实施过程成为教师专业成长的过程，促使教师苦练内功、积聚内功，完善自我、超越自我，使他们适应甚至引领教育发展的方向，感受成功的喜悦。

6. 提升领导的综合素质

当今的竞争首先是人才的竞争，良好的薪酬福利在吸引人才进入学校方面有着很大的竞争优势，而在留住和激励人才方面，钱的作用就大打折扣了。当教师决心离开一所学校时，其中一个主要原因是在某位领导手下工作让人感觉很糟，心情不愉快。由此看来要想使自己的员工轻松上阵，积极主动的完成教学任务，作为领导者，就要不断提高自身素质，具体表现在：①要有带头吃苦精神和坚忍不拔的意志，始终不渝地热爱学生、热爱教师，工作上埋头苦干，思想上不断思考探索，对学校、教师、学生充满信心。②要有持之以恒的学习精神和改革创新的气魄。通过学习开阔视野、转变观念、提高管理水平、改进工作方法，使自己的办学思路不断适应时代和形势发展的需要，适应广大人民群众对教育不断提高的需求，通过自身的学习鼓起学校师生的学习之风、研究之风，推动学校的改革与发展。③要有实事求是的态度和科学的管理方法。学校各项工作要紧紧结合学校实际。从学生出发，

从点滴小事做起，严格训练。要尊重教育教学规律，坚持狠抓学校的常规管理、学生的常规教育和良好习惯的培养。④要有强烈的质量意识。学校要坚持以质量求生存，以质量求发展。这就要求领导者关注每一个学生、每一位教师，从学困生和后进生的转化抓起，从学生的德育工作及养成教育抓起，从教师的培训和教研工作抓起，时时事事不忘教学质量是学校的生命线。

总之，在现今教育改革大潮面前，积极进取者都会产生各种各样的压力，在高压环境下，悲观者比乐观者有更多的生理或心理疾病和症状。一方面作为管理者要时时给每一位教师"家"的感觉；处处让教师有工作的成就感。而教师的这种感觉并不仅仅是与绩效挂钩的个人加薪或奖励，更重要的是领导给予的及时、具体、真诚的认可和赞赏。另一方面我们只有以乐观的心态，笑对人生，对生活充满希望，用积极的眼光来解读环境、解读生活，采用积极主动的方法来抗压、减压，我们的生活才能丰富多彩，才能实现教育快乐人生！

第三节　骨干教师成长

在骨干队伍培养上，结合学校教师知识能力和经验水平的现状，建立了多种培训机制。采取"三结合"的培训机制，即：国外培训与国内培训相结合、规定性培训和学校自选课程培训相结合、走出去与请进来相结合。使短板补板，长板更长，提升了教师专业化水平。搭建校际交流的平台。每学年组织区内外学习交流活动二十几次。其中与内蒙古巴拉贡学校的交流参与人数较多、时间较长，掀起了北潞园学校教师亮水平、比技能的教研高潮。首先是北潞园学校5位骨干教师到巴拉贡学校开展"三个一"活动：每人至少听一节课、讲一节课、做一个专题报告。接着巴拉贡学校领导教师14人来北潞园学校交流一周，听课34节，做课8节。先后聘请市区专家到学校做课指导13次，给教师提供了近距离学习的机会。

纪金铃，词典里永远没有差生

"一个教育方法独到、眼光独具的老师可以让学生健康、快乐、幸福的成长，在他的教育词典里永远没有'差生'，只有学生，因为所谓的'差生'在产生之前已经让他'点石成金'了。"纪金铃，北京市"紫禁杯"优秀班主任、房山区骨干班主任、房山区数学学科骨干教师、房山区课程改革先进教师、优秀教师，年级主任。纪老师于 1995 年大学毕业，担任班主任工作 16 年，勤耕不辍，承担市区级研究课，均取得可喜成绩，撰写的教科研论文多篇获国家级、市级、区级奖励。

"一名教师只有具有广博的知识，才会具有感召力，才能让学生信服。只有自身拥有了文化底蕴，你才会自如地面对学生，自如地应对各种问题。也只有这样，教师才能真正完成其教书育人的使命。所以，作为一名骨干教师，要让学习真正成为自己的一个习惯。广泛地阅读各类有益的书籍，同时结合自己的阅读情况，写出读书反思、读书随笔，积累教育教学理论知识、丰富教育教书经验，以便更好地指导自己的教学教学，形成自己独特的教学风格。我们要做学习的有心人，学习政治思想理论、教育教学理论和各种专业知识，增强自己的理论积淀；要经常向身边的人请教，学习他人高尚的师德修养，丰富的教学经验，以达到取长补短的目的。"这是纪老师在工作中总结的一些经验感想，她在工作中，与时俱进、努力探索，用现代教育的思想理念指导自己的教育教学、审视自己的教学实践、反思自己的教学行为，在学习中不断提升自己的专业水平。已形成了自己的教学风格，不断地追寻着"具有渊博的知识，积极的创新意识，健康的心理素质，良好的职业道德，精湛的业务水平，和谐的人际关系，力争成为具有强烈的敬业精神的专业型、学者型的骨干教师"的专业发展目标。

教学方面，她积极践行新课标的理念，她每学期都要磨出令自己较为满意的精品课。她从课前、课中和课后 3 个方面抓起：课前，认真钻研教材，将教材的基本思想、基本概念，每句话、每个字都搞清楚，了解教材特点、重点、难点，掌握知识逻辑，能运用自如，知道要补充哪些资料，怎样才能教好。课中，她关注全体学生，做好信息反馈，调动学生的注意力，使课堂

纪金玲老师

上保持相对的稳定；同时，激发学生的情感，使他们产生快乐的心情，创造良好的课堂气氛。课后，纪老师注重针对性辅导，旨在提高教学质量。2010年9月，房山进校组织的录像课评优活动中，她的《长、正方体的认识》一课得到了区教研员的一致好评，荣获区级二等奖，并代表学校做了区级研究课。她做的《三角形边的关系》课件实用性强、易操作，具有声、光、动画的多种效果。在引入新课后，孩子们会根据小组合作要求，在伴有舒缓的钢琴曲的境界中探究三角形三边关系，当同学们交流后，通过课件演示，对重难点加以强调，全部有动画效果，在动态的情境中，使学生感悟"任意两边之和大于第三边就能围成一个三角形"的道理。形式多样的练习调动了学生兴趣，拓展了学生思维。

　　纪老师积极承担市区级、校级公开课，力争使自己在教学上有所突破。教科研方面，她时刻要求自己做一名科研型教师。她把实际教学与教科研相结合，带领数学组的老师一起参与市区级、校级课题研究，积极撰写教育教学论文。她坚持每天写教学反思、教育随笔，既提升了她的教育能力，又有了自己的研究方向，形成自己的研究课题，并由此形成一整套的成果呈现形式。2010年10月，《唱响德育心曲，点燃生命之光》科研论文荣获全国和谐德育研究与实验总课题组优秀成果二等奖。

作为一名班主任，她用心关怀关爱每一个孩子，使他们每天能快乐充实，让每一位学生都快乐地度过在学校的每一天，让他们在获取书本知识的同时还学会做人。她平时注意规范学生的行为，不断地掀起学习的热潮，完善自我形象、在学习中倡导互相帮助。对于后进生，她以宽容的心态去对待他们的每一次过失；她用期待的心态去等待他们的每一点进步；用欣赏的目光去关注他们的每一个闪光点；用喜悦的心情去赞许他们的每一份成功。她注重学生社会实践能力的培养，并通过开展一系列的班队活动，使班里涌现出一批思维活跃，责任感强，有独立见解和组织才能的优秀班干部，创建了一个文明守纪、团结互助、勤学上进、凝聚力较强的班集体。2011 年 1 月，在第三届全国中小学生听说读写大赛中，她的学生荣获一等奖。

她反思昨天——在反思中扬长；她审视今天——在审视中甄别；她前瞻明天——在前瞻中创新。她以真挚的爱、真诚的心面对新的教育课程改革，把自己的全部知识、才华和爱心奉献给学生、奉献给教育事业。她追求卓越，崇尚一流，拒绝平庸，注重自身创新精神与实践能力。

史亚飞，选择积极的角色进入生活

史亚飞，北京市房山区小学英语骨干教师，优秀青年教师，房山区教育学会工作先进个人 。1995 年参加工作，学校英语学科教研组长。"教学不仅是我的职业，也是我的爱好。"、"拥有流利的口语，渊博的知识"是她在自身素质方面的追求"让学生不仅学好英语，而且爱上英语"是她课堂教学的追求。

她自学完成"剑桥英语教学能力认证考试教程"，努力提升英语学科的教育教学能力。她在课堂教学上，按照分层要求，因材施教，实施小组合作，增强实效性。她喜欢给学优生更多挑战和任务，让他们打擂台，争"擂主"；对能完成额外作业的，她有奖励。她宽容对待学困生，给出一系列"最惠国待遇"：读书时允许"滥竽充数"；写作业允许"偷工减料"；检测提前"透"题，增强自信心；听写单词允许"照葫芦画瓢"；背单词，允许少背几个。她通过各种方式，激发学生学习的主动性。她说，对英语学习，孩子们的起点不一样，允许他们站在不同的起跑线上。她设计作业、平时检

史亚飞老师

测、月考、听写、竞赛及各组的学习成果展示，每周一评，每月总评，获胜小组每人将得到一份小"惊喜"。

她把"师生课堂有效合作的研究"成果加以运用，在"问题引领、自主探究"的课堂氛围中和谐师生关系，实施学科德育；她结合学校德育活动，通过听评课、三类生辅导，创建和谐校园环境；她重视与任课教师和家长联系，发现问题，及时沟通、组织研讨、及时总结，做到和谐德育、全员育人。

她以校本教研为契机，充分利用学校外教资源，进行英语口语及语音语调的培训。她积极参加区级教研活动，吸取其他校教师的教育教学经验。并结合所教六年级学生实际，以"采用多种途径，提高复习实效性"为题在全区作了六年级复习经验介绍。她立足房山，远眺全市，积极参加市级教研活动，参加"小学教学方法创新实验与研究"的课题培训。

2011年3月27日，全区六年级Unit10复习单元阅读教学展示在北潞园学校进行。史亚飞老师展示的课堂主要内容是两个不同国籍的学生谈论万圣节和元宵节。具体涉及节日的国家、时间以及人们庆祝节日的方式。"对于学生而言，元宵节是比较熟悉的，但万圣节却是他们比较陌生的，需要借助图片、音像等帮他们理解。此外，本课生词较多，会对学生阅读与表达造成影响，所以单词的处理是必不可少的。""本节课更加关注语言与文化的联系，努力使学生在学习英语的过程中了解外国文化，帮助他们提高理解和恰当运用英语语言的能力。"

课上，史老师结合实际贯彻运用了"问题引领、自主探究"任务型教学模式，充分体现"用教材教，而不是教教材"的教学思路，有效利用多媒体课件、音像等手段，实现了师生之间、学生之间的双向互动，达到了在完成任务中理解阅读材料、在完成任务中提高学生的阅读能力和交际能力、在完成任务中了解中西文化的差异及开拓学生的眼界的教学目标。

"作为一名毕业班的英语教师，我深知自己肩负着向初中输送合格毕业生的重任。与往年不同的是，我刚刚送走的毕业班是 3 个班，但这次我要面对 4 个班，而且新转来许多外地的孩子，有的没怎么学过英语，很难达到毕业的要求。对我而言，既要讲新课，还要让他们进步，真是太难了，但我没有退缩。为了把课上得精彩，我常常备课到深夜；为了激发学生学习英语的兴趣，我常常自掏腰包买来各种贴画和奖品用以奖励学生；为了使那些外地的孩子赶上其他孩子，我放弃了中午的休息时间，用来为他们辅导。此外，我通过联系卡、电话、座谈等方式与家长联系，共同制订提高学生成绩及能力的措施，收到良好效果。魏书生老师曾说：'埋怨环境不好，常常是我们自己不好；埋怨别人太狭隘，常常是我们自己不豁达；埋怨学生难教育，常常是我们自己方法少。'我想，比较有效、实际的做法，还是先从改变自己做起。于是，我总是选择积极的角色进入生活。"

刘冬辉，和孩子们一起经历美好的儿童时代

"用积极、自信乐观的态度教育孩子爱自己、爱他人、爱生活，和孩子一起经历美好的儿童时代！"刘冬辉，房山区小学语文骨干教师，有 15 年的教育教学实践经验，"做学生最喜欢的老师，上学生最喜欢的课"是她追求的目标。她说，作为一名教师，教学永远是教师生命中最亮丽的风景。她信奉"细节决定成败"，于细微之处关爱学生、提出要求，把规矩定小、定实，把工作做细、做长是她做好班主任工作的原则。她参加"北京市绿色耕耘"培训，她利用课余时间，阅读大量教育教学方面的杂志书籍，浏览各地教育网站，厚实自己的理论根基。

课堂教学中，刘老师重视学生在阅读过程中的主体地位、重视学生的独

刘冬辉老师

特感受和体验。她怀着对生命的敬畏，珍惜学生的富有生命价值的语文学习活动。充分考虑学生个体发展的需要，精心设计，给学生自主支配的时间和空间，让学生的智慧、潜能和好奇心最大限度地处于激活的状态。"新课程标准的一个新理念，就是教师是教学活动的组织者、参与者、引导者、合作者，课堂教学是一个动态生成的过程。"刘老师说："这就要求我们在课堂教学中有大量的时间和空间留给学生，很多时候我就这样去做的，在学生方面，的确做到了注重学生的个性"。

如何用新课程标准指导自己的课堂教学，需要在备课上下工夫。备课是一种个性化、创造性的劳动。要突出"以人为本"的理念，要备教材，更要备学生；要备教法，更要备学法；要备如何促进学生的全员参与，如何创设合适的教学情景；要备如何引发学生个性的绽放。"备课是一个过程，它需要教师不断思考，不断收集资料，不断创新。教师要有自己的知识储备，要有自己的教学机智，要有自己的创新意识和能力。教学反思要详细具体，在学习中，广泛吸取教改的新鲜空气，力争解决课堂教学时间和教学任务之间的矛盾。"为了学生终身发展，她用"多读法、互读法、比读法、评读法"培养学生的阅读习惯。课堂上，她通过设计一些学生感兴趣的问题，让学生尽量自己解决它，并适时给予鼓励，培养学生独立思考的习惯。她采取多种手段，力争使课堂气氛活跃，能够吸引学生，并根据学生注意力不持续、易转移等特点，把握好上课的节奏，有张有弛，使学生的思维处于活跃的状态之中，让每个学生都有事可做，培养学生注意力集中的习惯。通过适时指导、及时鼓励，树立典型，常抓不懈培养学生爱表达、会表达、能表达的良好的表达习惯。

2010 年 12 月，在房山一小举行的"小学语文学科骨干教师展示活动"中，全区教师、领导及区语文教研员 100 人听取了刘老师的《幸运的小海豹》研究课。同月，"绿色耕耘"小学语文学科骨干教师再提高培训项目成果展示中，做《可爱的小象》研究课，房山区小学语文"创建高效课堂，提高阅读实效"专题研究活动中，承担《我想发明》研究课，都受到专家们的好评，所用课件在房山进校网上交流。

2011 年 5 月，在北京市小学规范化验收中，承担语文观摩课。市教研员在评课中大加赞赏："这是一节成功的语文课，把看似简单的识字教得厚重起来。"2011 年 6 月，她在国家级课题组"中小学语文个性化教学实验研究"课题征文中获小学组一等奖。2011 年 11 月 6 日，北京市特级教师刘永胜校长带领内蒙古考察团来我校参观指导，刘老师做观摩课一节，受到专家们的好评。

自 2006 年至今，刘老师一直参加区教研员赵成会负责的全国教育科学"十一五"规划教育部重点课题"教育实验与课堂教学变革研究"分课题、"中小学语文个性化教学实验研究"课题房山子课题的研究工作。撰写的《培养学生写作兴趣之我见》教学论文在第四届"个性杯"中小学语文教学论文、课例、教学设计大赛中获一等奖。

刘老师从学生生命发展的高度积极探索新的课堂教学模式，深入研究新课标，努力培养学生的科学探究能力，提高学生的学科素养；实践中，她注重反思，专心于专业发展，正向学习型、科研型、反思型教师迈进。

刘娜，因为喜欢，所以快乐

刘娜，房山区美术骨干教师，新课程实验骨干教师，房山区先进工作者、优秀大队辅导员。她潜心钻研业务，大胆创新，陶冶在美育的天空。

"世界上没有才能的人是没有的。问题在于教育者要去发现每一位学生的禀赋、兴趣、爱好和特长，为他们的表现和发展提供充分的条件和正确的引导。"她把新课程理念很好地融入教学实践中，努力探索小学美术教学的新思路、新方法，注重调动学生学习的主动性、积极性，注重教学媒体的开发与运用，培养学生的创新精神和实践能力，发展学生的学习能力，教学方法新颖、灵活。多次承担区级教学研究课，受到好评。共参加国家级、区级课题，撰写的论文在国家级、市级、区级刊物发表或获奖。多次参加省、市级骨干教师培训，多次组织学生参加国家级、市级、区级的各项绘画比赛，获奖学生有 200 多人次。

刘娜老师

在日常教学中，她坚持做好课堂教学"五认真"。课前她认真作好充分预备，精心设计教案，并结合各班的实际，灵活上好每一堂课，尽可能做到当堂内容当堂完成，课后她仔细批改学生作业，不同类型的课，不同年级采用不同的批改方法，使学生更爱好学习美术，同时提高学生的美术水平。另外，授课后她根据得失及时写些教后感、教学反思，从短短几句到长长一篇不等，为以后的教学积累经验。同时，她还积极和班主任进行沟通，了解学生、改进教法、突破学法。她针对旧教材内容陈旧、单一、脱离学生实际等问题，积极进行校本课程的开发与设计，设计了"神奇的鞋子（设计发明课）"、"我的椅子（写生课）"、"神奇的椅子（设计课）"、"漂亮的门帘（易拉罐制作）"等课，着重培养学生的综合实践能力和创新思维能力。2010

年9月，在全区小学美术学科骨干教师录像评优评比中，获得二等奖。刘老师一开始以猜谜语的形式导入，使学生初步了解到了蝴蝶的造型特点，从而激发学生的学习兴趣，引发了探究欲望。在整个教学环节中，她以激趣导入、探究新知、学生实践、展示评价及拓展延伸5个环节贯穿始终。她还将探究新知分为初步感知、深入分析、合作体验、拓宽思维等4个小环节解决本课的重难点，每个环节都围绕本课的教学重点，层层深入。

刘娜老师在教学过程中充分发挥学生的主体作用，教学始终注重以探究学习及小组合作学习为主要学习形式。2010年12月，在全区小学美术教师油画棒书法作品网络展中，获得二等奖。她在美术教学活动过程中，以自主、探究、合作的学习方式，引导学生通过观察、分析、比较图片，提高学习的分析、概括、归纳的能力。通过实践操作，用彩纸进行折、剪、拼摆、粘贴等方式提高设计制作能力。

"人生因为事业才显示生命价值。"刘娜老师说，"我没有慷慨激昂的豪言壮语，我将继续的在北潞园学校的岗位上，分分秒秒地珍惜宝贵的时间，真真切切地爱着所有的学生，踏踏实实地做着该做的工作，用知识和爱心浇灌这片肥沃的土地，让棵棵幼苗在夺目的五彩阳光下绽放最灿烂的花朵。"路，因不停地思索而延伸。因为喜欢，所以快乐。刘娜老师，陶冶在美育的天空。

张艳红，做一个智慧的实践者

张艳红，房山区音乐骨干教师，她有一颗关爱孩子的心，年轻有活力使她的音乐课堂充满朝气；她个人综合素质强，谦虚好学，创新意识强，敢于在教学中做一些尝试，能不断跟上时代的步伐，对不断完善、更新的教育理念有着较强的适应能力；她个性随和，和同事相处和睦，与他人能较好地进行沟通交流与合作。

"我要用对教育的满腔热忱把对学生的爱表现得更加理性、更加美好、更加永恒！"她勤于钻研业务，不管是音乐专业技能方面还是教学技能方面，都能够不断地督促自己进步；在课余时间，她组织一些课外活动，组织学生参加区里集体舞蹈、校园剧、器乐演奏等活动并纷纷获奖。

教育工作是一项常做常新，永无止境的工作。她说，"作为一名骨干教师，必须以高度的敏感性和自觉性，及时发现，研究并解决教育和管理工作中的新情况、新问题，掌握其特点，发现其规律，尽职尽责地做好工作，完成我们肩负的神圣使命。"

张艳红老师

"露珠不愿跟珍珠比美，只愿默默地滋润绿叶和鲜花。"她时时用自己的言行来影响和教育学生，认真学习并实践新课程标准，深入浅出地开展丰富多彩的课堂教学，使每位学生在获得知识、形成技能的同时，得到了美的享受和熏陶。"我会认真理解钻研教材，提高自己的教育教学能力。要积极参加各种教育培训，不断提高业务能力水平。要认真总结反思，虚心请教其他教师，不断积累经验。钻研教学，提高理论水平，完成研究课题。创造机会引导学生全员参与、全程参与，突出学生的主体地位，促进学生的积极情感体验。要不断优化课堂教学，努力提高教育教学质量。"张老师为自己规划，早日成为具有创新能力的研究型教师。

2010年9月，骨干教师评优课《快乐的音乐会》，受到区教研员李淑荣老师高度评价，获得区级一等奖；2011年2月，在"房山区小学音乐课堂教学艺术课题研究"中，做第三章研究协作获得一等奖；在"房山区小学音乐工作室展示中"做欣赏课《祝你快乐》，获一等奖；在"房山区小学音乐教学设计评比"做唱歌课《真善美的小世界》获一等奖。2011年3月，撰写的"读《技情趣统一的音乐教学》有感"一文在北京教育丛书论文评比中获二等奖。

张老师努力做一个智慧的教学教研实践者。"实践者是最有发言权，任何真理只有在实践中才能得以检验。要在短短的 40 分钟做一个智慧的实践者却是一门艺术。没有日积月累的实践，是无论如何也谈不上'智慧'的，那就更别说'艺术'了。我更需要在不断的实践中提升自己，丰富自己。"张老师说，首先要精选教法，让学生快乐学习，提高音乐教学实效。在教学中营造一种非常宽松、活泼、自由的氛围，放手给学生一个充分自由发挥的空间，使学生的思维始终处在一种积极的活跃状态。"这样，就可以充分激发学生的主体意识，使他们学得主动、学得开心。"其次要虚心学习、借鉴经验、提高专业修养。要善于抓住每一次机会展示自己。一次展示，重要的不是展示的那节课，而是准备的过程。在专家和同行的指导和帮助下，通过一次又一次的实践、反思、再实践、再反思的过程，相信自己对课堂的理解，对教学的认识也会随之升华。而这些是张老师认为在别人身上搬不来也学不会的。

张老师参加"房山区小学音乐课堂教学艺术课题研究"项目，对小学音乐课堂艺术进行研究。她对音乐课的导入艺术进行过深入的研究，研究成果"小学音乐课堂教学的导入"获得区级一等奖，以后将装册成书发行于小学音乐学科领域。

此外，张老师还组织学生参加房山区十四届中小学生艺术节的声乐、民乐、西乐，并在比赛中，取得了两项一等奖；五项二等奖；七项三等奖的好成绩。

"没有最好，只有更好"，她始终信奉这句话，并决心在今后的工作中不断完善、提高自己，为教育事业作出贡献。

赵凤海，"教"是为了"用不着教"

"教师教任何功课，'讲'都是为了达到'用不着讲'。换个说法，'教'都是为了达到'用不着教'。怎么叫'用不着教'？学生入了门，上了路了，他们能在繁复的事物之间自己探索，独立实践，解决问题了，岂不是就用不着给'讲'给'教'了？这才是最好的境界呵。"赵凤海，房山区中学语文学科骨干教师，从教 17 年来，把育人教书作为自己的事业，坚信成长是一

个过程，成长是一种快乐。把"让每一名学生都进步，让每一位家长都满意"作为自己的理念，严格要求自己，在教育教学中，关注每一名学生，积极投身课程改革，积极参与教科研研究，让教科研为自己的教育教学服务；热爱每一位学生，通过自己的人格魅力获得学生们的爱戴，不断完善能力，提高自身修养，精通各项业务，提高反思能力，成为具有创新能力的学习型、专业型教师。

赵凤海老师

他善于思考，在实践中探求、感悟，时刻把工作与思考相结合，在思考中工作，在工作中思考，创造性地开展工作。要用脑子工作，他说，反思昨天——老师会在反思中扬长；审视今天——老师会在审视中甄别；前瞻明天——老师会在前瞻中创新。

"新的课程改革提出'教教材'与'用教材教'的问题"，赵老师说，"我认为语文教学中如何有效的处理好'教教材'与'用教材教'的问题，对于提高学生的学习的主动性与学习时效性有极大的促进作用。一是要能有效地处理教材；二是教学中不要总是以'课本为中心'，不应把教科书视为唯一的课程资源，虽然教科书是教学的重要凭借，但要用好教科书，落实教材的基本要求；三是在教学中要正确处理好教材的取舍，使教材为教学服务。"

结合教学实际，赵老师进行了"问题引领、自主探究"教学模式的研究。2010年11月23日，在房山区教师进修学校的安排下，赵老师在良乡三中做《变色龙》公开课，全区初三语文教师参与听、评课。受到好评。他注重与其他教师进行教学方法方面的交流，与同事一起探讨教学科研方面的问题，了解教学改革的新动态，虚心请教，汲取他们的教学经验以弥补自己的不足之处。2010 年中考评价中，赵老师所带年级荣获区一等奖，他的《对矫治学生阅读障碍的几点思考》论文荣获房山区教育学会创新奖。

王继芳，永远用欣赏的眼光看学生

"永远用欣赏的眼光看学生，永远用宽容的心态面对学生，永远用神圣的师爱启迪学生。"从教 20 年的王继芳老师，作为房山区教育学会工作先进个人，区优秀教师、区中学外语学科骨干教师，她时刻以自己的人格品质影响教育着学生，以清新自然的教学风格感染着学生。教学中，以学生为主体，以探究的方式创设教学情境，开拓学生思维，充分调动学生的学习积极性，激发学生的学习情绪，合理运用教学手段，发挥学生的想象力和创新力。她认真研究教材，参阅各种资料，准确把握难、重点，及时撰写教学反思，并归纳总结经验。提高课堂教学效率。

用真情书写师爱，用师爱塑造师魂。在学生的思想教育工作中，循循善诱、耐心疏导、耐心教育。课堂上，她细心地观察每一个学生，认真地倾听每一个学生的发言，设身处地地感受学生的所作所为、所思所想，尽量使自己走进他们的情感世界，去体验他们的感觉。她利用多种形式和家长真诚交流，共同商讨，共同教育、培养学生。

王继芳老师

她从学生的学习兴趣、生活经验和认知水平出发，倡导体验、实践、参与、合作与交流的学习方式和问题引领自主探究的小组合作学习的教学模式，发展学生的综合语言运用能力，使语言学习的过程成为学生形成积极的情感态度、主动思维和大胆实践、提高跨文化意识和形成自主学习能力的过程。2009 年 10 月 28 日，王老师全区做公开课，行宫园学校、昊天学校的主任、教研组长等十多人参加，并对她的《被

动语态》给予高度评价。2010年12月在房山区第三届中学教师基本功大赛中，获综合技能二等奖。2011年4月，结合初一学生的实际，立足基础，难易适中，对听、说、读、写等技能进行全面考查。为利于激发和培养学生学习英语的兴趣，提高综合语言运用能力，注重能力的测试命题原则，王老师命制初一年英语期中试卷并在北京教育资源网与同行交流。

"中学生朝气蓬勃，爱说爱动；注意力容易分散；自我约束和自我控制能力不强。"针对这一年龄特点，王老师说，"英语课堂迫切需要趣味教学。如何激发并保持学生的学习兴趣，使之成为学习的动力是探讨英语趣味教学的出发点和归宿。其核心问题是培养正确心态，树立学习信心；建立情感沟通的正常渠道，融洽师生关系；营造轻松愉悦的课堂学习气氛，满足学生的'成功欲'；采用灵活多变的教学方法，课内外结合，让学生在玩中学，学中用，学用结合。"

郭芳，好孩子是夸出来的

"好孩子是夸出来的，在人生的每一个阶段的成长道路上，老师都不要忘记给自己的学生以成功的信念和幸福的体验。"郭芳，毕业16年来，一直从事初中物理教学工作，当13年班主任。先后参加2005、2008、2010共3届房山区青年教师基本功大赛，均获一等奖；房山区中学物理骨干教师。建立"互帮互助的学风，勤奋努力的班风"，以培养学生良好的学习习惯和生活习惯为大目标，执行多角度评价学生制度，所带班级多次被评为区级优秀班集体。

为激发学生学习物理的兴趣，扎实有效地参与"问题引领、自主探究"的教学模式改革实验，为及时了解学生的学习情况，布置、批改作业更加有的放矢。为做好后进生转化工作，实行"一帮一"互助形式，大面积、大幅度提高班级的整体成绩。2008年中考物理及格率全区第一，优秀率全区第三，2010年中考物理及格率全区第二，优秀率全区第三，平均分全区第二。

"教学生爱上物理学习。"郭老师说，"努力培养物理学习兴趣。学习兴趣属于素质范畴，也是人格的内涵。兴趣是学习的生命，兴趣是能够培养起来的。学生若对物理有浓厚的兴趣，自然喜爱物理学习的过程。激发起学生

郭芳老师

学习物理的兴趣不易，但对物理感兴趣和爱学物理学还有差距，学生的学习
兴趣不是固定不变的，不是一劳永逸的，培养学生学习兴趣，要体现在教学
的全过程。要使学生从不稳定的'感兴趣'向相对稳定的'爱学物理'转
化，需要成就感做催化剂。让学生有成就感的学习并学有成就。成就感能催
化出学生热爱之类的积极情绪。""问题引领，自主探究"课堂教学模式下的
教学设计《流体压强与流速的关系》获得市级一等奖，且此教学设计被收入
《房山区新课程改革教学设计汇编》一书；所撰写论文、所做录像课、所参
加实验比赛多次获得市区级奖励。她撰写的论文《从 2010 年中考阅卷看我
的物理教学》获区教育学会论文评比一等奖，《在快乐中学习，在学习中体
验快乐》获三等奖。

第四节　教师的反思力

　　教学反思是一种有益的思维和再学习活动，教师可以通过教学反思不断
地丰富和完善自我。叶澜教授说过："一个教师写一辈子教案不一定成为名
师，如果一个教师写三年反思可能成为名师。"也有人说，教师知识贫瘠是
教育的灾难，教师缺乏反思是教育的真实反叛。

教学反思的内容。教学反思活动主要涉及 4 个方面的内容，即教学实践活动、个人经验、教学关系与教学理论，这 4 个方面的问题构成了教学反思的基本向度。●

对教学实践活动的反思。教师在教学实践历程中，要及时捕捉能够引起反思的事件或现象，通过理性检查与加工，逐渐形成系统的认识，形成更为合理的实践方案。对教学实践活动的反思包括实践内容反思、实践技术反思、实践效果的反思 3 个方面。实践内容的反思是指教师在教学活动展开前，需要对活动所涉及的内容本身进行反省，因为任何内容都是在抽象了具体现象和对象的基础上编制的，在不同时间、对象、场景面前，或多或少都需要进行重组、改造、增添或删减，这是教师课程能力的体现，也是教师的责任和权利；实践技术的反思是指教师对活动展开过程中所使用的工具、方法、时机等的适切程度的总结检讨，其目的在于对自己的行动轨迹进行回溯，发现问题和不足，探寻更佳的方案；实践效果的反思是指在教学活动结束后，教师对整个实践所取得的成效的价值判断，它包括学生角度的需要满足程度与教师自己角度的价值感受两个方面。前者主要考查学生在知识与技能、过程与方法、情感态度与价值观 3 个方面的受益状况；后者要考察教师在确定价值取向、实施教学活动、进行价值判断过程中自己的教学活动对学生的影响状况、对个人经验的提升状况、对教学理念和理论的促进状况。主要表现在：①捕捉瞬间灵感：课堂教学过程中，随着教学内容的深入，师生之间情感交流不断融洽，此时，师生往往会产生瞬间灵感。捕捉住这些智慧和思维火花非常重要，因为它们突然而至，转瞬即逝，不及时记录下来，以后的教学也就丧失了好的素材。如教师讲课时，临时增加的内容或改变的教学方法等；学生上课时，某些绝妙的回答、见解及质疑等。教学是个师生相长的过程，灵感是师生相互碰撞时的精彩火花。②珍视学生见解：在课堂教学过程中，学生是学习的主体，学生总会有"创新的火花"在闪烁，教师应当充分肯定学生在课堂上提出的一些独特见解，这样不仅使学生的好方法、好思路得以推广，而且对学生也是一种赞赏和激励。同时这些难能可贵的见

解也是对课堂教学的补充与完善，可以拓宽教师的教学思路，提高教学水平。③进行再教设计：一节课下来，静心反思，这节课教法上有哪些创新；组织教学方面有何新招；解题的诸多误区有无突破；训练是否到位等。及时记下这些得失，并进行必要的归类与取舍，考虑一下再教这部分内容时应该如何做，写出"再教设计"。教师这样可以做到扬长避短、精益求精，把自己的教学水平提高到一个新的境界和高度。

对个人经验的反思。教师对个人经验的反思有两个层面：一是对个人日常教学经历进行反思使之沉淀成为真正的经验；二是对经验进行解释从而获得提升。如果教师不去挖掘和使用教学反思的判断、反省与批判的权限，教师的教龄再长，教学经历再丰富，也不一定与教师个人的独特经验成正比。如果不对其进行反思，那么这些经历将一直是懵懵懂懂的，就会出现这样的情况：教师不断地经历着，又不断地忘却这些经历，致使教师的经验系统中缺乏由自己反思所形成的、归属于自己个人所有的独特经验，从而使得教师那些具有极大潜在意义的经历失去了应有意义。可见，教学反思可以帮助教师把他的经历升华为真正的、富于个人气息的经验，并且不断使自己的经验体系得到拓展，具体表现为①记载成功之笔：任何一堂课都有精彩之处，也许是课堂引导巧妙、应变灵活；也许是教学方法创新、教学理念先进等，凡是能很好调动学生的学习积极性、激发学生的学习兴趣的做法，都可以详细地记录下来，供以后的教学参考和使用，并且在此基础上进行不断的改进、完善、推陈出新。②牢记失败之处：不管一堂课有多么的成功，也难免有疏漏、失误之处，一定会有一些不尽如人意的地方。为此，教师课后应进行冷静思考，对它们进行回顾、梳理，并作出深刻的反思，同时剖析这些疏漏、失误的原因，找到解决问题的对策和方法，使之成为以后再教时的经验教训，变这次的失败之处为下次的成功之笔。如果教师只对个人经验作出描述性的记录而不进行解释，那么这些经验就无法得到深层次的解读，只有对经验作出解释后，对经验的阅读才是有意义的。也就是说，经验形成的同时应该是解释和理解的过程，重新阅读经验的过程也仍然是解释和理解的过程，这样才能常读常新，每一次的阅读过程就是一次重新理解和创造的过程。在教学反思实践中，人们经常使用的"反思档案"就应该有这样两种用途：一

是描述记录并分析所发生的种种情况，使之成为文本形式的经验；二是对文本经验本身不断加工和再创造，使经验得到升华，改善教师的理念与操作体系，甚至可以自下而上地形成新的教学理论。目前看来这第二步的功夫尚显不足。

对教学关系的反思。通常在教学反思实践中，人们往往把注意力放到对具体事务的反思上，而不可见的关系在反思活动中经常被忽视。从关涉的人的角度，需要反思教师与学生的关系、教师当前的自我与过去的自我的关系、教师本人与其他教师的关系、教师与家长的关系等；从关涉的教学要素的角度，需要思考教师与教学目标、课程内容、教学方法、教学评价等的关系；从关涉的教学支持系统的角度，需要思考教师与社会文化、价值体系、课程与教学改革、时代精神与理念等的关系。对教学关系的反思在教学反思活动中是相当重要的。它向上可以为教学理论反思提供基础，向下可以使实践与经验反思得到升华。对于每种关系，都应该从认识、实践和价值3个角度进行反省。认识角度是对关系的客观描述，即现在关系的状态如何，为什么会这样；实践角度是对关系改善与发挥作用的思考，即如何改善现在的关系状态和怎样使关系发生作用；价值角度是对关系改变或发生作用的结果的思考，即这样的关系状态该朝什么方向改变，改变的效果如何。

对教学理论的反思。任何教学理论都不是完美无缺、持续高效的，在不同的时代、价值取向、技术条件、人员素质面前，理论都需要被重新认识和把握。同时，教学实践是教学理论的源泉，实践活动本身就是理论的前兆，蕴涵着丰富的可能性理论。对教学理论进行反思有3种基本的样式：第一种是对实践的理论反思。对于教师个人经历与在此基础上形成的经验体系，应不断地从理论层面进行解释和建构，通过对教学实践与教学理论之间的不断观照、反省、联结，既可以完成对实践的理论提升，又有机会对先有理论进行审视、订正。第二种是对教学理论的实践反思。教师在学习和掌握某一教学理论后，通过在教学实践中的还原，该理论的各种元素得到实践的考验，使得教师能够进一步理解教学理论中的道理、价值、方案与技术，在此基础上进行原有理论的判断与选择。第三种是对教学理论的理论反思。在理解和学习教学理论时，教师是理论的主人而不是理论的奴仆，教师有权利依据自己的知识背景与学术专长对教学理论进行反省，对理论进行修正与再创造，通过比较不同的教学理论发现某一理论的缺憾，从先有理论推演新理论，从其他学科不断更新的概念范畴中建构新理论，这种针对原有理论的修正、推演概括与建构就是对教学理论的反思。

教学反思的注意点主要表现在 4 个方面：①反思的重点——课堂教学。课堂是我们教师实施教学的主阵地，要让课堂更好地为学生的成长服务。"课后思"：一堂课下来就总结思考，写好课后一得或教学日记，这对新教师尤其重要。"课后思"主要包括对教材的知识点落实如何？对教材的再创造是否切合学生实际？课堂节奏感、密度大小适当吗？有没有让学生体验感悟？有没有解决学生的实际问题？学生反响如何？有关细节处理得当吗？有无改进提高之处？有没有对学生新的想法或观点质疑，充分鼓励并因势利导？对突发事件有没有机智应付？产生新的教学灵感没有？讲练结合得好吗？课堂小结如何？重点、难点突出、突破了吗？上课有没有激情？是否感召力？②反思的焦点——作业练习。练习是学生掌握知识，巩固提高的重要手段。作业的多少及其效果是我们教学反思的焦点。反思作业练习，既要反思量的多少又要反思质的提高，还要反思作业的形式和答题的规范性等。在当前形势下，一定要强化基础性、规范性、实践性和应用性，在严谨科学的前提下，适当体现开放性、创新性；也要致力于思考题、讨论题等的设计和学生解题能力的培养，要努力提高学生对陌生题的敏感度，引导学生善于找准突破口，掌握有关特例、特点、特性、特色等，举一反三、灵活运用。③反思的热点——信息技术。信息技术手段的运用为我们构建了全新的教学环境，深刻地改变了传统地学习方式、教学方式。多媒体课件为我们提供了广阔、新颖、生动形象、直观刺激地教学手段，体现出较多的优势。然而，每课必用课件、处处点击、教学效果行吗？课件动感如何？是自己制作的吗？点击能代替点拨吗？所用课件就是网上下载？自己修改过吗？传统意义上的启发式怎样充分发挥？师生互动、学生感悟体验怎样更有效地进行？板书的优点如何充分利用？这一系列问题都值得我们反思。另外，北潞园学校已经有多位教师在"百度空间"上建立了自己的网页，这是好事，经常性的反思和积累是教学反思新的增长点。④反思的亮点——"困难生"的关爱与补弱。有的学生学习上有困难，有的心理有障碍，有的经济上有困难，有的行为有问题，有的是单亲家庭或父母在外工作，有的身体不是很健康等，你对他们有关爱吗？有实际行动吗？结对帮扶吗？又有耐心去指导、弥补吗？都说"困难生"有其闪光点，我们教师应该去发掘或挖掘，只要我们真诚地关爱，用情的呵护，用力的帮助，耐心的点拨，细心的指导，一定能使他们闪闪发光，有益健康地成长。补弱的另一层反思是学生薄弱学科或学科中的薄弱点，有否得到有效的弥补，其总分效应高不高？其意志品质和精神状态怎么样？这个问题的解决在现阶段是有实际意义的。

总而言之，重视反思，及时反思，深入反思，有效反思，并持之以恒，坚持反思，提高反思能力，是教师成长的不竭动力，是教师不断超越自我、提升自我的必经之路。

第五节　教师培训两题

一、教师提问技能培训策略❶

教师培训的专业化程度正在不断提高，专业技能的培训正在从宏观走向微观，但是各种培训的效果如何？怎样考量？存在的主要问题是什么？都是我们应该研究的课题。本文正是基于对这些问题的思考选择了初中数学教师的提问技能作为一个切入点，尝试对这方面进行一点探究。

为了研究我们需要介绍一些提问与技能的有关内容：

1. 问题的提出

实际现象一：有研究者观察一位中年女教师在一节数学课上提出的各类水平的问题占其课上提出问题总数的百分比如下：常规管理性问题占3%；

---

❶　资料来源：李青梅，《初中数学教师提问技能培训策略调研报告》，北京市房山区教师进修学校资料。

记忆性问题占 74%；推理性问题占 21%；创造性问题占 2%；批判性问题为零。❶ 由此可见高思维含量问题被提出的情况并不理想，当然我们希望只有这一位老师是这样，但她是唯一还是之一呢？

实际现象二：在我们的课堂上常听到这样的问题：教师问："平行四边形中常见的基本图形是什么？"学生们茫然地望着教师。教师答："是三角形是不是？"显然学生并不清楚教师所问的问题的意图，因此教师只能自问自答。这里我们只举一个例子，但类似的问题在教学设计以及课堂上是常见的，即在教学中所设计的问题常常出现问不达意的现象以及学生并不能理解教师所问问题的意图的现象。

归纳一系列现象发现初中数学教师提问方面存在的主要问题有：低思维含量的问题占绝对优势，精心设计问题的意识较薄弱，提出的问题与发问的时机随意性较强，问不达意、所答非所问、不知所问等现象也较为普遍。

在课程改革的今天，除了教师的提问，新课程还主张要鼓励学生主动发问，鼓励学生之间进行提问。如果教师的提问技能尚且处于低端状态，对学生思维能力与创造能力发展无疑是阻力而非动力。因此教师提问技能的培训策略的研究势在必行。

2. 研究背景

国外关于提问的研究结论与观点：提问在课堂教学中的地位：1966年，白拉克（Bellack）等人研究指出："教学序列的核心就是教师的提问和学生的回答，另外还有教师对学生的回答作出的反应"。其研究结果显示：教师要用 72% 的教学时间来提出问题、回答问题和进行评价。如果一课时以 45 分钟来计算，就是说每节课约有 32 分钟用于提问、回答和评价，由此可见提问所占用的教学时间之多，这其中也包括课上教师临时进行的追问。

提问的结构：卡兹登（C. B. Cazden）在归纳多项研究基础上提出提问是由 3 个"链结点"构成的：一是发问，相当于组织和诱导；二是回答，学生

---

❶ 资料来源：张奠宙、宋乃庆主编，《数学教育学概论》，高等教育出版社，2004 年。

回答问题；三是评价，教师对学生回答作出评价或对某些问题作出进一步的阐述。

国内关于提问的有关结论与观点：提问在课堂教学法中的地位有学者研究发现，提问法在教学中应用的频率仅次于讲授法，列第二位。此外发现小学教师平均每天大约要问 22 个问题。关于提问的有关观点：有教育家表示教学的艺术全在于如何恰当地提出问题和巧妙地引导学生作答。

上述国内外的研究结论与资料充分证明提问是教师的核心教学技能之一，其重要性毋庸置疑，因此我们确实应当给予关注与研究。

培训现状与存在问题：当下的教师培训理论讲座众多，实际训练甚少，缺乏方法与教材，缺乏定量研究与观察，对培训效果的定量观察与研究更是不容乐观。

在各种各样的培训中，培训的内容是否是教师需要的，培训结果是否有效、结果的程度如何等问题，目前极其缺乏对这些内容的研究与相关理论的介绍。

3. 概念的界定

提问是指教师在学生已有知识和经验的基础上，针对教学内容，向学生提出适当的问题，并围绕问题引导学生积极思考，促进学生自觉学习的一种教学方式。提问还有一层意思是指学生在学习中有不懂的问题向老师质疑。其中的追问是指针对学生对某种教学现象的反映，为了进一步探寻或引导，教师进行的随机性提问。

技能在心理学上定义为：通过训练而获得的，确保某种活动得以顺利进行的合乎法则的操作活动方式。通常技能又可以分为操作技能和心智技能。

综合提问与技能的内涵，我们认为提问技能应为一项操作技能与心智技能融合而成的技能，不能单纯地将其看成一种操作，因此对其需要进行更加深入细致的分析与研究。

4. 研究方法及有关内容

（1）问卷调查法：略。

（2）调查问卷设计理念：调查希望重点了解经短期培训可以影响或改变学习者提问技能的方面，了解教师自身对提问技能的认识程度，及其对影响提问技能的因素的认识；了解教师对各种培训方法的效果的感受情况。以期待提出更有针对性与实效性的培训策略与方法。基于上述因素故未设计教师自身素质及教材解读能力对提问影响的调查内容，因这些内容不属于提问技能培训能直接解决的问题。

（3）抽查时间与对象：2010 年 5 月 11 日调查了来自房山区 28 所学校的 29 名中学数学教师。

（4）调查情况说明：发放试卷 29 份，回收有效答卷 29 份，独立自主答题，不进行交流。

（5）调研内容：详见表 9 - 1。

表 9 - 1　初中数学教师提问技能培训策略调研表

2009—2010 年房山区中学数学脱产培训项目组设计										
姓名		单位		性别		教龄		时间		

请将下列关于"提问"的原则，根据您认为的其对问题水平与效果的影响程度的大小，按由大到小的顺序排列：

（1）目的性原则（2）启发性原则（3）针对性原则（4）趣味性原则（5）整体性原则（6）主体性原则（7）实效原则（8）适时原则（9）梯度原则（10）角度原则（11）科学性原则（12）有序性原则（13）适度性原则（14）选择性原则

排序如下：＿＿＿＿＿＿＿＿＿＿＿＿＿＿＿＿＿＿＿＿＿＿＿＿＿＿＿＿＿＿＿＿

（说明："原则"的选择是在综合了有关资料的基础上，选择具有代表性的、较普遍的内容。）

请您写出制约数学教师提问能力的主要因素：

从数学教师提问技能的培训策略的角度选择了下列 9 个方面，把您认为的它们对提升提问技能的制约程度，所占的百分比写于对应的项目后面，说明：下列 9 项之和应等于 1

（1）对提问技能价值的认识程度	％
（2）设计问题的意识的强烈程度	％
（3）对提问的基本原则掌握的程度	％
（4）对提问基本策略与方法掌握的程度	％
（5）提问技能的实际训练	％
（6）优秀的提问案例的示范或反应提问技能的问题的"病例"的展示	％

续表

2009—2010 年房山区中学数学脱产培训项目组设计								
姓名		单位		性别		教龄		时间
（7）听评课中对提问技能的关注程度								%
（8）他人对您提问技能的客观的评价								%
（9）个人对问题设计的反思训练								%

　　除了上述 9 个方面以外，您认为还有哪些能够提升数学教师提问能技能的策略，请至少写一条您认为最有价值的方法，非常感谢您的支持。

特别说明：

　　（1）这里并没有涉及提问技能讲座的作用程度，是基于讲座是很多方面的概括，而我们更想了解各项具体策略的作用所占的百分比；

　　（2）这里也未涉及教师对教材的认识程度对提问技能的影响，是因为这不属于用较短的或有限的训练次数，就能解决的提问技能的培训策略的范畴

5. 调查问卷统计结果

调查问卷统计结果主要表现在以下几个方面。

（1）人口情况统计结果：男教师 5 名，占总人数的 17.24%，女教师 24 人，占总人数的 82.76%；教龄分布在 5～24 年之间，职称包括中学二级到中学高级，校级骨干教师一名。即所选择的对象有一定的代表性，能从一定程度上反映该地区中学数学教师对提问与培训的有关情况的认识状况，但骨干教师比例与层次方面有些欠缺。

（2）关于"提问的原则对问题水平与效果的影响程度的大小，按由大到小的顺序排列"的调查统计结果为：①目的性原则；②启发性原则；③针对性原则；④实效性原则；⑤科学性原则；⑥梯度性原则；⑦适时性原则；⑧整体性原则；⑨主体性原则；⑩适度性原则；⑪有序性原则；⑫趣味性原则；⑬选择性原则；⑭角度性原则。

（3）"教师关于九个方面策略对提升提问技能的制约程度所占的百分比"的统计结果如表 9－2 所示。

表9-2　教师关于九个方面策略对提升提问技能的制约程度统计

按平均百分比由高到低的顺序排列结果	平均数（%）	排序
（9）个人对问题设计的反思训练	12.93	1
（4）对提问基本策略与方法掌握的程度	12.34	2
（1）对提问技能价值的认识程度	12.31	3
（2）设计问题的意识的强烈程度	12.31	4
（5）提问技能的实际训练	11.48	4
（7）听评课中对提问技能的关注程度	9.86	6
（6）优秀的提问案例的示范或反应提问技能的问题的"病例"的展示	9.86	6
（3）对提问的基本原则掌握的程度	9.62	8
（8）他人对您提问技能的客观的评价	9.14	9

（4）关于"制约数学教师提问能力的主要因素"统计的比较有代表性的观点有：①"教材解读能力"占58.62%；②"设计问题的因素"占20.69%；③"教师本身的一些素质"占17.24%；④"对学生的了解"占17.24%；⑤"表达能力"占13.79%，其他为个别零散的观点。

（5）关于"能够提升数学教师提问技能的策略"的建议统计结果为："教材解读能力"占31.03%；"对每节课的问题精心设计"占24.14%；"了解学生"占13.79%；"提问练习"占10.34%；其他为个别零散观点。

6. 对调查统计结论的分析与思考

从对"提问原则"的排序结果我们可以得出，可是否应将"目的性、启发性、针对性、实效性、科学性"作为提问应遵循的比较基本的原则。因为在设计一个具体的问题时如果同时兼顾众多原则也是不现实的，并且如果对提问技能进行训练也主要以遵循基本原则为准。同时因为这一顺序是在被试未进行交流的情况下得出的结果，其间也存在一定的问题，如科学性原则是否应在第一位更为恰当。为此，我们与被试人员在完成问卷后进行了交流讨论，其结果是这5个原则排序有了一些变化，第一位分成两种观点：一种认为是科学性原则，另一种认为是目的性原则。但调查认为目的性原则为第一

位的原因是什么？他们认为教师一般不会出科学性的错误，那么这就说明这类教师的观点其实也认为科学性原则是前提，即双方其实本质上是一致的，都认为科学性原则应为第一位。第二、第三、第四位分别为目的性原则、启发性原则、实效原则。第五个原则开始出现分歧，第四个分歧不大，交流讨论之后最一致的是科学性原则、目的性原则、启发性原则，因此是否可将此3个原则作为提问应遵循的最基本的原则。

关于"制约提问技能程度的百分比"的调查结果分析如下：其中的（9）、（4）、（1）、（2）、（5）所占比例较高，排在前四位。说明被试者认为直接制约提问技能训练策略对提升提问技能的作用较大。而（7）、（6）、（8）对个体的提问技能只是一种间接的影响。但从调查中明确反映出被试者对提问技应遵循的原则（3）的作用认识不足，这也说明教师日常工作中的问题的设计缺乏遵循原则的基本意识，提出的问题存在较大的随意性。这恰恰说明了培训的必要性以，并揭示了培训应重点训练的方面。

在对"制约数学教师提问能力的主要因素"与"提升数学教师提问能技能的策略"两个问题的回答中"对教材的解读能力"占绝对优势，这也证明了提问技能确实是心智技能与操作技能的综合。同时说明在对提问技能进行了相关内容的培训之后，还需要不断提升其对所教教材的解读与认识能力，方能从本质上改变其提问技能的状态。但对提问技能的培训会促使其有意识地提升解读教材的能力和设计问题的意识与行为。其中还有教师素质及表达能力都是在说教师自身的素质。两者还都提到了"了解学生"，并认为设计可以提升问题水平与效果，提到可通过训练提升提问技能。

综上所述从提问技能培训策略的角度来说，通过调查是否可以说明下面几个结论：中学教师的提问技能确实存在较为突出的问题，切实需要培训；培训的重点应放在直接制约个体的提问技能的要素上，但这种培训的效果可能主要体现在问题的设计意识与策略方法的提升，对于受对教材解读能力制约及个体自身素质影响，似乎不是这种培训所能解决的，即提问技能的提升除了进行专项的提问技能培训以外，还需要其他方面的能力训练进行支持。

二、倾听与教学❶

"人不光是从镜子里，也是从别人眼中认识自己的。"在倾听教育与训练中，班杜拉所代表的社会认知论强调倾听的作用，强调角色扮演以及自我效能的作用。

"在培养认真倾听良好习惯的过程中，我经常组织大家坐在一起交流自己是如何做的，介绍自己如何做成功的经验"，王英华老师深有体会，"在每一次交流后，大家还可以从中找到自己的榜样，并且说出理由。这样大家都做到了行为反思，互相启示，利于良好行为习惯的进一步培养。"❷ 王英华老师为了培养学生"认真倾听"的良好习惯，为了强化学生对"认真倾听"的意识存在，她充分利用课前两分钟的时间"出声思维"训练学生认真倾听的习惯，每节课课前都由班长带领学生齐声诵背 3 遍"我们要培养的好习惯是：认真倾听，认真倾听，认真倾听。"这样，节节提醒学生。在课堂教学中她利用"他人提问"法训练认真倾听习惯，逐步达到在各种情况下自我提问的训练，指导自己的行动。

1. 什么是倾听

听——生命机体通过听觉器官获得有声信息的行为。但"倾听"是人的一种主动的沟通与交流行为，它是对听觉器官获得的信息接收、识别、编码和贮存的心智加工过程。

关于倾听的描述：倾听是理解，是尊重，是接纳，是期待，是分担，是共享快乐，因此倾听的意义远不只仅仅给了孩子一个表达的机会，它带来的或许是早已失落的人格自尊，点燃的或许是对尘封已久的信念的追求。

案例："让故事感动是一件美丽的事，你说是吗?"

8 岁的扬扬来到老师跟前，老师正忙着批改作业。从扬扬脸上的表情来看显然有些不对劲儿。"唔，扬扬，怎么啦?"老师问道。但是，扬扬还未说

---

❶ 资料来源：李青梅，"倾听技能与数学教学理论与实践"讲义（有改动）。

❷ 资料来源：王英华，《加强自我监控 培养学生认真倾听的习惯》，全国教育科学"十一五"规划课题"和谐德育研究与实验"2008 年会暨第十一届学术研讨会中国伦理学会德育专业委员会第四届学术研讨会课题研究优秀成果。

话边抽泣起来。"不要紧，扬扬，告诉我出了什么事。"老师一边安慰他，一边把扬扬拉到身旁。可扬扬还是一个劲地哭。"你是不是和同学打架啦?""没有。""那你是遇到什么事了?""没有。""你是不是哪儿痛?"扬扬还是摇摇头。"唔，那究竟怎么啦?"老师问道。"不是你说的那些事"，扬扬说，"我感到很伤心。""非常伤心?"老师感到有点儿吃惊了。他开始怀疑扬扬出了什么更严重的事。当这个念头闪过时，他更仔细的观察扬扬。他是不是生病了?可是扬扬脸上出了泪水之外没有什么不正常的。"扬扬，我很担心。告诉我究竟怎么了?"老师催促道。"我对那只猫头鹰感到很伤心"，扬扬断断续续地说道。老师松了口气，接着问道，"那只猫头鹰?什么猫头鹰?"扬扬哭得更伤心了。"我刚读完了《家中的猫头鹰》，结尾太伤心了。"现在，老师完全放心了，"我懂你的意思了，扬扬，我读书也常感到很伤心，那故事一定感动你了。"扬扬点了点头。"让故事感动是件很美丽的事，你说是吗?"扬扬又点点头，然后问道:"我能给你读一读最后一页吗?""当然，我很愿意听，扬扬"老师说。

这个案例说明，老师不仅耐心地听清了扬扬哭泣的原因，更重要的是老师理解了扬扬的哭泣，并接纳与认同了扬扬由故事产生的情感与态度。这才是我们所说的倾听，而不单纯的听。同时案例也说明倾听对人的意义，一个未满10岁的孩子尚且如此需要他人能够通过倾听理解她，何况有着更为复杂经历与心境的中学生、高中生和成年人呢?

所以，教师倾听的实质是，放下教师的架子，用温暖的笑脸去面对学生，加强彼此的沟通和交流。倾听的本质在于交流。心理学把"技能"定义为:通过训练而获得的，确保某种活动得以顺利进行的合乎法则的操作活动方式。通常技能又可以分为操作技能和心智技能。

2. 为什么要倾听

从古代先哲到现代学者都深感倾听的重要。"两只耳朵一张嘴"这一生理现象说明什么?古希腊先哲苏格拉底说:"上天赐人以两耳两目，但只有一口，欲使其多闻多见而少言。"著名语言学家卡耐基说:"一双灵巧的耳朵，胜过十张能说会道的嘴巴。"

人自身生理平衡的需要。生理平衡的需要，生命自身需要倾听。从人有

"两只耳朵一张嘴"这一生理特征来说，人有嘴就需要说话，这是一个信息输出的过程，有出就要有入，即有耳就需要听，这是一个信息输入的过程。这是生命机体达到自身和谐平衡的需要。人不仅需要倾听，而且听的要比说的多。这也就是我们常说的："两只耳朵一张嘴"的法则。有声语言表达是人类信息交流的主要途径，而这就需要人自身有接收器官，从而就需要听。

最主要的信息沟通途径，加州大学某调查资料显示：人类对沟通时间的分配比例是：9%的时间用于书写，16%的时间用于阅读，30%的时间用于说话，45%的时间用于听。

人自身心理的需要。罗杰斯（C. M. Rogers）通过研究证明，对于某些精神病人来说，多年不被听到，或者不被真正听到的连续经验，是他们患病的根源。作为心理治疗师，一个重要任务就是为这些病人提供"被倾听"的机会。由此可知人能够被倾听，其心理上会产生被重视、被接纳的积极体验，否则会产生自卑或受歧视等不良心理，这样就会损害人的身心健康。

课堂这一特定环境需要倾听。1966年白拉克（Bellack）等人研究指出："教学序列的核心就是教师的提问和学生的回答，另外还有教师对学生的回答作出的反应。"

课程改革的需要。倾听的本质是交流，新课程标准倡导教师倾听学生的声音。在《数学新课程标准》中关于推理能力的说明有：能清晰有条理地表达自己的思考过程，做到言之有理、落笔有据；在与他人交流的过程中，能运用数学语言合乎逻辑地进行讨论与质疑。在《新课程标准》总目标中有这样的一句话：学会与人合作，并能与他人交流思维的过程和结果。并且在第三学段的目标中这样写道：在独立思考的基础上，积极参与对数学问题的讨论，敢于发表自己的观点，并尊重与理解他人的见解；能从交流中获益。上述内容中反复出现"表达、交流、发表观点、讨论、质疑"等词语，而要这些活动的发生必然要伴随着倾听行为的出现。《数学新课程标准》从不同的角度倡导和要求教师要认真倾听学生的声音，并为学生创设一个良好的倾听环境，同时引导学生学会倾听，这一内容再次说明倾听的本质就是交流。

3. 倾听什么

从表层来说明应倾听的内容。从表面来说就是倾听表达与内容（声音、

语气、语调、语速，语言的严谨、准确、简洁等），但从更深层的意义来说要从这种表层的信息捕捉对于学生的认识与理解，并由此作出恰当的决策。

从广义上来说应倾听的内容。在李政涛博士所写的《倾听着的教育——论教师对学生的倾听》一文中指出了教师应倾听的6个方面：①倾听学生的欲望和需求；②倾听学生的情感；③倾听学生的思想；④倾听学生的"疾病"；⑤倾听学生的差异和区别；⑥倾听学生与他人之间的关系。文章认为：教师倾听的根本目的是倾听生命，呼应生命。但生命并非抽象的生命，它具体体现在各种欲望、需求、情感、思想，体现在个体生命的差异和区别上。这里的倾听内容是更为广义的倾听内容，我们所说的教学中应倾听的内容相对于此要狭义一些。

从教学的角度具体探讨应倾听的内容。通过倾听捕捉关于人的信息，对于教师来说更多的是捕捉关于学生的信息，即：①倾听学生的欲求。②倾听学生的情感。③倾听学生的思想。思维是人类特有的一种精神活动在表象、概念的基础上进行分析、综合、判断、推理等认识活动的过程。思想是客观存在反映在人的意识中经过思维活动而产生的结果。任何人也不能够准确地向别人说明应当怎样思维。但人们思维的各种不同的方式却能够加以说明：某些思维方式同另一些思维方式相比是比较好。那些懂得什么是较好的思维方式，并知道为什么这些思维方式比较好的人，只要他愿意，他就可能改变他人的思维方式，从而使思维变得更有成效。④倾听学生的思维与思维之间的差异。教学中利用学生中的智者的思维资源，也是帮助其他学生进步的重要方法。结论的差异、方法的差异、观点的差异往往本质上都是因思维的差异所致，因此当我们倾听到这些现象时要多问为什么？充分利用这些资源，而不让资源悄然流逝。⑤倾听学生的疾病或困惑。对于学生的困惑要通过倾听求根溯源，对症下药。不要急于给出正确答案，而应将重点放在关注学生困惑的根源，并引导学生自己真正认识到自己的问题，发现自己的问题是什么？获得解决的方法。⑥倾听值得评价的学生信息或通过倾听抓住学生表达中有价值的内容。让说者感受到自己所说内容的价值，也让听者感受到说者所说内容的价值。即教师给了出乎学生意料的支持性的陈述，从而促使听者认真倾听，鼓励说者敢于表达。⑦倾听学生的人际关系等。

4. 怎样倾听

听清、听准的基本方法通常表现在 5 个方面，即①请求表达者重复；②请求表达者提高音量；③请求表达者调整语速；④倾听自己关注关键词；⑤倾听者自己进行要点记录等。

保障全身心倾听的主要方法为运用"三个参与"提高教师倾听的技能。①行为参与（身体参与或体语参与）。如在学生回答问题时面对表达者，用适时的点头、温和的目光、适宜的表情、鼓励的手势、积极倾听的身体姿势、与学生的距离等来表达对表达者的支持，通过这些身体的参与，表明你投入的态度。②心理参与。第一是在倾听时的良好心态与乐于参与的态度均有利于提高倾听的效果（如教师以真诚、赏识、耐心等待、热情参与、实在的关注等态度面对表达者），即养成全神贯注倾听他人表达的习惯；第二是做一位客观而冷静的倾听者，不要被自己的情绪、表达者的情绪、周围人的情绪所影响，更不能用自己的思维与观点去代替表达者的想法，或为了完成任务和获得期待的结论，想方设法对表达者进行暗示。因此，要做一位中立的倾听者。③言语参与。运用提问、追问；关键词重复、支持陈述（比如对说者所表达的某些内容做进一步的解释）、反馈性陈述、概括表达者的话语等方式进行参与。

理解的主要方法（重点、难点。为什么说是难点？因为人在表达时，常常是把自己复杂的想法凝练成一些语句甚至的一句话，所表达出的或是自己的意思的一部分，或表达者本身就没有能力很好地表达清楚自己的意思，这无形中都为倾听者理解表达者的意思造成了困难）。①复述或重复——给自己以其他倾听者一个思考与理解的时间；②解释；③追问；④举例说明；⑤关键词或语句的分析；⑥概括提炼重点内容。

倾听学生思想与思维的两个常规且重要方法——追问与等待。有时学生并不是不想说，但教师仅听了两句，学生说的机会就被教师剥夺了，听与说的角色就不知不觉地转换了，学生到底要说什么已无从知晓，我们也因此失去了倾听的思维与想法的机会。不必强求所有方法都是学生自己发现的。特别是获取信息的途径、方法日新月异的今天，更不必排斥"书上看来"这种自觉方法。但必须强调"看书"后思维的深度加工，使学生能够不满足于

"知其然"而且养成追问"其所以然"的思维习惯。

倾听学生的思维的具体操作方法可能各有不同，但追求"知其然"与"知其所以然"是这种具体方法的核心。

其他提高倾听技能的方法：①针对性倾听训练。针对自己的倾听方面最突出、最需要、或最易改进的方面进行有意识地专项训练，以点带面。如专练等待，或专练提炼概括等坚持一段时间形成习惯后改练其他方面。②进行专门的倾听反思。每天反思反省并记录自己倾听做得最好与最不好的内容，不断改进。③加强对教学内容的理解与认识。对学生表达的教学内容的准确理解与把握，很大程度上取决于教师对该内容已有了准确的理解与深入的认识。这样在学生表达时甚至表达的有些含糊时都能给出到位的回应与决策。④综合提升教学能力的各个方面。

综上所述，可以说：口乃心之门户，怎能不听，听其口中语，虑其心中思。一个人所表达的某段话语仅仅是其丰富而复杂的想法的概述或局部陈述，更何况其对某一事物的认识可能在每一个瞬间还在不断完善着、变化着，再加上个人的表达总会或多或少存在这样或那样的问题，这给倾听者准确、完整、透彻地把握表达者的思想带来了很多不确定因素与困难。因此倾听与倾听者很多方面有着千丝万缕的联系，如观察能力、提问能力、表达能力、组织调控能力等，不能将倾听孤立地看待。

雄辩是银，倾听是金；我们应用好倾听这如"金"的技能。

跋

基础教育课程改革以培养全面而有个性的学生、促进学生的创新精神和实践能力为基本目标，明确规定了各学段的基本目标和主要任务。课程改革为课堂赋予了特殊的使命，成为学校进一步持续发展、内涵发展的总抓手。谁抓住了课堂，谁就抓住了课程改革的核心点、师生相益的相关点、教育质量的增长点。北潞园学校以课堂教学质量评价为载体，将课堂质量与课堂评价对接，突出课堂教学的主渠道地位，使课程改革理念逐步落实于课堂教学，"问题引领、自主探究"教学模式已在全房山区享有盛誉。

展颜的同时又有些汗颜。回顾我们的课程改革历程，几年前由于对课程改革整体性还缺乏准确的认知，使得有的学科教师对课程改革还处于不觉不悟的状态，学校在认识上、路径上、方法上还缺乏系统性引导。面对课堂改革，虚荣心还总是在作怪，总是眼高手低。外出学习时总是用挑剔的目光去看待别人，不是用欣赏的目光去关注别人，没有真正透过外表看隐含的实质，没有真正领会别人的精华，实是一种酸腐心理呵。见异思迁、朝秦暮楚，缺乏坚守与坚持，结果是课堂改革走着走着大多又回到了原点，学校发展的内在动力明显不足。

那时的我们，缺乏行动研究的狠劲和韧劲，理论总是与实践脱节，导致课堂改革裹足不前。当时的课堂，并不缺乏新理论和新理念，各式各样的优质课、观摩课、示范课被名师们演绎得精彩纷呈，使人眼花缭乱。但是真正到了课堂上，就把理论忘到九霄云外了，又是一灌到底，那种激情、那种精彩似乎不复存在。

真实地讲，当时的我们，在课堂改革的呐喊声、口号声中，新课程改革理念还并没有入心入脑，更多地还是停留在口头上，没有落地，说和做只是两张皮。

幸运的是，在教委"1123"的策略引领下，学校逐步形成"定位课堂，评价为媒，打造队伍，整体推进"的实践思路。按照《关于深化中小学课堂教学改革 全面提高教学质量的意见》、《关于加强和改进中小学生思想道德建设工作的意见》，制订并实施了《阶段性质量标准》、《课堂教学质量标准》等，实现了教育管理从结果式管理向过程性管理的跨越。全区的"三个聚焦"促成了北潞园学校的内涵发展和集约管理水平的快速提高。干部的课程领导力和执行力逐步适应了课程改革深入推进的要求；教师们对课程标准、教材、课堂和学生研究不断进入到"深水区"，"问题引领、自主探究"科学的教学行为渐进佳境。

回头蓦见，那人正在灯火阑珊处。对于课程改革和教育质量提升，我们的领导，房山区教委主任郭志族先生曾做过一个很好的比喻，他说："如果说课程改革是一条'船'，那'水'就是教育规律，'帆'是教师专业的发展，'风'是教育时代潮流，那么船上装载的就是一个区域、一所学校的教育质量"。这样一个比喻警示我们，学校的教育质量提高是一个系统化工程，这个系统涉及教育规律、课堂模式建构、当前教育政策、教师专业发展和新的教育时代赋予我们新的教育任务，所以必须坚定课程改革对提升学校教育质量和内涵发展的重要性，在这个问题上不允许我们退缩和妥协。

首先是不再怀疑。在课程改革的问题上，我们曾经有一些干部老师的意志还不是很坚定，行为还不是很坚决。积极性不高，信心和动力不足，左顾右盼，瞻前顾后。根源是他们心中"没有底"。在现在的北潞园学校，思路已经明确，模板榜样层出不穷，也不允许我们再患得患失，犹犹豫豫，是我们以满腔的激情、足够的智慧来共同做好这项工作的时候了。

再就是不找借口。"没有任何借口"是美国西点军校奉行的最重要的行为准则，我们的课程改革也应该有这种精神，这体现的是一种完美的执行能力，一种服从的态度，一种负责的精神。如果我们怕课程改革不想课程改革就会有很多的理由，这些借口都可以作为不愿课程改革、敷衍课程改革的挡箭牌，推卸责任的万能器。那么你将永远一事无成，在北潞园学校，课程改革没有任何借口。

望极春愁，衣带渐宽为伊憔。学校领导班子成员真正地感到肩上的担子不轻省。2008年，北潞园学校成为全房山区课堂教学试点评价实验校，2009年，又成为全区课堂教学全程评价实验校。带着问题"走出去"，带着感情地"请进来"，几番"软磨硬泡"地走近专家们，攀附着他们的肩臂"独上高楼，望尽天涯路"。

教学模式建构，首先要成为师生的共同愿景。由远及近、由己而他、由他而更多的他，课堂要联系社会，联系学生生活，更多地贴近孩子的生活，

这样做具有重要意义。在常态课堂中务一个"实"字，在朴实、扎实、充实中，实现师生生命从容度过。

朴实。朴实的教风、学风、育人氛围。北潞园学校要求教师们移植和复制的东西必须要经过自己的"消化"，用的多媒体课件要恰到好处，讨论分组要关注学生的感受，预设与生成要认真思考、有机结合。

扎实。基本功扎实、分层推进做扎实、课堂氛围创设扎实、目标落实得扎实。课堂的每一步都应当是扎实的，不是脱离学生实际的走过场。讨论、思考问题的预设命题、论题扎实，要有思维力度。对问题的发现扎实，教师的点评指导扎实，不是简单的课堂鼓励。

充实。充实的空间和时间、充实的问题设置、充实的问题解决、充实的教材理解、充实的学生知识脉络的课堂构建、充实的感受和体验。

舒婷在诗里说："也许，我们点燃一只只灯笼，又被大风一个个吹灭；也许，为别人的疾苦而大声疾呼，对自己的不幸只好沉默；也许，我们歌唱太阳，同时也被太阳歌唱着；也许，由于不可抗拒的原因，我们没有其他选择！"改革的过程是苦的，但根是甜的。目前，北潞园学校绝大多数老师都明白了学校的教改意向和教学思想，有的学科还更有创新。在"走出去"的众多课例上，"问题引领、自主探究"教学模式成了北潞园学校的标志，也成了学校质量提升的标签。我们歌唱太阳，同时也被太阳歌唱着。

房山区教委领导郭志族主任、杜成喜书记、徐维珍督学等，在北潞园学校成立那天起，他们就是北潞园学校"谓我何忧"的"知我者"，是他们的殷切关怀和诚挚相待，几番转制，让北潞园学校走出泥泽，走向现在的辉煌。我们必将更加专心于"伟人的胸怀，渊博的知识，世界的眼光"高素质学生的发展，共同实现房山教育的理想。

北潞园学校的朋友，李兆端老师，几次转身，执意从一名学校领导者去当最普通的教研员。在进修学校，失去的是丰厚薪俸和官场逢迎，得到的却是他自己最想担当的未来教育家的社会角色。他走基层，进课堂，与老师对话，与学生座谈，冈闻官场，宅蔽庸俗，坚守教学阵地，执著于"情景教学"、"问题课堂"、"教师发展"等课题研究项目，从岳各庄中学的"把课堂还给学生"颠覆课堂到我们的"带着问题进课堂"，他都置身其中，校正指针，导引老师们向正确的课程改革轨道前进。他对本书最卓越的贡献是他把我们"砍下的柴给捆了起来"，让我们能薪火相传、众人添柴，情系一处。更重要的是，他娓娓可亲、血肉丰满的文笔，展现了他原生态的涵养和可劲的向上生长。他说，大师首先是大气，要当好老师就得多读书，不媚俗，淡泊名利，成就盎然浩气。这也必然成就他走向卓越，走向辉煌。

田立新副校长，敬业、勤勉，稳当成熟，房山区难得的业务型副职，在本书资料的搜集上很下工夫，彻翻老底，提供的原始文档信息不但丰赡可信，而且有相当部分是他在管理上的思考与创新。

韩非非副校长，纪金铃，史亚飞、刘冬辉、刘娜、张艳红、赵凤海、王继芳、郭芳，他们不但走在课程改革的前沿，也引领着自己的年级、学科团队勇往直前，他们是房山区各学科课堂教学的佼佼者，从人力资源上讲，更是北潞园学校乃至全房山区可持续发展、内涵发展的资本。

这样，北潞园学校，就接上了地气；这样，我当校长的，就焕发容光，有了足够的底气。

谨以此书，献给为推进"问题引领、自主探究"教学研究和实验研究而辛勤工作的同行们，献给为推进义务教育课程改革进程和提高课堂质量效益而奋力开拓进取的同志们！

由于时间仓促，加之作者水平所限，书中难免有疏漏不妥之处，恳请方家和广大读者批评指正。

是为跋。

张文革

2012 年 2 月 21 日